KÖRPERMASS-STUDIEN AN KINDERN

VON

M. PFAUNDLER
MÜNCHEN

MIT 5 TEXTFIGUREN UND 8 TAFELN

Springer-Verlag Berlin Heidelberg GmbH

1916

ISBN 978-3-642-90241-3   ISBN 978-3-642-92098-1 (eBook)
DOI 10.1007/978-3-642-92098-1

Sonderabdruck aus der Zeitschrift für
Kinderheilkunde, Band XIV, Heft 1/2

Seinem Vater,

Herrn Dr. Leopold von Pfaundler,

k. k. Hofrat, emerit. o. ö. Universitäts-Professor
und Direktor des k. k. physikalischen Institutes in Graz,

in Dankbarkeit und Verehrung

gewidmet vom Verfasser.

Inhaltsverzeichnis.

Körpermaß-Studien an Kindern.

I. Von der Variation der Körperlänge.

Eine ziemlich häufige Frage der Mütter an den Kinderarzt geht dahin, wie groß ihr Kind „denn eigentlich sein sollte". Zur Beantwortung dieser Frage dienen dem Arzte meist Mittelwerte der Körperlänge aus Massenerhebungen, die er in Lehrbüchern, auf Meßapparaten oder besonderen Tabellen angegeben findet — geordnet nach Geschlecht und Lebensalter — und die er mit der erhobenen Körperlänge des betreffenden Kindes in Vergleich setzt. Der Laie zieht aus dem Ergebnis solchen Vergleiches gerne den Schluß, das fragliche Kind sei also um soundso viele Zentimeter „zu klein" oder „zu groß". Letzteres wird meist mit Befriedigung konstatiert, ersteres für eine Folge ungenügender Ernährung, bestehender oder vorausgegangener Gesundheitsstörungen, Pflegefehler oder für eine Art angeborenen krankhaften Defektes angesehen. Solche Auffassungen sind verfehlt. Die ausdrückliche Feststellung, daß ein Zurückbleiben der Körperlänge gegenüber Massenmittelwerten keine eigentlich pathologische Erscheinung sein muß, ist nicht so überflüssig, wie es scheinen könnte. Bezügliche Irrtümer kommen auch noch heute gelegentlich vor und erlangen bedenkliche Dimensionen, wenn von den zahlreichen möglichen Ursachen dieses vermeintlich pathologischen Zurückbleibens nur eine einzige und wahrscheinlich relativ wenig bedeutsame, nämlich quantitativ unzureichende Ernährung ins Auge gefaßt wird.

Dem Naturforscher wie dem einsichtigen Laien wird klar, daß bei dem besagten Vergleichsverfahren die sogenannte physiologische Breite eine Rolle spielen muß. Das Gesetz der Variation beherrscht dieses wie jedes andere naturwissenschaftliche Maßgebiet. Beiderseits von den Mittelwerten liegen zahlreiche Über- und Unterwerte, sogenannte Plus- und Minusvarianten, die man nicht ohne weiteres als pathologische Abweichungen ansprechen darf. Es ist hier nicht der Ort, auf das Wesen der Variation im allgemeinen einzugehen; nur ihre Erscheinungsform auf dem Gebiete der kindlichen Körpermaße ist Gegenstand der vorliegenden Studie.

Die in unseren Tagen gebräuchliche Erziehung des Arztes zu kausalem Denken legt ihm den Zwang auf zu prüfen, „weshalb" wohl gegebenen Falles das Kind etwa „zu klein" oder richtiger unter mittelgroß ist. Dahin geht auch die weitere Frage der Eltern sogleich, und hier beginnt oft die Verlegenheit des Konsultierten; denn die Umstände können alle nächstliegenden Erwägungen im Keime ersticken; es kann sich um mittelgroße oder große Eltern sowie große Geschwister, es kann sich um ein Kind handeln, das von dem befragten Arzte selbst seinerzeit als reifes Neugeborenes übernommen und unter erheblichem Aufwand sonst erfolgreich um alle der ersten und späteren Kindheit drohenden physischen Gefahren gesteuert wurde. Es wird in solchen Fällen angenommen werden müssen, daß irgendwelche nicht ohne weiteres feststellbare oder überhaupt noch unerforschte Gründe für das verhältnismäßige Kleinbleiben vorliegen, wie etwa anlagemäßige Minderung des Wachstumstriebes im ganzen Organismus (des „Lebenspotentiales" nach Escherich), Hypoplasie oder Unterfunktion einzelner, etwa endokriner Organe oder andere Ursachen, deren sich hier noch eine große Reihe — denken läßt. Mit solchen Annahmen oder günstigsten Falles mit solchen Feststellungen ändert sich aber nichts an dem Tatbestande der Variation; das variierende Moment ist nur um eine oder um etliche Etappen des Kausalnexus weiter zurückverlegt. Unbeschadet der Zuversicht, daß weitere Forschung hier bemerkenswerte Ergebnisse haben wird, fragen wir: Ist es erlaubt, von einem zufälligen Kleinbleiben im Einzelfalle der vermeinten Gruppe zu sprechen?

Daß Zufall verschleierte Notwendigkeit bedeutet, wird am überzeugendsten dargetan, wenn man das Problem von seiner mathematischen Seite aus betrachtet. Denn diese Wissenschaft enthüllt die Gesetze, denen jene Notwendigkeit folgt, sie entschleiert in gewissem Maße den Zufall. Man kann eine gegebene Variation darauf prüfen, ob sie besagten, in feste Formen gebundenen Gesetzen folgt, ob sie eine fremder, störender Gewalt, etwa menschlicher Willkür oder anderen außergewöhnlichen Einflüssen entzogene, eine sogenannte reguläre ist, ob es sich mit anderen Worten darum handelt, was man den Zufall im strengsten Sinne nennt. Damit war eine erste Aufgabe gestellt, über deren Lösung im folgenden berichtet werden soll — und zwar ohne näheres Eingehen auf die mathematischen Grundlagen und die rechnerische Behandlung, Dinge, denen der Mediziner günstigen Falles neutral gegenübersteht.

Wie kann eine Zufallsvariation als solche erkannt werden?

Jedermann kennt ein — von manchen „Tivoli" genanntes — Kinderspielzeug, dessen wesentlicher Bestandteil ein flachgeneigtes ebenes Brett mit interferierenden Reihen in regelmäßigen Abständen senkrecht eingestochener Nadeln ist. Durch dieses Nadelfeld läßt man von oben her Kügelchen rollen, die in mannigfachem Kreuzlauf, nämlich von den Nadeln, auf die sie stoßen, bald nach rechts, bald nach links abgelenkt, endlich am unteren Rande des Brettes in einer Reihe von Fächern Aufnahme finden. Galton hat durch einen ähnlich angeordneten Apparat, den er den Zufallsapparat nennt, eine sehr große Anzahl von kleinen Kügelchen laufen lassen und zwar von einer in der Mittellinie oben angebrachten Öffnung aus und hat die Wahrnehmung gemacht, daß die Anordnung der Kügelchen in den Fächern unten zu Ende des (oft wiederholten) Experimentes eine in gewissen Grenzen konstante, also offenbar gesetzmäßige war, und zwar fanden sich nicht etwa in jedem der gleichbreiten Fächer annähernd gleich viele Kügelchen, sondern in dem mittleren Fach am meisten und in jedem Fache rechts und links weniger als in dem nächst gelegenen medialen. Diese Abnahme der Zahl der Kügelchen nach auswärts zu war aber wieder keine gleichmäßige, sondern eine zu Anfang und am Ende flachere, so daß der obere Rand der von den Kügelchen bedeckten Fläche keinen geradlinigen Abfall, sondern eine symmetrisch jederseits von der Mittellinie zweifach gebogene Kurve darstellte. Er sah in dieser Fehler- oder Zufallskurve den Ausdruck eines Gesetzes. In der Tat entsteht jene Anordnung nur durch das Zusammenwirken zahlloser kleiner zufälliger Fehler und Unvollkommenheiten der ganzen Apparatur und ihrer Bedienung. Denn würde man gleich große, ideal runde Kugeln auf einem ideal ebenen Nadelfelde ohne jedes von Startfehlern herrührende Drehungsmoment in einer von mechanischen, thermischen Einflüssen usw. absolut geschützten Umgebung eine nach der anderen vom Stapel lassen, so müßte jede Kugel genau denselben Weg nehmen wie ihre Vorgängerin, und stünde die erste begegnende Nadel etwa genau in der Mittellinie, so müßten die Kugeln in senkrechter Reihe vor dieser Nadel stehenbleiben. In der Wirklichkeit bedingen unvermeidliche Abweichungen von der erstrebten Idealkonstruktion des Brettes, der Kugeln und störende äußere Einflüsse mancher Art, daß jeder Anprall stets seitliche Ablenkungen bewirkt. Erfährt eine Kugel viele solche Abweichungen, so ist es am wahrscheinlichsten, daß diese Abweichungen — teils nach der einen, teils nach der anderen Richtung wirksam — sich gegenseitig aufheben; dann wird die Kugel im Mittelfach landen. Abnehmende Wahrscheinlichkeit haben die Fälle, in denen die Summe der Rechtsablenkungen jene der Linksablenkungen zunehmend übertrifft oder hinter sich läßt, in denen, mit anderen Worten, die Kugel immer weiter von dem Mittelfach entfernt die Basis erreicht.

Einer im Wesen jener des Galtonapparates gleichen Kurve kann man nun in unzähligen anderen Fällen begegnen, in denen Unzulänglichkeit der Methoden wiederholte Versuche der Erstrebung eines idealen Zieles behindern, so beispielsweise bei geeigneter Anordnung der Treffer auf einer beschossenen Scheibe oder bei der exakten Nacheichung von Maßen oder bei der Ermittlung astronomischer Daten oder bei der ziffernmäßigen Schätzung beliebiger Werte durch viele einzelne Beobachter usw. Hier handelt es sich durchweg um die Resultate von Menschen intendierter Handlungen. Quételet aber konnte um die Mitte des vorigen Jahrhunderts zeigen, daß das in jener Kurve zum Ausdruck kommende Fehlergesetz noch weit allgemeinere Geltung hat. Ordnet man beispielsweise reife Bohnensamen einer Ernte nach ihrer Länge in Gruppen an („Bohnenharfe" von de Vries) oder ausgewachsene bzw. gleichaltrige Individuen oder unter sich gleichartige Teile von Pflanzen und Tieren, so stößt man wieder auf analoge Verhältnisse, die diesmal mit der Unzulänglichkeit des Beobachters nichts zu tun haben. In der ganzen organischen Welt hat man an Dimensionen, Formen, sowie an anderen Eigenschaften, auch an Fähigkeiten, dieselbe regelmäßige Anordnung um häufigste oder um Mittelwerte angetroffen; es handelt sich mithin um ein auch für die natürlichen Variationen in weitem Ausmaße gültiges Gesetz. Man könnte sich nach dem Gesagten zur Trope verleitet sehen, die Natur mache bei ihrem Streben einen bestimmten Typ, wie „reifer Bohnensamen", „Regenwurm", „Bacillus Kochii" oder den Typ „männlicher Mitteleuropäer bestimmter Rasse" zu erzeugen, auch ihrerseits gewissermaßen Fehler nach der einen oder anderen Richtung. Daß aber die Abweichungen sich hierbei in gleich gesetzmäßiger Weise anordnen wie bei den beabsichtigten Leistungen des Menschen, weist bedeutsam auf ein beiden Geschehen übergeordnetes Moment hin.

Für die Massenentfaltung sowie für andere Eigenschaften einer beliebigen Einheit der organischen Welt sind ohne Zweifel neben gewissen inneren zahlreiche äußere Lebensumstände von Bedeutung, wie beispielsweise die atmosphärischen Einflüsse, die Nährstoffzufuhr usw. Im Laufe seiner Entwicklung stößt jedes organische Wesen auf mannigfach wechselnde Daseinsbedingungen, die teils begünstigend, fördernd, teils störend, hemmend auf Wachstum und Leistungen der einzelnen Teile einwirken. Vielleicht ist es erlaubt (nach Goldschmidt u. a.), diese Bedingungen, denen das organische Leben in seinem Ablauf begegnet, mit den Nadeln zu vergleichen, auf die jedes Kügelchen im Galtonschen Zufallsapparate dahinrollend stößt; gleich jenen bewirken diese für den Einzelfall Ablenkungen nach der einen oder anderen Seite, für die Gesamtheit aber das Bild der Variation, und daß die Ablenkungen hier wie dort nach Zahl, Reihenfolge, Richtung und Stärke im ganzen dem Gesetze des Zufalles folgen, ließe die einheitliche Gesamtwirkung, mit anderen Worten die Wiederkehr der Kurve des Galtonapparates bei der Sichtung natürlicher Variationsreihen verstehen. Auf die Berechtigung dieses Vergleiches kommen wir noch zurück.

Wir haben von der Ähnlichkeit des Kurvenbildes in beiden Fällen gesprochen; diese Ähnlichkeit ist aber nicht etwa eine ungefähre und rein äußerliche, sondern eine auch genauerer Analyse standhaltende. Die wesentliche Eigenart einer Kurve aufzudecken gelingt bekanntlich den Methoden der analytischen Geometrie, deren Elemente in den Mittelschulen gelehrt werden. Sollten die Restbestände des dort angeeigneten Wissens in manchen Fällen beim Arzte auch dürftige geworden sein, so ist ihm doch ohne Zweifel der Begriff der „Gleichung einer Kurve" geläufig. Eine solche Gleichung drückt ganz einfach die Beziehungen aus, die zwischen Weite (Abszisse) und Höhe (Ordinate) eines jeden Punktes der Kurve in einem Achsensystem bestehen. Die Gleichung ist derart eine gedrängte und dennoch erschöpfende Ausdrucksform für das Wesen der Kurve, deren Gestalt und sämtliche Eigenschaften daraus abgeleitet werden können. Die Gleichung der in Rede stehenden Fehlerkurve zu finden, gelang dem deutschen Mathematiker Gauss, der dabei aber nicht etwa vom Studium einer bestimmten Variationsreihe ausging, sondern von den allgemeinen Gesetzen der Zufalls- oder Wahrscheinlichkeitsrechnung. Daß das so gefundene Kurvengesetz tatsächlich auch für natürliche Variationsreihen Geltung hat, wurde seither in zahlreichen Einzelfällen gezeigt.

Die Zufallskurvengleichung oder die „Fehlerfunktion"
von Gauss lautet:

$$y = \frac{h}{\sqrt{\pi}} \cdot e^{-h^2 x^2}$$

Dabei sind y und x die Koordinaten (Weite und Höhe) eines beliebigen in der Kurve gelegenen Punktes, π und e sind Konstanten, nämlich die Ludolphische Zahl 3,14159, bzw. die Basis der natürlichen Logarithmen 2,71828, h der sogenannte Parameter der Kurve. So wie alle Parabeln beispielsweise eine innige Form- und Wesensverwandtschaft haben und sich lediglich durch ihren Parameter voneinander unterscheiden, so sind die sämtlichen Kurven nach der Fehlerfunktion von Gauss einander verwandt und unterscheiden sich nur durch den Parameterwert; dieser charakterisiert also das einzelne Individuum aus dem Gauss - Galtonschen Kurvengeschlechte.

Bis zum Ende des 19. Jahrhunderts setzte man (nach Ranke und Greiner) die obige ursprüngliche Formel des Gaussschen Fehlergesetzes mit beobachteten Variationsreihen verschiedener Art in Vergleich und fand die Übereinstimmung im allgemeinen gegeben. Späterhin aber mehrte sich die Anzahl der Beispiele, in denen diese Übereinstimmung nicht mehr recht befriedigen konnte. Insbesonders stieß man gelegentlich auf mehr oder weniger asymmetrische empirische Kurven; die Gausssche Kurve aber ist völlig symmetrisch, was obige Formel sogleich daran erkennen läßt, daß das x nur in gerader Potenz vorkommt. Der sich nun regende Widerspruch gegen die Allgemeingültigkeit der Gaussschen Funktion fand besonders in Fechners und Pearsons umfassenden Studien Ausdruck und zum Teil Erklärung. Von den Ergebnissen dieser Studien sei hier nur erwähnt, daß das Gausssche Gesetz durch Fechner eine Erweiterung, richtiger Verallgemeinerung gefunden hat und in dieser Form auch mit dem Vorkommen asymmetrischer Variationen vereinbar ist. Ferner wurde von Pearson (siehe hierüber Elderton) die Möglichkeit erwogen, daß in gewissen Fällen auch andere und etwas weniger einfache Kurventypen vertreten sind. Die für uns wichtige Frage, welche Rolle solche Abweichungen von der einfachen Gaussschen Formel in anthropometrischen Reihen etwa spielen, wurde insbesondere von Ernst Karl Ranke (München), der sich mit dem Mathematiker Greiner verbunden hatte, in sehr sachkundiger und geistvoller Weise geprüft. Die Autoren kamen zum Schlusse, daß Pearsons neue Kurventypen, im Gegensatz zu den Gaussschen, für natürliche Variationsreihen in ihrer Ableitung „teils biologisch undeutbar, teils biologisch unmöglich sind, also rein empirisch beschreibenden Wert haben". „Die biologische Analyse der Variationsursachen führt zu Annahmen, die mit den zur Ableitung der Fehlerfunktion (von Gauss und Fechner) aufgestellten übereinstimmen. Je nachdem die Verknüpfung der Variationsursachen eine additive oder (wie Fechner will) eine multiplikative ist, resultiert das einfache Gausssche Gesetz oder dessen logarithmische Erweiterung (nach Fechner); letzteres Gesetz ergibt stets asymmetrische Kurven; die Asymmetrie ist aber in den meisten für die Anthropometrie in Betracht kommenden Fällen so gering, daß die Variationskurven sehr angenähert durch das einfache Gaussche Gesetz beschrieben werden können. Immerhin hat die statistische Untersuchung der anthropometrischen Messungsreihen zuerst die Übereinstimmung der Reihe mit dem theoretischen Verteilungsgesetz ... zu prüfen."

Hiernach galt es zunächst, die Frage zu entscheiden:

Folgt die Variation der Körperlänge gleichaltriger gesunder Kinder einer Bevölkerungsgruppe dem Gaussschen Zufallsgesetz?

Was hierüber in der dem Verfasser zugänglichen Literatur vorliegt, ist merkwürdig wenig. Quételet hat bezüglich der Körperlänge Erwachsener die Übereinstimmung angenommen, jedoch — soweit ich sehen konnte — nicht erwiesen. Später sollen nach einem mir von Herrn Kollegen Ranke erstatteten Berichte gelegentlich stark asymmetrische Reihen erhalten worden sein. Geissler und Uhlitzsch (1888) haben die Frage an einem Material von Schulkindern geprüft und sind zur Bejahung gekommen. Gegen ihr Vorgehen muß aber das Bedenken erhoben werden, daß es sich nicht um gleichaltrige Individuen handelte, so daß die Größenvariation keine rein individuelle war, sondern auch durch Altersdifferenzen von bis zu 12 Monaten mitbestimmt wurde. In den letzten 25 Jahren scheint aber — wenigstens in der pädiatrischen und anthropometrischen Literatur — nichts Einschlägiges mehr berichtet worden zu sein.

Die neuen Erhebungen pflog auf meine Anregung und unter meiner Leitung Herr Eduard Riedel an 3716 Münchner Volksschulkindern. Alle Einzelheiten seines Vorgehens betreffend (Materialgewinnung, Ausscheidung pathologischer Fälle, Längenreduktion auf gleiches Alter, rechnerische Behandlung und viele weitere Details) verweise ich auf dessen im Buchhandel erhältliche Publikation. Die folgende Tabelle I und Fig. 1 auf Tafel I bringen in etwas abgeänderter Form einen Teil der Ergebnisse; sie zeigen nämlich in Zahlen und im Bilde, wie sich die 6jährigen Knaben aus dem von Riedel gesammelten Material nach ihrer Körperlänge tatsächlich gruppierten (direktes Beobachtungsergebnis) und wie sich diese Gruppierung gestalten müßte, wenn sie dem Gaussschen Fehlergesetz folgen würde (Ergebnis der Berechnung aus der Gaussschen Formel). Alle angegebenen Daten sind Promillezahlen; sie sind auf eine Gesamtzahl von 1000 Probanden reduziert. Die Tabelle ist ohne weiteres verständlich. Man erfährt, daß die Körperlängenstufe von $110^1/_2$ bis

112$^1/_2$ cm, die auch das arithmetische Mittel der Körperlänge all dieser Knaben (rund 111$^1/_2$ cm) enthält, am häufigsten vertreten ist; von 1000 Knaben gehörten ihr 149 an. Noch stark, aber schon etwas spärlicher vertreten sind die beiden nächstbenachbarten Größenstufen (108$^1/_2$—110$^1/_2$ cm einerseits, 112$^1/_2$—114$^1/_2$ cm anderseits), nämlich mit je etwa 132 von 1000 Individuen. Je weiter die übrigen Stufen von der Mittelstufe abliegen, desto geringer ist die Zahl der auf sie ent-

Tabelle I.   Körperlänge sechsjähriger Münchner Knaben
nach Riedel.

Stufen der Körper-länge (in Zentimetern)	Anzahl der in diese Körperlängenstufen unter 1000 Individuen fallenden Individuen nach	
	Riedels tatsächlicher Beobachtung	der Berechnung gemäß dem Gauss'schen Fehlergesetz
96$^1/_2$— 98$^1/_2$ cm[1])	6,17	8,03
98$^1/_2$—100$^1/_2$,,	17,64	17,41
100$^1/_2$—102$^1/_2$,,	37,03	33,79
102$^1/_2$—104$^1/_2$,,	70,55	57,85
104$^1/_2$—106$^1/_2$,,	79,37	87,27
106$^1/_2$—108$^1/_2$,,	125,22	116,00
108$^1/_2$—110$^1/_2$,,	132,28	135,19
110$^1/_2$—112$^1/_2$,,	149,02	140,27
112$^1/_2$—114$^1/_2$,,	133,16	127,51
114$^1/_2$—116$^1/_2$,,	109,35	102,16
116$^1/_2$—118$^1/_2$,,	61,73	72,24
118$^1/_2$—120$^1/_2$,,	33,50	44,95
120$^1/_2$—122$^1/_2$,,	19,37	24,66
122$^1/_2$—124$^1/_2$,,	13,22	11,90
124$^1/_2$—126$^1/$,,	4,40	3,22
96$^1/_2$—126$^1/_2$ cm	992,01 [2])	983,16 [2])

fallenden Knaben. Die letzten Größenstufen der Tabelle, nämlich 96$^1/_2$—98$^1/_2$ cm einerseits, 124$^1/_2$—126$^1/_2$ cm anderseits weisen nur mehr je 4—6 Promille der Fälle auf. Diese und die übrigen Daten aus dem zweiten Stabe der Tabelle stellt Fig. 1 (Tafel I) graphisch dar in Form von Säulen, deren höchste über dem Körperlängenwerte 111$^1/_2$ cm eine Höhe von 149 Teilstrichen des Vertikalmaßstabes erreicht (entsprechend 149 von 1000 Fällen), während die sich rechts und links anreihenden Stäbe an Höhe fortschreitend abnehmen. Die Anordnung dieser Säulen erinnert an die Füllung der einzelnen Fächer durch die Kügelchen im

---

[1]) Genau 96,50—98,49; nächste Stufe 98,50—100,49 usw.

[2]) Von 1000 abweichend, weil einzelne extreme Fälle unter 96,5, bzw. über 126,49 cm lang waren.

Galtonschen Zufallsapparat. Die Mittelpunkte der oberen Säulenränder sind zum sogenannten „Variationspolygon" verbunden.

Diesen direkten Ergebnissen der Beobachtung sind die Berechnungsergebnisse an die Seite gestellt. Der letzte Stab der Tabelle I gibt an, welche Verteilung um das gegebene Mittel sich nach dem Gaussschen Fehlergesetz erwarten ließe. Diesen Daten folgt auf der Fig. 1 (Tafel I) die Konstruktion der Kurve. Man wird finden, daß die beiden Vergleichsweisen eine recht gute Übereinstimmung zwischen den Ergebnissen der Beobachtung und denen der Berechnung erkennen lassen. Die empirisch gefundene Form der Variation ähnelt sehr der nach Gauss theoretisch postulierten. Riedel schloß daraus, daß die Körperlängenvariation in diesem Falle dem Zufall- oder Fehlergesetz folge und er konnte genau dasselbe auch bei den älteren Knaben (7 Jahre) und bei den Mädchen beider Alterskategorien zeigen. Eine seiner Figuren bringt die spiegelbildliche Projektion der rechten Hälfte des Polygons aus unserer Fig. 1 auf dessen linke Hälfte und zeigt so recht deutlich, daß speziell eine Asymmetrie, die über die zu gewärtigenden kleinen Unregelmäßigkeiten hinausginge, nicht erkannt werden kann. Damit war die im Titel des Kapitels gestellte Frage bejaht.

Die Angabe, daß die Übereinstimmung des beobachteten Polygons mit der berechneten Kurve eine befriedigende sei, könnte immerhin als eine subjektive und der angestrebte Beweis daher als nicht stringent erachtet werden. Daher wandte Verf. eine systematische Prüfungsmethode an, die E. K. Ranke (nach R. Greiner) in seiner jüngsten einschlägigen Mitteilung (1906, S. 49) für solche Fälle angibt. Es wird hierbei ein Fehlerstreifen konstruiert, der die theoretische Gausskurve umhüllt und dessen Grenzen beiderseits um den Betrag des wahrscheinlichen Fehlers der einzelnen Ordinaten abstehen. „Fallen etwa die Hälfte der Ordinaten des Variationspolygons in diesen Fehlerstreifen, so ist die Übereinstimmung eine mittlere, fallen mehr in den Fehlerstreifen, so ist sie eine gute, fallen mehr aus ihm heraus, eine weniger gute." Die Konstruktion wurde an dem in Fig. 1 dargestellten Variationsfall durchgeführt und es ergab sich, daß von den 17 Punkten des Polygons 14 in den besagten Fehlerstreifen fielen, die übrigen drei aber höchstens um die halbe Breite des Streifens von dessen Rande entfernt lagen. Hiernach ist die Übereinstimmung eine ausnehmend gute. Die Umstände, die nach Ranke den Verdacht einer Variationsstörung erwecken, sind nicht entfernt realisiert.

Hinsichtlich des Körpergewichtes derselben Kinder hat, nebenbei bemerkt, Skibinski auf Veranlassung des Verf. dieselbe Prüfung vorgenommen und prinzipiell dasselbe Ergebnis erzielt. Hier fand sich allerdings zunächst eine zwar geringe, aber konstante Unstimmigkeit zwischen dem empirischen Variationspolygon und der Gauss-schen Kurve in beiden Geschlechts- und beiden Alterskategorien. Es konnte dann aber gezeigt werden, daß es sich nicht etwa um eine Variation nach anderem Gesetz, sondern um eine Variationsstörung handelte, bedingt durch Einbeziehung von extremen und ausgesprochen pathologischen Fällen. Bei der Körperlänge machen sich diese pathologischen Fälle weit weniger bemerkbar und wurden überdies zum Teil von vornherein ausgeschieden. Ihre Ausscheidung, bzw. eine Anordnung, die ihren Einfluß auf das Rechnungsergebnis einschränkt (Einzelheiten bei Skibinski), bewirkte auch hinsichtlich des Körpergewichtes völlig ausreichende Übereinstimmung. Schwere floride Zehrkrankheiten und gewisse konstitutionelle Anomalien mit grober körperlicher Verunstaltung und Verkrüppelung sind unter den Probanden schon durch ihren Schülerberuf ausgeschaltet.

Wie kann man die Variation der Körperlänge gleichaltriger Kinder erschöpfend beschreiben?

Die in der Medizin meist gebräuchliche Beschreibung von Variationen beschränkt sich auf Angabe des Mittelwertes, allenfalls unter Beifügung der angetroffenen Maxima und Minima. Daß die Angabe des Mittelwertes allein zu Irrtümern verführt, wurde schon eingangs angedeutet. Der Mittelwert verrät gar nichts über die Variationsbreite, auch nichts über die sogenannte Struktur der Zahlenreihe; er kann sehr verschieden gebauten Reihen gemeinsam sein. Die extremen Einzelwerte aber sind vielfach pathologische oder solitäre; sie betreffen Ausnahmsfälle, die dem Gesetz, um das es sich handelt, widerstreben, anstatt seinem Ausdruck zu dienen. Hier sollte also ein Wandel geschaffen werden, damit Vertreter anderer Fächer nicht weiterhin Anlaß haben, über die unsachgemäße Behandlung solcher Dinge, über die Mittelberechnungen, die Statistik und Reihenkritik der Mediziner zu lächeln — wie Stieda feststellt.

Über die oben gestellte Frage bedarf es gar keines Grübelns. Sie ist generell beantwortet durch die Regeln der Kollektivmaßlehre, die nur auf den speziellen Fall richtig anzuwenden sind. Man wird die Angabe des Mittelwertes also ergänzen durch die Angaben des Ihering-schen Oszillationsexponenten oder durch die Angabe der mittleren Abweichung des Einzelfalles oder der wahrscheinlichen Abweichung des Einzelfalles. Was man darunter versteht und wie man diese Werte ermittelt, erfährt man in jedem Lehrbuch der genannten Disziplin, in den Arbeiten von Stieda, Geissler und Uhlitzsch und vieler anderer, auch in den zitierten Abhandlungen der Herren Riedel und Skibinski. Nach den Feststellungen der letztgenannten über die Natur der Variation von Körperlänge und Körpergewicht bei gleichaltrigen Kindern einer Gruppe ist eine erschöpfende Beschreibung einer solchen Zahlenreihe auch dann gegeben, wenn man zum arithmetischen Mittelwert den Parameter der betreffenden Gaussschen Kurve anführt. Jede Zufallskurve ist, wie erwähnt, in ihrer Form durch den Parameter, in ihrer Lage durch den Mittelwert eindeutig bestimmt. Sie läßt sich aus diesen Werten leicht berechnen und konstruieren. Aus diesen Werten kann aufs genaueste ermittelt werden, wie sich die Fälle nach den einzelnen Körperlängen- (oder Körpergewichts-)stufen verteilen, welche Anzahl von Einzelbeobachtungen in jede Stufe von beliebiger Breite entfällt[1]) usw. Mittelwert und Parameter im Verein sind an Inhalt, Präzision und Kürze schlechtweg unübertreffliche Beschreiber jeder Zufallsreihe, die dem Gaussschen Gesetze folgt.

Die Bedeutung des arithmetischen Mittelwertes ist jedermann bekannt; über die Bedeutung des Gaussschen Parameters ist im folgenden noch einiges zu sagen. Diese Erläuterungen sollen gleichzeitig als

Beispiel für die Verwertung der Variationsmaße
zu weiteren Schlüssen dienen.

Der Parameter ist ein direktes Maß für die Annäherung der Einzelwerte an den Mittelwert. Je mehr jene von diesem im ganzen abweichen, desto kleiner wird der Parameter. Man hat ihn daher bei Reihen, die sich aus der Beobachtung eines fraglichen Wertes ergeben, auch die Präzisionskonstante genannt. Wenn die Abweichungen vom Mittelwerte — in unserem Falle die individuellen Verschiedenheiten der Körperlänge — zunehmen, dann muß nach dem Gaussschen Gesetz die gesamte Breite der Variation, die Streuung, wachsen. Daher ist der Parameter ein reziprokes Maß der Variationsbreite. Das Bild der Gaussschen Kurven wird in dem vermeinten Fall niederer und flacher. Einer hohen und steilen Form der Kurve entspricht (natürlich bei gleichem Maßstab von Basis und Höhe) höherer Parameterwert.

Die Fläche, die die Gausssche Kurve und ihre Basis begrenzen, ist proportional der Zahl der Einzelfälle, also bei der von uns gepflogenen Umrechnung

---

[1]) Rechnerische Einzelheiten und Hilfsmittel bei Riedel, Skibinski und Dikanski.

aller Werte auf eine Gesamtzahl von 1000 von durchweg konstanter Größe. Schon daraus geht hervor, daß die niederen Kurven entsprechend breiter ausladen müssen und umgekehrt.

Ein direktes Maß für die Variationsbreite bietet die „wahrscheinliche Abweichung des Einzelwertes", die Lexis als den Oszillationsindex (r) bezeichnet und der sich auch aus dem Parameter leicht berechnen läßt (Näheres bei Riedel und bei Skibinski).

Die von Riedel erhobenen Werte für das Mittel (M), den Parameter (h) und Oszillationsindex (r) sind abgekürzt folgende:

	Knaben	Mädchen
Im Alter von 6 Jahren	$M = 110,9$ $h = 0,126$ $r = 3,77$	$M = 109,7$ $h = 0,29$ $r = 3,71$
Im Alter von 7 Jahren	$M = 114,0$ $h = 0,121$ $r = 3,95$	$M = 113,3$ $h = 0,114$ $r = 4,19$

Man sieht, daß in beiden Geschlechtern der Variation in der höheren Altersklasse ein geringerer Parameter, ein größerer Oszillationsindex zukommt, mit anderen Worten, daß die Streuung hier mit dem Alter zunimmt.

Um auszuschließen, daß es sich etwa um Zufälligkeiten des Riedelschen Materiales handelt, verarbeitete Verf. auch Daten über die Körperhöhe, die Weissenberg an einer bestimmten Bevölkerungsgruppe (südrussische Juden) gesammelt hat. Weissenberg scheidet sein Material in 26 Altersgruppen, wovon einzelne zu schwach vertreten sind, um hier berücksichtigt werden zu können. Auch sind die von mir nach diesen Daten berechneten Variationsmaße aus verschiedenen Gründen mit den Riedelschen Maßen nicht ohne weiteres direkt vergleichbar; wohl aber sind sie es untereinander. Das Ergebnis der (mit Hilfe einer Näherungsformel) ausgeführten Berechnung ist in Fig. 2 graphisch, in Tabelle II ziffernmäßig wiedergegeben. Der Oszillationsindex steigt, wie man in Stab und Kurve A sieht, auch hier mit dem Alter an, und zwar in der ganzen Kindheit von Jahr zu Jahr. Man wird bei dieser Feststellung an den Galtonschen Apparat denken, bei dem die Kügelchen auch immer mehr auseinander gestreut werden, je weiter ihre Schar zwischen den Nadelreihen hinuntergerollt ist; auch hier würde die Streuung größer, wenn man den Lauf der Kugeln durch

den Nadelwald verlängern würde. Wie erwähnt, verglich Goldschmidt
die streuenden Nadeln des Apparates mit den wechselvollen Einflüssen
des Daseins, die bald fördernd, bald hemmend auf die Entwicklung
des Individuums wirken und so die Variation andauernd verbreitern.
Wenn der Vergleich stimmt, dann liegt in obigen Daten der Nachweis
stark wirksamer exogener Einflüsse auf das menschliche
Längenwachstum vor· Man wird hier aber Vorsicht walten lassen
und folgendes erwägen müssen: Mit der Variationsbreite steigt auch
das absolute Maß der Körperlänge Geschieht dies proportional,

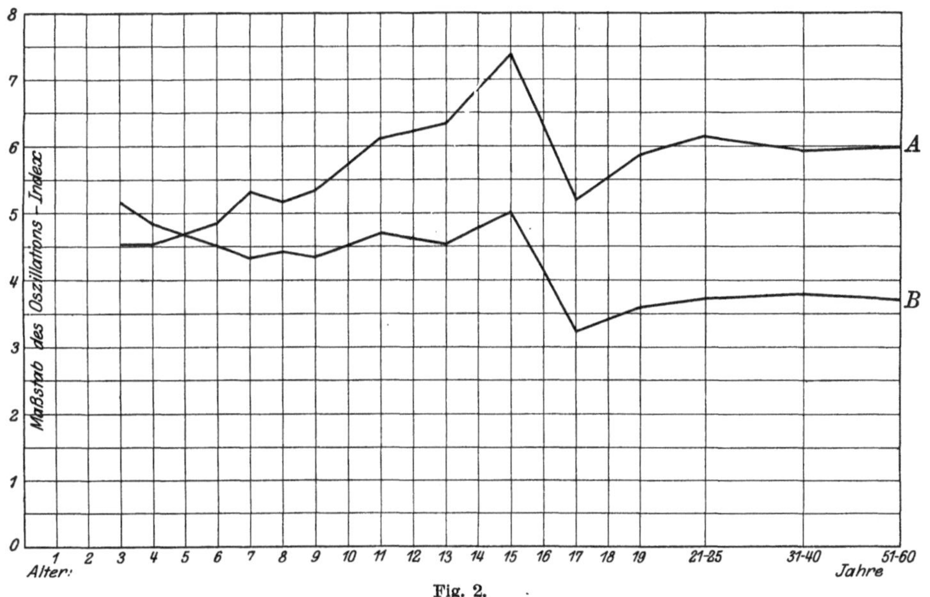

Fig. 2.
Oszillationsindex der Körperlänge im Laufe des Wachstums.
A absoluter Wert, *B* relativer Wert (pro 1 m Körperlänge).

dann kann die Zunahme der Variationsbreite wohl nicht in dem eben
besagten Sinne gedeutet werden. Wenn z. B. in der Neugeburtsperiode
die individuelle Schwankung bei 50 cm mittlerer Körperlänge 5 cm betragen würde und 4 Jahre später bei 100 cm mittlerer Körperlänge
10 cm, dann hat die physiologische Breite nicht zugenommen, denn
diese muß offenbar auf das absolute Maß als Einheit bezogen werden.
Wenn es sich nur um eine solche, rein absolute Streuungszunahme
beim menschlichen Wachstum handeln würde, dann wäre die fest-
gestellte Altersveränderung eher mit der Streuungszunahme zu vergleichen, die die Körner eines Schrotschusses auf ihrem Wege erfahren,

als mit der Streuung der Galtonschen Kugeln; mit anderen Worten die Variationsvermehrung hätte keine eigentlich ektogenen Gründe.

Tabelle II. Oszillationsindex der Körperlänge in verschiedenem Lebensalter. (Berechnet vom Verf. aus dem Material Weissenbergs nach der Näherungsformel $r' = 0{,}8453 \dfrac{\Sigma\delta}{n}$, angegeben bis zum 9. Lebensjahre für beide Geschlechter zusammen, weiterhin für das männliche Geschlecht und zwar in absoluten Werten, sowie reduziert auf 1 m Körperlänge.)

Alter	A. Absoluter Wert	B. Relativer Wert
3 Jahre	4,521	5,166
4 ,,	4,521	4,841
6 ,,	4,841	4,508
7 ,,	5,296	4,076
8 ,,	5,161	4,422
9 ,,	5,334	4,372
11 ,,	6,105	4,692
13 ,,	6,311	4,521
15 ,,	7,409	4,969
17 ,,	5,187	3,216
19 ,,	5,870	3,590
21—25 ,,	6,139	3,716
31—40 ,,	5,910	3,778
51—60 ,,	5,981	3,690

Wie verhält es sich nun mit den relativen Werten der Variationsbreite? Solche wurden berechnet auf eine Körperlänge von 1 m reduziert; es ergab sich aus dem Riedelschen Material:

	Knaben	Mädchen
Sechsjährige . . .	$r_1 = 3{,}404$	$r_1 = 3{,}256$
Siebenjährige . .	$r_1 = 3{,}598$	$r_1 = 3{,}699$

was also nach dem Gesagten auf den Bestand exogen streuender Momente hinweisen könnte. Aber die Nachprüfung an Weissenbergs Daten läßt es wieder zweifelhaft werden. Die Bewegung des auf mittlere Längeneinheit reduzierten Oszillationsindex über der Altersabszisse (siehe Fig. 2 und Tabelle II Stab, bzw. Kurve *B*) ist eine ziemlich unregelmäßige; in der ersten Kindheit macht sich ein geringes Absinken bemerkbar, das gegen die Pubertät zu wieder Ausgleich findet und jenseits dieser von einem Absturz gefolgt wird[1]. Hier wäre eine Nach-

---

[1] Aus einem Berichte in Tigerstedts Lehrbuch (2. Aufl., 2. Bd., S. 450) über die Variation der Körperlänge bei schwedischen Rekruten nach Hultkrantz berechnet sich ein Oszillationsindex von absolut rund 4,2 und relativ 2,5 in dieser Altersperiode. Hier handelt es sich aber um ein gesiebtes Material. Beurteilt

prüfung an größerem Materiale sehr erwünscht und für sichere Schlüsse erforderlich.

Weissenberg selbst hat versucht, sich über den Wechsel der Variationsmaße an seinem Material ein Urteil zu bilden. Als Variationsmaß dient ihm die Differenz zwischen den maximalen und den minimalen Werten, welche Differenz er auf das Körperlängenmittel bezieht. Teils wegen der Wahl dieses meines Erachtens wenig geeigneten Streuungsmaßes, teils wegen der Kleinheit seines Materiales ergibt Weissenbergs Darstellung (S. 159 der Broschüre) stark flackernde Kurven, aus denen er gleichwohl aber schließt, daß nicht allein die absolute, sondern auch die relative Variationsbreite in der Pubertätsperiode eine „auffallende Steigerung aufweist". Solches ergibt auch unsere Darstellung in Fig. 2. Weissenberg hält es hiernach für erwiesen, daß die schon früher bemerkbare Wirkung äußerer Faktoren auf das Wachstum in der Pubertätsperiode zu voller Geltung gelange, und zwar deshalb, weil in dieser Zeit die Brust schmal, das Skelett besonders zart und zu Krankheiten disponiert sei. Solche Anschauung scheint dem Verf. verfehlt. Der Umstand, daß die absoluten wie die relativen Variationsmaße nach eingetretener Pubertät steil abstürzen[1]), weist schon darauf hin, daß ganz andere Umstände noch von Einfluß sind; denn so gut man sich vorstellen könnte, daß die gemeinten exogenen Einflüsse im Laufe der Kindheit streuend wirken, so wenig kann man sich denken, daß sie in anderen Perioden sammeln, nivellieren. Ein solcher anderer und je nach Umständen nach beiden Seiten wirksamer Einfluß ist sehr durchsichtig; es ist die Verschiedenheit des Entwicklungszustandes verschiedener Individuen von gleichem Geburtsalter. Diese muß die Variation in verschiedenem Maße beeinflussen, je nachdem das Wachstum physiologisch in der fraglichen Entwicklungsperiode eben ein langsameres oder rascheres ist. Bei Eintritt der Pubertät ist das individuelle Wachstum stark beschleunigt; daher finden wir um diese Zeit große Streuung. Sobald aber alle Individuen — auch die spätreifenden — in die Periode des sehr verlangsamten

man nach einem gleich anzugebenden Verfahren die Längenstreuung an den v. Langeschen Kurven (dessen Tafel VI, Fig. 9 u. 10), so findet man nicht allein die absolute, sondern auch die relative Streuung in starker, steter Zunahme (besonders vom 6. Lebensjahre ab) bis zum 14. Lebensjahre ($\vec{\circ}$), jenseits dessen die relative ein wenig absinkt.

[1]) Nach Weissenbergs und unserer Darstellung. Ähnliches trifft hinsichtlich der relativen Maße vielleicht auch für die frühen Perioden des extrauterinen Lebens zu.

Wachstums eingetreten sind (17. bis 19. Lebensjahr), dann kommt es naturgemäß aus diesem Grunde zu einer gewissen Nivellierung. Gleichzeitig aufgebrochene Partien verschieden marschtüchtiger Wanderer zerstreuen sich im Verlaufe ihrer Tour und sammeln sich erst wieder, wenn Hindernisse den Marsch hemmen oder aber am Ziel der Wanderung.

Überraschend ist immerhin Friedenthals Angabe, daß die Variationsbreite im Fötalalter jene bei Erwachsenen übertreffe. Der Autor spricht aber nicht von absoluten Maßen, sondern von Proportionen und es kommt — abgesehen von dem auch noch unzureichenden Material und der großen Wachstumsgeschwindigkeit in dieser Lebensperiode — die Schwierigkeit einer genauen Altersbestimmung bei Föten in Betracht. Beim Neugeborenen ist die Variation schmal, wie insbesonders Weissenberg betonte. „Wenn wir den Grad der Abweichungen in der Körperlänge, der beim Erwachsenen in seinen Extremen festgestellt wurde, auf den Neugeborenen anwenden wollen, so müßten bei ihm die Grenzen etwa zwischen 25 und 85 cm liegen. Das sind Körperlängen, die beim Neugeborenen, soviel mir bekannt, nie beobachtet worden sind.“

Ganz lehrreich ist die vergleichsweise Darstellung verschiedener Variationskurven nebeneinander. Fig. 3 auf Tafel II reproroduziert (in veränderten Maßstäben) eine solche Darstellung Riedels. Sie bezieht sich auf die Münchner Mädchen von 6 und jene von 7 Jahren, ferner auf die im Alter zwischen $6^1/_2$ und $7^1/_2$ Jahren stehenden Mädchen, über die Geissler und Uhlitzsch berichtet haben. Die niederste und flachste Kurve A, die gleichzeitig auf der Basis am meisten nach rechts, also nach der Seite der höheren Längenwerte verschoben ist, betrifft unsere Siebenjährigen. Die Verschiebung der Kurve nach rechts drückt die Vermehrung der Körperlänge, ihre Verbreiterung die Zunahme der Streuung im Verlaufe des 7. Lebensjahres aus, wenn man die Kurve B unserer Sechsjährigen zum Vergleiche wählt. Die nach Geissler und Uhlitzsch mitgeteilte Kurve C müßte nach dem Lebensalter der einbezogenen Kinder ihre Lage zwischen jenen beiden Kurven haben; daß sie von beiden nach links abliegt, zeigt die Überlegenheit der Münchner Volksschulkinder an Körperhöhe gegenüber den notorisch kleingewachsenen Freiberger Bergarbeiterskindern. Anhaltspunkt hierfür würde ja allerdings schon der Vergleich der arithmetischen Mittelzahlen bieten; unsere Darstellung aber läßt noch anderes ersehen, nämlich daß die Breite der Variation bei den Münchner Kindern beider Alterskategorien jene bei den Freiberger Kindern übertrifft; die letztere Variation hat in der Tat einen größeren Parameter (über 0,13). Es ist hiernach zu vermuten, daß die Freiberger Kinder in nationaler oder sozialer Hinsicht ein einheitlicheres Material darstellen als die von Riedel geprüften.

Um über die Umstände, die nebst dem Lebensalter für die Variationsbreite maßgeblich sind, im eigenen Beobachtungskreise einiges erheben zu können, veranlaßte Verf. Herrn Dikanski, den Einfluß der sozialen Lage nach dieser Hinsicht zu studieren. Das Vorgehen des Genannten, der dasselbe Material wie seine Vorgänger benutzte, steht in seiner Dissertation zur Einsicht und Prüfung. Er teilte die Münchner Kinder (aus äußeren Gründen mußte die Untersuchung hier auf die Mädchen beschränkt werden) beider Altersklassen nach dem Beruf ihrer Eltern in drei soziale Klassen. Die Klasse I umfaßt Angehörige der Reichen und des wohlhabenden Mittelstandes, Klasse III Angehörige der sogenannten arbeitenden Stände; der Rest (Klasse II) wurde als Mittelklasse geführt. Nun wurde die Variation der Körpermaße in jeder Alters- und Standesklasse für sich nach dem von Riedel und von Skibinski geübten (rechnerisch zum Teil modifizierten) Verfahren erhoben. Die Figg. 4 und 5 auf den Tafeln III und IV geben einen Ausschnitt der Resultate wieder. Man erkennt sogleich hinsichtlich der Körperlänge, sowie hinsichtlich des Körpergewichtes der 6 jährigen Mädchen erhebliche Abweichungen der Variation nach den Standesklassen. Die Mädchen aus den sozial höheren Schichten haben nicht allein größere Körpermaße (Verschiebung der Kurven nach rechts), sondern auch größere Variationsbreite (die Parameter sinken bei der Körperlänge von 0,130 auf 0,116, beim Körpergewichte von 0,322 auf 0,268). Dieselben Verhältnisse traf Dikanski bei den 7 jährigen Mädchen an.

Ganz durchgreifend ist die Gesetzmäßigkeit beim Vergleiche der Klassen I und III, während sich die Mittelklasse nicht immer entsprechend einfügt — vermutlich deshalb, weil hier die Zuteilung vielfach unsicher und die Zahl der Fälle zu klein war.

Dikanski schließt hinsichtlich beider Maße: „Die Variation wird eine um so breitere, je höher der soziale Stand der Kinder bzw. der Kindeseltern ist"[1]). Wer vorwiegend an äußere Momente als Urheber der Variation denkt, hätte wohl das Gegenteil erwarten müssen in der Erwägung, daß die Kinder der armen Bevölkerung solchen äußeren

---

[1]) Nach dem oben Gesagten mußte noch geprüft werden, ob die Variationsbreite in der Klasse I etwa nur in dem Maße gegenüber der Klasse III höher ist als die absoluten Körpermaße differieren. Die Reduktion der Variationsbreite auf die Körpermaßeinheit (Dikanski, S. 20) läßt aber die vermehrte Streuung in der Klasse I durchweg bestehen.

Einflüssen begünstigender und namentlich benachteiligender Art stärker ausgesetzt sind als die vielfach strenge behüteten und mehr gleichmäßig, nämlich der Tradition oder Schulmeinung des Zeitalters entsprechend gepflegten Kinder der Wohlhabenden. Daß solche Momente mitspielen, können Dikanskis Erhebungen auch nicht sicher ausschließen. Maßgebender sind aber wohl andere Einflüsse und zwar, wie der genannte Autor meint, besonders ethnologische. Die in Rede stehenden wohlhabenden Kreise Münchens sind sehr freizügig und daher nach Stamm und Nation bunter zusammengesetzt als die in der Stadt wohnenden zumeist ortsansässigen Arbeiterkreise. (Noch einheitlicher scheint die Freiberger Bergarbeiterschaft zu sein.) Verf. möchte weiter in Betracht ziehen, daß die hohe Körperlängenvariation des Menschen, die bekanntlich keinem freilebenden Säugetier annähernd in dem Maße zukommt, als Domestikationsmerkmal angesprochen wird (R. Martin). Als solches könnte es auch sehr wohl Standesverschiedenheiten in dem erhobenen Sinne aufweisen. Eine dritte zu erwägende Ursache der starken Variation bei den Kindern der Reichen wird noch in dem folgenden Kapitel Erwähnung finden.

Es wurde oben erwähnt, daß Fechners logarithmische Erweiterung des Gaussschen Gesetzes asymmetrische Kurven ergibt, also Variationen, in denen beispielsweise die Zahl der Minusvarianten gegen jene der Plusvarianten erheblich überwiegt, wenn man vom häufigsten, „dichtesten" Werte ausgeht. Man hätte vielleicht annehmen können, daß sich solche Verhältnisse bei den Körpermaßen von Kindern ergeben, die in besonderem Maße sozialer Ungunst ausgesetzt sind. Dies trifft nach den zitierten Erhebungen aber nicht zu. Das — bei der Totalität des Materiales sehr geringe — Überwiegen der Plusvarianten tritt in der Klasse der Wohlhabenden nicht mehr hervor als bei den Armen. Das Variationspolygon der Körpermaße ist bei letzteren zwar im ganzen nach links verschoben, aber durchaus nicht in dem Sinne asymmetrisch gestaltet, daß es auf der Plusvariantenseite[1]) schmäler wäre und steiler abfiele.

Vergleicht man unsere Fig. 3 und 4 miteinander, so findet man die Kurve A gegenüber der Kurve B in beiden Fällen gleichsinnig verschoben und an Gestalt verändert. Das für diese Verschiebung und Gestaltsveränderung maßgebende Moment ist aber im einen Falle der Alterszuwachs, im anderen Falle die Begünstigung nach sozialer Richtung. Auf die Analogie der Wirkungsweise beider Momente, die keine bloß äußerliche oder zufällige sein dürfte, wird im Folgenden noch zurückgekommen.

---

[1]) Hier steht bei Dikanski versehentlich „Minusvarianten".

Körpermaß-Studien an Kindern.

II. Von den Körpermaßen in verschiedenen Ständen.

Verf. benutzt in seiner privaten Sprechstunde eine Körperlängenskala, die die Durchschnittszahlen Camerers[1]) verzeichnet. Dieselbe Skala findet in der Münchner Kinderklinik Verwendung. Es ist erstaunlich, in welchem Maße die Feststellungen voneinander abweichen, die hier und dort beim Vergleich der Körperlänge des Einzelfalles mit jenen Durchschnittswerten gemacht werden. Es vergehen Monate, bis gelegentlich in der Privatsprechstunde ein Kind[2]) angetroffen wird, das nach besagter Skala „untermaßig"[3]) wäre. Ich schätze die relative Zahl der von mir so untermaßig Befundenen auf etwa 4—6%. Ganz anders in der Klinik. Hier ist die Regel Untermaßigkeit und die Ausnahmen davon sind kaum häufiger als jene von dem gegenteiligen Verhalten dort. Gewiß handelt es sich bei den klinisch behandelten Kindern im allgemeinen um weit schwerere Krankheitszustände; aber dies kann — soweit es sich um die aktuelle Ursache der ärztlichen Inanspruchnahme handelt — die besagten Unterschiede sicher keinesfalls bedingen. Man wird nicht fehlgehen, wenn man die beträchtliche Verschiedenheit des sozialen elterlichen Standes als das wenigstens mittelbar ausschlaggebende Moment anspricht: In der Klinik großenteils Proletariat und kleines Bürgertum, in der privaten Sprechstunde besser situierter Mittelstand und vielfach Leute von erheblichem Vermögen oder Einkommen.

Solche Wahrnehmung ist natürlich längst keine neue mehr. Vergleichende Erhebungen mit Durchschnittszahlen über den „Einfluß" der sozialen Lage auf die Körperlänge der Kinder liegen aus älterer

---

[1]) Diese wurden jüngst durch v. Pirquet übersichtlich zusammengestellt (Zeitschr. f. Kinderheilk. Bd. 6, 1913 und Verlag J. Springer, Berlin).

[2]) Es ist hier von Kindern des Spiel- und Schulalters die Rede.

[3]) Die Ausdrücke „untermaßig" und „übermaßig" schlage ich vor zu verwenden, wenn gesagt werden soll, daß ein im Einzelfalle erhobenes Körpermaß unter bzw. über dem gemeinhin angenommenen Mittelwerte liegt. Die Bezeichnungen haben meines Erachtens den Vorteil, streng unpräjudizierlich zu sein hinsichtlich einer etwaigen pathologischen Grundlage der Abweichung.

und jüngerer Zeit, sie liegen aus allen Kulturländern vor. Übersichtlich zusammengestellt wurden solche Daten beispielsweise von Frau L. Hösch - Ernst, nach ihr von Dikanski in seiner oben zitierten Dissertation. Die Daten bezeugen fast ausnahmslos, daß — kurz gesagt — die Kinder der Reichen im Schulalter durchschnittlich länger sind als jene der Armen. Verf. hätte nach seinen Wahrnehmungen in Klinik und Privatpraxis allerdings die Differenz noch für weit höher geschätzt als jene Zusammenstellungen sie zumeist aufweisen; das hängt vermutlich damit zusammen, daß die Scheidung von „Arm" und „Reich" in vielen Statistiken infolge der Art des Vorgehens (z. B.: Vergleich der Insassen von Gemeindeschulen einerseits und jener von Gymnasien anderseits) keine ausreichend scharfe ist. Dikanski hat sich auf Veranlassung des Verf. bei seiner Nachprüfung und zur Darstellung der Verhältnisse anderer Methoden bedient und auch seinerseits an den Insassen von Münchner Volksschulen den Einfluß der sozialen Lage auf die Körperlänge von Schulrekruten sehr deutlich zeigen können. In seiner Abhandlung und in der von ihm zitierten Literatur findet man noch manche bemerkenswerte Einzelheit besprochen.

Kleiner als der Aufwand an Messungen und Mittelberechnungen ist jener an Erwägungen über die Umstände, die bei der Ungleichmaßigkeit der Kinder verschiedener Stände in Betracht kommen. Man hat die Untermaßigkeit der Armen vielfach gewissermaßen selbstverständlich gefunden oder wenigstens durch den Hinweis auf die minder günstigen hygienischen und Ernährungsverhältnisse, durch die Annahme höherer Erkrankungsfrequenz in diesen Ständen u. dgl., ohne weiteres ausreichend erklärt. So einfach liegt die Sache aber nicht. Bei einer früheren Gelegenheit habe ich[1]) auseinandergesetzt, daß die „Unterernährung" der Kinder der Armen bei uns zulande — abgesehen davon, daß sie sicher nicht in dem vermeinten Umfange vorkommt — in ihrer Bedeutung für das Längenwachstum wohl überschätzt wurde. Den damals vorgebrachten Argumenten werde ich auf Grund von Dikanskis Erhebungen unten ein neues hinzufügen können.

Weissenberg will die Untermaßigkeit der Armen auf die geringere Frequenz der Brusternährung zurückführen. „Die modernen sozialen Verhältnisse führen dahin, daß nur die wohlhabenden Familien ihre Säuglinge an der Brust erziehen können, während die ärmeren zur

---

[1]) Münch. med. Wochenschr. 1912, Nr. 5 und Nr. 19; Süddeutsche Monatshefte 1912.

künstlichen Nahrung greifen müssen." Er zitiert Camerers bekannte Daten über die Untermaßigkeit der Flaschenkinder gegenüber den Brustkindern. Abgesehen davon aber, daß Camerer vom Körpergewichte, Weissenberg von der Körperlänge spricht, und daß die Längendifferenzen zwischen einjährigen gesunden Brust- und Flaschenkindern (z. B. nach Variot und Fliniaux) minimale sind, treffen die Vorstellungen Weissenbergs über die Verbreitung der beiden Ernährungsmethoden in verschiedenen Schichten der Bevölkerung wohl nicht allgemein zu und gewiß nicht in einzelnen Ländern, wie beispielsweise in Italien, Schweden und England und den Vereinigten Staaten (Ostküste); in beiden ersteren ist bekanntlich die Brusternährung, in beiden letzteren die Flaschenernährung der Säuglinge in allen Ständen ziemlich gleichmäßig gebräuchlich; folglich müßten hier die Unterschiede aufhören oder besonders geringe sein; gerade aus diesen Ländern aber berichten Pagliani, Axel Key, Roberts und Bowditch von recht auffallenden sozialen Maßdifferenzen. Wir finden überdies die Untermaßigkeit gesunder Armenkinder im ersten Lebensjahre wenig ausgesprochen.

Wie steht es mit der Morbidität? In erster Linie wird man hier wohl die Rachitis in Betracht ziehen. Die Frequenz dieses Zustandes in seinen leichtesten, eben erkennbaren Formen halte ich von der sozialen Lage für wenig abhängig; hingegen steht unzweifelhaft fest, daß die mittleren und schweren Formen bei den Kindern der Wohlhabenden selten, bei jenen des Proletariates dagegen recht häufig angetroffen werden. Von diesen Formen der Rachitis aber weiß man, daß sie das Längenwachstum hemmen, und zwar nach mehrfachem Berichte auch über das floride Stadium der Krankheit hinaus. Es lag nahe, die Untermaßigkeit der armen Schulkinder damit zu erklären. Der Aufgabe, den Einfluß der Rachitis auf die Körperlänge von Münchner Schulrekruten beider Geschlechter zu prüfen, unterzog sich auf Veranlassung des Verf. Chose. Auch dieser Autor begnügte sich nicht mit der üblichen Erhebung von Mittelwerten in den zu vergleichenden Gruppen, sondern er stellte die Gesamtvariation in jeder Gruppe gesondert dar. Das Ergebnis war ein überraschendes: Ein Zurückbleiben der Längenentwicklung im Einschulungsalter bei den Kindern, die nach schulärztlichem Befund Zeichen überstandener Rachitis aufwiesen, fand Chose so gut wie gar nicht. Bei den Mittelwerten handelt es sich meist um Differenzen von $^1/_2$ cm und die 329 rachitisch gewesenen 6jährigen Knaben wurden sogar im Mittel um $^1/_3$ cm länger gefunden als die 805 Koetanen ohne Stigmata am Skelett.

Von den übrigen Krankheitszuständen des Kindesalters, bei denen das endogene Moment in den Vordergrund tritt, käme als notorisch wachstumsbehindernd etwa noch die anlagemäßige Dysplasie und Dystrophie in Betracht, die sich durch artfremde Säuglingsernährung als Heterodysplasie und Heterodystrophie im Sinne des Verf. und im Sinne von Schloss manifestiert[1]). Die Untermaßigkeit der Armenbevölkerung datiert aber — wie gesagt — anscheinend[2]) nur zum kleinen Teil in das erste Lebensjahr zurück; den am Leben erhaltbaren Säuglingen aus der Klinik und Poliklinik fehlt von den normalen Durchschnittsmaßen der Lehrbücher nicht allein absolut, sondern auch relativ weniger als den Kindern des Schulalters. Die Abweichung muß somit hauptsächlich zwischen dem zweiten und dem sechsten Lebensjahre zustande kommen. Damit ist nicht gesagt, daß durchaus exogene Momente dafür verantwortlich zu machen seien. Ohne Zweifel können anlagemäßige, echt erbliche Besonderheiten auch erst in späteren Entwicklungsperioden ihren Einfluß zu entfalten beginnen. Latentes Wachstumspotential kann Erbgut sein. Solches meint offenbar auch Friedenthal, wenn er sagt: „Erblich ist die Wachstumskurve durch das ganze Leben hindurch." Dieser Autor schätzt gleich Uexküll u. a. die äußeren Lebensbedingungen, die Umwelteinflüsse bei der Bestimmung der Körperformen aller Organismen niedrig ein. Letztere hängen, wie er meint, so gut wie ausschließlich von der Beschaffenheit der Erbmasse ab.

Sehen wir uns gleichwohl unter den möglichen exogenen Einflüssen um. In der genannten Periode pflegen die Kinder des großstädtischen Proletariates, zumal die hier an Zahl stark überwiegenden Zweit- und sonstigen Nachgeborenen, mit Tuberkulose, Masern, Diphtherie, Keuchhusten usw. angesteckt zu werden, während die Kinder der Wohlhabenden diese Infektion weit häufiger erst in der Schule akquirieren. Es ist darüber wenig Ziffernmäßiges erhoben worden, in welchem Maße und ob überhaupt die akuten Infektionskrankheiten wachstumshemmend wirken. Längenmessungen vor und gleich nach der Liegeperiode ergeben bekanntlich wegen der unvollständigen Elastizität der Zwischenwirbelscheiben ein scheinbar beschleunigtes Wachstum, sind daher nicht

---

[1]) Vgl. hierzu auch die betreffenden Abschnitte in des Verf. Physiologie des Neugeborenen in Döderleins Handbuch der Geburtshilfe, Bd. 1. Verlag I. F. Bergmann, Wiesbaden 1915.

[2]) Ziffernmäßige Erhebungen hierüber sind im Gange.

brauchbar. Daß die eigentliche Wachstumshemmung eine erhebliche und bleibende sei, trifft wohl sicher nicht zu. Friedenthal gibt an, daß eine ganze Reihe von Infektionskrankheiten (Masern, Scharlach, Pneumonie) zu einer auffälligen echten Wachstumssteigerung in der Rekonvaleszenz führen (Belege vermissen wir leider). Der Zerfall zahlloser Leukocyten im Organismus führe zur Disponibilität einer Menge von Wachstumsbausteinen. Auch deutet der Autor an, es würden hierbei „Mitosone" frei, Stoffe, die die Zellteilung beschleunigen. Diese Hypothese scheint — nebenbei bemerkt — einer experimentellen Prüfung zugänglich und bedürftig.

Von der Tuberkulose gilt bekanntlich, daß die Infizierten in um so größerer Zahl zugrunde gehen, d. h. ausgemerzt werden, je früher die Infektion erfolgt und je ungünstiger die äußeren Verhältnisse sind.

Es käme noch die Frage des Einflusses der Luft- und der Lichtverhältnisse auf das Wachstum in Betracht. Die Tierversuche von Moleschott und die vergleichenden Beobachtungen Demmes über die Körpertemperatur von Kindern in dunklen und hellen Räumen sind als erste Anläufe zum experimentellen Studium dieser Einflüsse anzusehen.

Verf. wollte die Frage der Körperlänge unter verschiedenen sozialen Verhältnissen von einem anderen Gesichtspunkte aus betrachten. Wer nahe einer Volksschule und Schulkirche und an einer großen als Tummelplatz für Kinder dienenden Wiese wohnt, der nimmt täglich an dem Treiben der Jugend teil, das sich jenseits der Zone obrigkeitlicher Aufsicht in Szene setzt. Der Mensch und Tier im Entwicklungsalter innewohnende Spieltrieb verbindet sich mit einer ausgesprochenen Sucht nach Händeln und nimmt oft die äußere Form des Kampfes an; ist doch Übung in Schutz und Trutz wohl der dem Spieltrieb zugrunde liegende „Zweck". Eine ziemlich große Erfahrung über den Verlauf solcher beobachteter Händel unter der Schuljugend des Münchner Bavariaviertels läßt den Verf. behaupten, daß die durch bessere Kleidung und größere Körperlänge kennbaren Kinder der Wohlhabenden ihren Altersgenossen aus der sozial niedrigeren Schicht fast regelmäßig unterliegen, sofern sie nicht rechtzeitig ihr Heil in der Flucht suchen. Ähnliches, wenn auch nicht so ausgesprochen, ergibt das Studium der turnerischen und leichtathletischen Wettkämpfe anläßlich unseres Luitpold-Tages[1]). Vielleicht erinnert sich mancher ähnliche Eindrücke in seiner Schulzeit empfangen zu haben.

---

[1]) Hier entfällt der Einwand, daß lediglich anerzogene Abscheu vor roher Kampfesweise oder Rücksicht auf gute Sitte, Kleidung u. dergl. den Ausschlag geben.

Solches muß zur Frage führen, ob denn die Kinder der sogenannten Oberschicht von ihrer Längenüberlegenheit so allgemein einen reellen physischen Vorteil haben, ob die Untermaßigkeit der materiell Minderbegünstigten wirklich nur als Ausdruck einer körperlichen Benachteiligung aufzufassen ist, wie es bisher durchweg geschah. Wenn Armut an Kindern körperlichen Schaden tut, dann müßte ceteris paribus solche Deteriorierung doch auf anderen Gebieten bemerkbar werden; es müßte z. B. eine funktionelle Minderwertigkeit hinsichtlich der Muskelkraft zutage treten. Man erinnert sich gegenteiliger Erhebungen gewonnen mittels des Dynamometers (Rietz, Hösch-Ernst, Weissenberg). Dieses Verfahren begegnet aber, wie wir auch finden konnten, erheblichen Schwierigkeiten und berechtigten Einwänden. Sehr bemerkenswert ist die Angabe von Samosch, Rietz u. a., daß hinsichtlich des relativen Brustumfanges, der Atmungsweite und ähnlichen Maßen die Frequentanten der Reichenschulen schlechter gestellt sind als jene der Armenschulen.

Es war unser Bestreben, einen ziffernmäßigen Ausdruck für die relative Breitenentwicklung des Körpers in den Dienst der Aufgabe zu stellen. Das Körpergewicht ist ein leicht und sicher zu erhebendes Maß für die Massenentwicklung der Kinder und wenn man die Massenentwicklung mit der Längenentwicklung richtig in Vergleich setzt, dann erhält man Maßzahlen für die Breitendimension, die der Vergleichung zweier Gruppen von Individuen aus verschiedenem Stande und von verschiedener Körperlänge dienen können. Die Charakterisierung des Einzelfalles nach seiner allgemeinen Körperbeschaffenheit kann nach den vom Verf. veranlaßten Erhebungen von Matusiewicz durch die Berechnung eines solchen Breitenmodulus allerdings nicht ersetzt werden.

Die primitivste Methode, Körperlänge und Körpergewicht in Relation zu bringen, ist die Berechnung des sogenannten Streckengewichtes. Einfache Division des Körpergewichtsmaßes durch das Längenmaß ergibt einen Index, der ausdrückt, wieviel Gewicht auf jede Längeneinheit entfällt und sofern als solche Längeneinheit das Zentimeter gewählt wird, so spricht man von dem Zentimetergewicht. Daß diese Maßzahl, die sich in Kreisen ärztlicher Statistiker großer Beliebtheit erfreut, für unsere Zwecke völlig unbrauchbar ist, hat Verf. an anderem Orte[1]) gezeigt; ebenso unter ausführlicher und klarer Begründung Matusiewicz in seiner bereits zitierten Dissertation. Dem Vergleich beider Maße muß eine arithmetische Nivellierung vorausgehen.

---

[1]) Siehe Fußnotenzitat S. 20.

Dies haben unabhängig voneinander schon früher Livi, v. Pirquet u. a.[1]) erkannt, nach deren Vorschlägen korrekte Verhältniszahlen, richtige Breitenindices berechnet werden, die im Gegensatze zum Streckengewicht von den absoluten Dimensionen völlig unabhängig sind. Solche Berechnungen des Längengewichtsindex nach Livi und v. Pirquet führte Matusiewicz an anderthalbtausend Münchner Schulknaben aus und Dikanski prüfte auf Veranlassung des Verf. das Verhalten des Livi - Index in den verschiedenen sozialen Klassen. Während Rietz durch Verwertung des hier unbrauchbaren Zentimetergewichts zu dem irrtümlichen Schlusse kam und kommen mußte, daß die Kinder der Bessersituierten nicht bloß länger und absolut schwerer, sondern auch „schlecht entwickelt" sind — er meint damit von geringerem Breitenindex — schließt Dikanski aus seinen korrekt gewonnenen Maßzahlen das Gegenteil. Dieses Gegenteil gilt aber nicht allein hinsichtlich des Münchner Materiales, sondern auch bei richtiger Verwertung der Daten, die Rietz über Berliner Kinder, die Bowditch über Bostoner Kinder bringt. Umgekehrt ergibt die Verwendung des Zentimetergewichts auch in München jene irreführenden gegenteiligen Ergebnisse. Dikanskis und der weiter Zitierten Hauptdaten über den Livi - Index als Breitenmodulus sind folgende[2]):

Tabelle III.

Livi-Index als Breitenmodulus	Alter, Jahre	München (Dikanski)	Berlin (berechnet nach den Daten von Rietz)	Boston (berechnet nach den Daten von Bowditch)
Knaben	6—7		$23{,}1 < 23{,}8^2$)	$23{,}8 < 23{,}9$
	7—8		$22{,}9 < 23{,}1$	$23{,}4 < 23{,}6$
Mädchen	6—7	$24{,}0 < 24{,}3$	$23{,}1 < 23{,}4$	$23{,}6 < 23{,}7$
	7—8	$23{,}6 < 23{,}9$	$23{,}0 < 23{,}1$	$23{,}3 < 23{,}4$

Der dem Livischen reziproke Index von v. Pirquet berechnet sich nach Dikanskis Material wie folgt:

Mädchen 6 Jahre $72{,}03 > 69{,}79$ (69,62)[3])

„ 7 „ $75{,}75 > 73{,}39$ (73,36)[3])

---

[1]) Vgl. auch jüngst Friedenthal im 11. Band der Ergebnisse der inneren Medizin und Kinderheilkunde, S. 688, sowie des Verf. Monographie über Magenkapazität und Gastrektasie im Kindesalter 1898, S. 7.

[2]) In jeder Rubrik bezieht sich die erste Zahl auf den sozial höheren, die zweite auf den niedrigeren Stand.

[3]) Die eingeklammerten Indices wurden aus einem früher von anderer Seite mitgeteilten Material, betreffend proletarische Münchner Volksschüler, berechnet; sie stimmen mit unseren Werten sehr gut überein.

Dasselbe zeigen Weissenbergs Daten an dem vom Verf. daraus berechneten Livi-Index:

Kinder im Alter von 10 Jahren 23,36 < 23,84[1])
$\quad$,, $\quad$,, $\quad$,, $\quad$,, $\quad$ 11 $\quad$,, $\quad$ 23,03 < 23,82
$\quad$,, $\quad$,, $\quad$,, $\quad$,, $\quad$ 12 $\quad$,, $\quad$ 23,03 < 23,50
$\quad$,, $\quad$,, $\quad$,, $\quad$,, $\quad$ 13 $\quad$,, $\quad$ 23,24 < 23,87

Die relative Breitenentwicklung ist also bei den Kindern aus der Arbeiterklasse nicht geringer, sondern größer als bei den Kindern der Wohlhabenden. Das Körpergewicht jener ist nicht in dem Maße reduziert, als es die Reduktion der Körperlänge erwarten ließe, sondern etwas weniger. Die Differenzen sind nicht groß, aber recht konstant.

Diese Feststellung ist einmal von Bedeutung wegen der Frage nach den Ursachen der Untermaßigkeit bei den Armen. Als solche wird gern „Unterernährung" angesprochen. Nun weiß man aus Camerers, Freunds sowie Variots übereinstimmenden Beobachtungen an Kindern, sowie aus den bedeutsamen Aronschen Tierversuchen, daß bei Unterernährung das Längenwachstum — wenn überhaupt — in viel geringerem Maße und für kürzere Zeit (Birk, Stolte, P. Schulz) hinter der Norm zurückbleibt, als das Gewichtswachstum. Es tritt die charakteristische „Dissoziation des staturalen und ponderalen Wachstums" ein, die zur Verminderung des Livi-Index, zur Vermehrung des reziproken Pirquet-Index führen muß. Diese Proportionsveränderung ist also der bei den Kindern der Armenbevölkerung allenthalben angetroffenen diametral entgegengesetzt. Auch aus diesem Grunde scheint es mir nicht angängig, die Unterernährung als den entscheidenden Faktor bei der Untermaßigkeit der Armen anzusprechen.

Wenn man ferner berücksichtigt, daß diese starke Breitenentwicklung der Arbeiterkinder sicherlich kein Ausdruck starken Fettansatzes ist, sondern trotz eines im ganzen wohl sicher geringeren Panniculus besteht, dann wird man finden, daß in diesem Punkte der Nachteil offenbar auf seiten der besser situierten Klasse liegt, die sich auch funktionell als minder tüchtig, minder „fit" erwiesen hat. Und nun ist die zweite Frage nahegelegt, ob denn die stärkere Längenentwicklung der Kinder wohlhabender Städter ohne weiteres als das Artgemäße und demgemäß die geringere Längenentwicklung der Armenkinder als das Abgeartete,

---

[1]) In jeder Rubrik bezieht sich die erste Zahl auf den sozial höheren, die zweite auf den niedrigeren Stand.

Minderwertige angesprochen werden darf — oder ob es etwa gerade umgekehrt steht. In der Tat denkt Verf. an das Vorkommen eines präcipitierten, und zwar eines einseitig beschleunigten Längenwachstums der Kinder in gewissen Kreisen der städtischen Bevölkerung. In Warmhäuser gebracht, entwickeln manche Pflanzen sogenannte Wassertriebe von mächtigen Dimensionen, die der Gärtner aber ungern sieht, weil sie hinfällig und wenig fruchtbar sind, der Pflanze nur unnütz Nährstoffe entziehen. Welcher Kinderarzt hätte beim Anblick mancher hochaufgeschossener, verweichlichter Sprößlinge von asthenischem oder aber pastös-obesem Habitus mit schlaffem, welkem Fett und ebensolchen Muskeln nicht schon an jene Wassertriebe gedacht? Die Häufigkeit derartiger Typen in den Familien wohlhabender Städter ist meines Erachtens groß genug, um die Mittelzahlen und Variationen der Körpermaße dieser Klasse im Sinne der oben mitgeteilten Ergebnisse abweichen zu lassen.

Schwieriger wird die Aufgabe sein, festzustellen, welche der vielen in Betracht kommenden Einflüsse für das vermeinte präcipitierte Längenwachstum verantwortlich zu machen sind. Ich denke u. a. an alimentäre Momente — weniger quantitativer als qualitativer Art. Kann eine äußerst wechselvolle, stark eiweißhaltige, sehr würzige Kost etwa über das artgemäße Ziel schießende Längenwachstumsreize vermitteln? Ferner an Unterschiede in der Lebensweise. Die Kinder Wohlhabender pflegen im allgemeinen eine mehr sitzende Lebensweise oder leichtere Körperbewegungen gegenüber denen der Armen, die körperlich stärker und im Freien trainiert werden, die überdies vielfach schon vor Abschluß des Wachstums in handwerksmäßige, oft relativ schwere Arbeit treten[1]). Schließlich ist auch an psychische Einflüsse zu denken. Führt etwa die bis zu äußersten Graden ansteigende Überlastung und einseitige Belastung, das intellektuelle „Treiben“ der Menschenpflanzen, die vielfach auf das Sexualgebiet wirkende Anregung direkt oder indirekt solche Folgen herbei? Von schädlichen Folgen psychischer Diätfehler auf somatische Gebiete begegnen uns alltäglich Beispiele.

Vielleicht kann hier folgende Erwägung beitragen. Am Ende der vorangegangenen Mitteilung wurden zwei Diagramme in Vergleich ge-

---

[1]) Insofern bestehen vielleicht analoge Unterschiede wie zwischen den von Weissenberg kurz als „Schneider“ bezeichneten Leichthandwerkern und den als „Schmieden“ bezeichneten Schwerhandwerkern. Jene waren an Körperlänge wie an absolutem Körpergewicht diesen bis zum etwa 16. oder 17. Lebensjahre überlegen. Erst dann trat ein Umschwung beider Maße zugunsten der „Schmiede“ ein.

setzt; sie stellen Variationsreihen dar, die sich im einen Falle unter dem Einfluß von Altersverschiedenheiten, im anderen Falle unter dem Einfluß sozialer Verschiedenheiten gesetzmäßig verschieben und verändern. Der Einfluß des Alterszuwachses ist nun ganz analog dem Einfluß der sozialen Begünstigung, die vermeinten Kollektivkörpermaße werden in gleichem Sinne beeinflußt, wenn das Alter der Kinder oder wenn der Pflegeaufwand zunimmt. Dasselbe Verhalten wie diese absoluten Maße zeigen aber auch Körperproportionen. Mit steigendem Alter sinkt der Livi - Index in der Spiel- und Schulperiode — nach Stratz soll die „Streckung“ im Einschulungsalter sogar besonders stark sein — sowie er mit der aufsteigenden sozialen Lage sinkt. Die Daten der Tabelle III, die sich auf reiche Kinder der jüngeren Klasse beziehen, decken sich vielfach geradezu mit jenen, die sich auf arme Kinder der älteren Klasse beziehen. Es ist der Schluß nahegelegt, daß Einflüsse eines gewisse Grenzen übersteigenden und nicht eben zweckmäßig angewandten Wohlstandes, Kinder artwidrig gewissermaßen im Lebensalter vorschieben, vorzeitig reifen. Man erinnert sich hier u. a. an die Verschiebung des Pubertätstermins bei Städtern und in Industriegegenden gegenüber seiner durchschnittlichen Lage bei der Landbevölkerung. Stratz fand das durchschnittliche Alter bei Eintritt der ersten Menstruation im Stand der Wohlhabenden 12,9, im Mittelstand 14,1, im Bauernstand 16,4 Jahre. An Stelle der von Rietz angenommenen „Entwicklungsverzögerung“, also einer „Hysteroplasie“ bei den Kindern der Armen möchte Verf. eine Entwicklungspräcipitation, eine „Proteroplasie“ bei manchen Reichen zur Diskussion stellen. Die von anderen Gebieten organischen Werdens vielfach vorliegende Beobachtung, daß mäßig rascher Verlauf der Entwicklungsvorgänge qualitativ günstigeres Endergebnis erzielt, als Beschleunigung über ein gewisses Maß wird meines Erachtens auch bei der Beurteilung der Körperlängenverhältnisse im Kindesalter eine größere Rolle spielen müssen, als man ihr bisher in kinderärztlichen und schulärztlichen Kreisen zuzuschreiben pflegte. „Das Ergebnis der (physischen) Entwicklung ist ein um so vollkommeneres, je länger dieselbe gedauert hat“ — meinten Stratz u. a.

Wenn es sich lediglich um die vermeinte zeitliche Entwicklungsinterferenz bei den verschiedenen Ständen handeln würde — sei es um Hysteroplasie in der einen oder um Proteroplasie in der anderen Gruppe —, wäre allerdings zu erwarten, daß sich nach endgültigem Abschluß des Wachstums die sozialen Unterschiede der Körpermaße verwischen. Pfitzner fand in der Körperlänge (und anderen Maßen) noch eine Überlegenheit der wohlhabenden Männer und Frauen gegenüber den armen. Die Differenz ist aber nicht nur relativ, sondern auch absolut viel geringer, als sie Dikanski bei Schulrekruten erhob; sie wird von jenem Autor überdies nur mit der höheren Intelligenz in Beziehung gebracht, die dem Erringen einer materiell günstigeren Existenz Vorschub leiste und sich mit durchschnittlich stärkerer Blähung des Hirnschädels verbinde (Klasse der „Großkopfeten" nach Josef Filser, kleinere Hutnummern für die niederen Stände!).

Es sei noch erwähnt, daß die Annahme einer früheren Reife bei den Kindern der Reichen nach dem eben Gesagten vielleicht an sich schon die größere Variationsbreite erklären könnte, für die Dikanski (vgl. S. 18) eine buntere Rassenmischung dieser Bevölkerungsklasse verantwortlich gemacht hat. Stellt man den Galtonschen Zufallsapparat steiler geneigt auf, so wird die Streuung der Kugeln in der Zeiteinheit größer, weil einer größeren Zahl ablenkender Hindernisse in der Zeiteinheit begegnet wird.

Körpermaß-Studien an Kindern.

III. Von Wachstumskurven und Wachstumsgesetzen.

Die Körperlänge eines Individuums, in verschiedenen Perioden der Entwicklung erhoben und in der allenthalben üblichen Weise graphisch dargestellt, ergibt die individuelle (Längen-) Wachtumskurve. Die Wachstumskurven verschiedener Individuen von physiologischer Entwicklung weisen im einzelnen zwar gewisse Verschiedenheiten, im großen und ganzen aber doch weitgehende Ähnlichkeit auf, so daß es erlaubt ist, einen gewissen Typ der Wachstumskurve als Ausdruck des Ganges der artgemäßen absoluten Körperhöhenentfaltung anzusprechen. Welches ist die Form dieser typischen Wachstumskurve beim Menschen?

Man kennt die landläufige Darstellung der Wachstumskurve in Lehr- und Handbüchern verschiedener Disziplinen. Um diese Form einigermaßen zu kennzeichnen, hat man ein geometrisches Vergleichsobjekt gesucht. Mit dem Kreisbogen besteht keine Ähnlichkeit; man spricht aber vielfach von einer **Parabelform** der Wachstumskurve. Dies würde uns noch nicht veranlassen, die Angabe einer strengeren Prüfung zu unterziehen; denn Kurven von konstanter Krümmungsrichtung bei gesetzmäßig veränderlichem Krümmungsgrade nennt man vielfach leichthin „Parabeln“. Dieser Typus von Kurven zweiten Grades erfreut sich der größten Popularität — vermutlich wegen seiner Beziehungen zur geläufigen Form der theoretischen Wurfbewegung. Ebensogut wie die Parabel könnte man sonst eigentlich die Hyperbel oder die Ellipse zum Vergleich wählen, denn an einem kleinen Ausschnitt ihres Gesamtverlaufes kann diese Kegelschnittlinien wohl niemand so ohne weiteres voneinander unterscheiden.

Die Redensart von der parabolischen Form der Wachstumskurve hat sich aber — zuerst wohl im Jahre 1890 — zu einer strikten Angabe verdichtet, die um so größere Beachtung verdient, als sie von einem Fachmathematiker stammt. Im 391. Sitzungsberichte des naturwissenschaftlichen Vereines zu Karlsruhe teilt der Geh. Hofrat Wiener Bemerkenswertes über die Ergebnisse der Messungen mit, die er durch Jahrzehnte fortlaufend an seinen eigenen vier Söhnen vorgenommen und endlich nach den Methoden der von ihm vertretenen Disziplin bearbeitet hat. Von Belang für unsere Frage ist Wieners Feststellung, daß der zwischen dem Alter von 2 und von 12 Jahren gelegene Teil der Wachstumslinie ein Stück einer Parabel ist, deren Analyse folgende allgemeine Formel ergibt: $y^2 = a(x + b)$. Hiernach liegt die Achse der Parabel also in der Abszissenachse und ihr Scheitel in dem Abstand b links vom Mittelpunkt des Systems. Die Werte der Konstanten a und b schwanken nach Wieners Erhebung individuell ein wenig; das a lag bei drei Knaben zwischen 1412 und 1439, das b zwischen 2,86 und 3,20 (Jahren). Die von Wiener gemachten Angaben wird man durch seine Diagramme vollauf bestätigt finden.

Ausführliches über die Form der Wachstumskurven brachte dann 10 Jahre später Direktor Emil von Lange in einem Vortrage in der anthropologischen Gesellschaft zu München (erweitert publiziert im 57. Band des Jahrbuches für Kinderheilkunde, 1903). Was die geometrische Eigenschaft dieser Kurven (von Lange stellt mehrere Typen, nämlich „Hochkurven" und „Tiefkurven" verschiedenen Grades auf) betrifft, so ergab sich in Bestätigung der Angabe von Wiener die „Tatsache, daß sämtliche Kurven auf der Strecke vom 2. Lebensjahr bis zum Beginn des Pubertätsantriebes[1]) . . . Parabeleigenschaften besitzen". Die Scheitelabszisse der Anschlußparabeln von Langes nähert sich mit einem konstanten Werte von 2,55 noch jener Wieners; aber im übrigen liegen erhebliche Unstimmigkeiten der beiderseitigen Erhebungen vor: von Langes Parabelachsen liegen weder in der Abszissenachse, noch sind sie dieser parallel. Es wäre nicht schwer, aber — nach dem Folgenden zu schließen — gänzlich unfruchtbar, diesen Unstimmigkeiten auf den Grund zu gehen.

Während Wiener die parabolische Form der Kurvenabschnitte lediglich als Tatbestand erwähnt, findet sie bei von Lange im Schlußkapitel seiner Arbeit folgende Interpretation: „Der Umstand, daß die Natur den größten Teil des Längenwachstums in einer Form sich vollziehen läßt, die in der Wachstumskurve parabolische Eigenschaften zeigt, ist von tiefer Bedeutung. Bekanntlich bildet die Parabel eine Kurve, welche ihren Lauf vom Scheitel mit impulsiver Kraft beginnt, in dieser Kraftentfaltung jedoch nicht lange anhält, sondern sehr bald eine erst rasche, dann allmählich sich mäßigende Abnahme erfährt. Das Wesen der Parabel kann somit dahin definiert werden, diesem angedeuteten

---

[1]) Dieser liegt bei den „aus faktischen Grundlagen hervorgegangenen Kurventypen" von Langes zwischen dem Alter von 9 und jenem von 12 Jahren.

Wechsel der Kraftentfaltung streng mathematische Form, das ist die Form absoluter Gesetzmäßigkeit zu geben. Das regelmäßige Auftreten der Parabel als Bewegungsbahn bei Wurf und Fall bestätigt ihre Eigenschaft als Gesetz. Indem nun die Natur bei der sukzessiven Entfaltung des dem menschlichen Organismus verliehenen Wachstumsvermögens das der Parabel innewohnende Gesetz befolgt, bringt sie den Wachstumsvorgang im wesentlichen Teil seines Verlaufs in Übereinstimmung mit Bewegungsgesetzen im Universum."

Das klingt zunächst außerordentlich profund und geistvoll; denkt man darüber aber nach, so erkennt man bald die Haltlosigkeit, ja Sinnwidrigkeit des bisher ohne Widerspruch gebliebenen Vergleiches. Die Angabe, daß die Parabel ihren Lauf vom Scheitel aus „beginnt", daß sie „eine Kraft entfaltet", darin aber „sehr bald" eine Abnahme erfährt und ähnliches könnte noch vorwiegend vom sprachlichen Standpunkte aus beanstandet werden; sachlich ganz verfehlt ist aber schon die Definition vom Wesen der Parabel und das, was über die Wurfbahn gesagt wird. Wer von einer Wurfbewegung spricht, deren Lauf vom Scheitel der Parabel aus mit impulsiver Kraft beginnt, der kann nur den horizontalen Wurf meinen, denn beim Wurf nach aufwärts wird der Scheitel vom geworfenen Objekt erst später und mit schon geminderter „Kraft" (recte Geschwindigkeit), beim Wurf nach abwärts wird er gar nicht erreicht. Da die Parabelachse bei solchem Wurf vertikal steht, bei der Wachstumskurve von Langes aber horizontal, so müßte man sich also das ganze System um zirka 90 Grad gedreht denken, je nachdem man in dem Vergleiche die Wurfbewegung oder aber die Wachstumsbewegung ins Auge faßt, es müßte die Wurfweite der Körperlänge an der Längenmeßachse, die Falldauer dem Alter an der Zeitmeßachse entsprechen. Dann erkennt man aber gleich eine prinzipielle Unstimmigkeit: Die Darstellung der Wachstumskurve in Parabelform rechnet mit einem konstanten, die Darstellung der Wurfparabel mit einem in Potenzverhältnissen veränderlichen Zeitmaßstabe. Überdies erkennt man gleich, daß die Wachstumskurve einem der Zeitachse parallelen Verlauf zustrebt, da ja dafür gesorgt ist, daß die Menschen nicht in den Himmel wachsen, während sich die Wurfparabel — wie die Gleichung auf den ersten Blick ersehen läßt — von beiden Achsen andauernd mehr entfernt. Annähernde Übereinstimmung in diesem Punkte bestünde zwischen der Wachstumskurve und der Bewegungsform, die etwa ein geworfener Stein oder ein Projektil effektiv zeigt. Durch den Luftwiderstand wird die erteilte Anfangsgeschwindigkeit sukzessive gemindert und endlich praktisch gleich Null. Dann liegt aber eben die „ballistische" Kurve vor und nicht eine Parabel.

Wenn jemand — gleich Wiener — einfach vom Standpunkte der Beschreibung aus einen Abschnitt der Wachstumskurve mit einem Parabelabschnitt vergleicht, so ist dagegen nichts einzuwenden. Um aber Übereinstimmung des Wachstumsgesetzes mit „Bewegungsgesetzen im Universum" statuieren zu können, müßte man jenes doch auf etwas breiterer Basis ergründen. Vor allem müßte doch eine annähernde Deckung der Parabeln auch mit den Anfangsteilen der Wachstumskurve bestehen. Dies ist durchaus nicht der Fall, wie ein Blick auf Wieners oder von Langes Zeichnungen lehrt. Im Gegensatz zu letzterem müssen wir auch das intrauterine oder wenigstens das extrauterine Wachstum bis zum vollendeten zweiten Lebensjahre als „wesentliche Teile" des Gesamtwachstums ansprechen. Es ist doch nicht anzunehmen, daß die Bewegungsgesetze des Universum — soferne sie überhaupt hier in Betracht kommen — ihren Einfluß erst vom zweiten Geburtstage des Kindes an und nur für wenige Jahre üben. Hätten aber von Langes Parabeln auch für die erste Lebenszeit annähernde Geltung, dann müßten unsere Frauen nach etwa $2^1/_2$ jähriger Schwangerschaft 60 cm lange Kinder gebären[1]).

Angesichts solcher Unstimmigkeiten wollte Verf. die Frage der parabolischen Wachstumskurven einer neuen Prüfung unterzogen sehen. Diese Prüfung sollte erweisen, ob es eine Parabel gibt, die für die ganze Dauer des menschlichen Wachstums einigermaßen befriedigende Übereinstimmung mit der tatsächlichen Wachstumskurve zeigt.

Wenn es sich darum handelt, aus einer Anzahl von Einzelbeobachtungen über den Ablauf eines Geschehens ein Gesetz abzuleiten, das allen einzelnen Beobachtungen tunlichst gerecht wird oder — graphisch ausgedrückt — durch eine Schar von gegebenen Punkten eine Kurve zu legen, die sich allen Punkten möglichst nähert, pflegt man sich der sogenannten Methode der kleinsten Quadrate zu bedienen. Diese gestattet auch im vorliegenden Falle ein streng systematisches Vorgehen, nämlich die Berechnung jener (horizontalachsigen) Parabel, die tunlichst der

---

[1]) Den Versuch, für die erste Lebenszeit der Hauptwachstumsparabel noch eine zweite mit anderer Achsenlage, anderem Scheitelpunkte usw. anzustückeln, mußte v. Lange selbst aufgeben. Daß nach anderen Richtungen v. Langes Studien verdienstlich und wertvoll sind, soll ausdrücklich anerkannt werden.

Anforderung entspricht, sich gegebenen Punkten aus der individuellen oder typischen Wachstumskurve zu nähern.

Auf Veranlassung und unter Leitung des Verf. unterzog sich Herr Reinus der Aufgabe, drei solche Kurvenberechnungen durchzuführen. Das erstemal wurde von der Forderung ausgegangen, daß die Körperlänge bei der Geburt 50 cm betrage und daß die Parabel in der angegebenen Weise eine Schar von Punkten passiere, gewonnen aus den Körperlängenmessungen von 1834 $5\,^1/_2$—$7\,^1/_2$ Jahre alten Münchner Schulknaben. Die Berücksichtigung so vieler Werte auf der besagten Altersstrecke gestaltete die Rechnung zwar zu einer sehr mühsamen, versprach aber um so besseren Erfolg.

Das zweitemal wurde dieselbe Geburtslänge angenommen, an Stelle der zahlreichen Einzelmessungen aber traten die von Riedel erhobenen arithmetischen Mittelwerte der Münchner Schulknaben im Alter von 6 bzw. 7 Jahren.

Das drittemal wurden 48 Werte aus der von Friedenthal jüngst mitgeteilten typischen Wachstumskurve des Menschen in ihrem extra- und intrauterinen Verlauf als Grundlagen verwertet.

Bezüglich der Methode und Durchführung dieser Berechnungen auf die Dissertation[1]) des Herrn Reinus verweisend, teile ich kurz nur die Ergebnisse mit, die dort auch durch Konstruktionen veranschaulicht wurden: In keinem der drei Fälle ergab sich eine Parabel, die auch nur einigermaßen mit irgendwelcher menschlicher Wachstumskurve in Deckung zu bringen wäre. Als solche Kurve gedacht, wiesen die berechneten Parabeln durchweg die gröbsten Sinnwidrigkeiten auf. Da aber eine andere als eine horizontalachsige Parabel nicht in Betracht kommen kann[2]), muß die gemachte Annahme von dem parabolischen Verlauf der Kurve des Längenwachstums auf Grund dieser systematischen Prüfung verworfen werden.

Auch Friedenthal spricht in seinen Wachstumsstudien von Kurven, die „in hohem Maße einer Parabel gleichen". Es handelt sich dabei aber nicht um die Kurve des absoluten Längenwachstums, sondern um jene des prozen-

---

[1]) Das Erscheinen der bereits gedruckten Arbeit ist — wie Verf. eben erfährt — leider durch den Krieg verhindert worden und erst nach dessen Beendigung zu gewärtigen.

[2]) Die Tangenten der Wachstumskurve erreichen im weiteren Scheitelabstand horizontale Richtung. Die Richtung, der die Tangenten entfernterer Parabelpunkte zustreben, ist eine der Achse parallele.

tischen Jahreszuwachses von Körpergewicht und Körperlänge, auf die wir unten kurz zurückkommen.

Das Ergebnis dieses rechnerischen Vorgehens konnte allerdings den nicht überraschen, der das Problem gedanklich in Angriff genommen hatte. In der Parabel sieht man bekanntlich das allgemeine Bild vom Ablauf eines Geschehens, das unter dem bestimmenden Einfluß zweier Momente steht, wovon eines gleichmäßig fortwirkt, während das andere im Potenzverhältnis veränderlich ist. Es gelingt nicht zwei Momente ausfindig zu machen, die das menschliche Wachstum allein oder vorwiegend in solcher Weise bestimmen würden. Ebensowenig kann die andere Eigenschaft und Definition der Parabel, von einem gegebenen Punkte und einer gegebenen Geraden stets gleichen Abstand zu behalten, sinngemäß auf die Wachstumslinie Anwendung finden.

Verf. trachtete nun festzustellen, ob die Wachstumslinie etwa mit anderen einfacheren Kurven zur Deckung zu bringen ist. Auch hierbei wurde streng systematisch nach den in den exakten Wissenschaften üblichen und bewährten Methoden vorgegangen[1]. Als Basis dienten hier durchweg Friedenthals Daten über das typische menschliche Gesamtwachstum (im männlichen Geschlecht). Das Ergebnis dieses Vorgehens war insofern überraschend, als eine ziemlich weitgehende Übereinstimmung für die Wachstumsperiode von der Geburt bis zum Ende der Längenzunahme nach der Pubertät erzielt wurde mit einer Kurve von der sehr einfachen Form: $x = ny^3$, wobei x das Alter[2] in Jahren, y die Körperlänge in Metern angibt und n eine Konstante darstellt, deren Wert etwa 4,75 beträgt[3]. Diese Kurve wurde neben der Friedenthalschen Wachstumskurve in Fig. 6 auf Tafel V dargestellt, um die besagte approximative Deckung zu illustrieren.

---

[1] Verf. fand hierbei werktätige Beratung und Unterstützung durch die Herren Professoren Dr. Döhlemann und Privatdozent Dr. Deimler (gefallen in Frankreich 1914).

[2] Im folgenden (bis Seite 44) ist unter „Alter", sofern das Gegenteil nicht ausdrücklich bemerkt wird, stets das wahre Alter gemeint, das ist das Alter von der Konzeption ab gerechnet, das das bürgerliche Alter um etwa 9 Monate oder 0,75 Jahre übertrifft.

[3] Wenn man alle Längenwerte bis zur Pubertät mit gleichem Gewicht ansetzt. Dieselbe Rechnung für Längenwerte nur bis zum Alter von 8 Jahren ergibt ein rundes $n = 5$.

Nach obiger Formel würde sich also aus der Körperlänge y eines Individuums dessen Alter auf $x = 4{,}75\,y^3$ berechnen oder umgekehrt aus dem Alter x die Körperlänge $y = \sqrt[3]{\dfrac{x}{4{,}75}} = 0{,}5949 \cdot \sqrt[3]{x}$ (rund $0{,}6\,\sqrt[3]{x}$).

Beispiele: Ein Knabe wäre bürgerlich 8 Jahre alt; dann ist sein Konzeptionsalter $x = 8{,}75$; die zu erwartende Körperlänge wäre dann $y = 0{,}5949\,\sqrt[3]{8{,}75} = 1{,}226$ m. Camerer gibt an 1,20 m.

Ein 1jähriger Knabe hat ein Konzeptionsalter von $x = 1{,}75$; die zu gewärtigende Körperlänge wäre dann $y = 0{,}5949 \cdot \sqrt[3]{1{,}75} = 0{,}717$ m; angegeben wird diese Körperlänge mit etwa 0,70—0.75 m.

Man könnte die angegebene Kurvengleichung hiernach als relativ einfache Formel zur Ermittlung der zugehörigen Körperlänge aus dem Alter und umgekehrt verwenden. Ersterem Vorgehen stehen praktisch freilich die Umstände des Kubikwurzelziehens im Wege; letztere Aufgabe aber wird selten gestellt sein.

In anderer Hinsicht aber ergibt sich aus der Gleichung ganz Bemerkenswertes. Setzen wir nämlich jetzt der besseren Übersicht halber statt x und y die Worte Alter (A) und Länge (L) ein, so erhalten wir: Alter $= n \times \overline{\text{Länge}}^3$. Dies besagt in Worten: Das Alter ist proportional der Körperlänge in dritter Potenz. Da aber bei gleichbleibender Statur und konstanter Körperdichte nach einem stereometrischen Gesetz für „ähnliche" Körper die dritte Potenz der Körperlänge proportional dem Körpergewichte (P) ist ($L^3 = p \cdot P$), folgt zwingend: $P = \dfrac{L^3}{p} = \dfrac{A}{n\,p}$ und $\dfrac{1}{n\,p} = q$ gesetzt: $P = q \cdot A$, oder Körpergewicht $= q$ mal Alter, m. a. W.: bei stets gleichbleibender Statur und Dichte des Körpers ist das Körpergewicht in der Wachstumsperiode des Menschen proportional dem Konzeptionsalter.

Die eine Einschränkung dieser These, nämlich die Voraussetzung konstanter Körperdichte, ist praktisch von geringer Bedeutung, da die Dichte des menschlichen Körpers (siehe hierüber Kapitel VI) als genereller Durchschnittswert wenigstens im Laufe der extrauterinen Entwicklung für annähernd konstant angesehen werden darf. Anders steht es mit der zweiten Einschränkung, nämlich der gleichbleibenden Statur oder der konstanten Körperproportionen. Man weiß, daß sich die Statur des menschlichen Körpers im Laufe der artgemäßen Entwicklung nicht gleich bleibt, sondern allmählich verändert, und zwar auch noch jenseits der den frühesten und eigentlichen Ent,,wicklungs‘‘-perioden, der Gastrula usw., in denen die Körpermaße mit jenen des späteren Alters überhaupt nicht vergleichbar gemacht werden können und die daher für unsere Erwägung gänzlich außer Betracht bleiben müssen. Die Staturveränderung im Laufe der extrauterinen Wachstumsperiode ist wenigstens bei Betrachtung weiter auseinanderliegender Etappen auch noch recht sinnfällig, aber doch nicht in dem Maße, daß es nicht gestattet wäre, davon einstweilen mit allem Vorbehalte abzusehen[1]). Man weiß, daß die deutsche wie die italienische Kunst des späteren Mittelalters Kinder einfach als verkleinerte Erwachsene zur Darstellung zu bringen pflegte, d. h. die besagte Staturveränderung unberücksichtigt ließ. Prüft man unter solchen Umständen die

Bedeutung der Formel: Gewicht $= q$ mal Alter

für die Frage des Wachstumsgesetzes, so gelangt man zu folgendem: Wenn nach der Formel das Gewicht dem Konzeptionsalter proportional ist, dann muß der Gewichtszuwachs in der Zeiteinheit konstant, die Gewichtskurve m. a. W. eine Gerade sein. Hier wird man sich daran erinnern, daß normale Säuglinge tatsächlich oft eine Gewichtsbewegung aufweisen, die erst nach Wochen oder Monaten merkliche Abweichung vom geradlinigen Verlauf zeigt und daran, daß in der ganzen Pueritia (einer weiteren Periode ohne gröbere Gestaltsveränderung) die jährliche Gewichtszunahme artgemäß eine gleichbleibende ist. Camerer gibt als mittleres Körpergewicht für Mädchen an:

Im Alter von 5 Jahren (bürgerlich) 17 kg
  ,,   ,,   ,, 6 ,,   ,,   19 kg, der Jahreszuwachs beträgt 2 kg,
  ,,   ,,   ,, 7 ,,   ,,   21 ,,   ,,   ,,   ,,   2 ,,
  ,,   ,,   ,, 8 ,,   ,,   23 ,,   ,,   ,,   ,,   2 ,,
  ,,   ,,   ,, 9 ,,   ,,   25 ,,   ,,   ,,   ,,   2 ,,
  ,,   ,,   ,, 10 ,,   ,,   27 ,,   ,,   ,,   ,,   2 ,,
  ,,   ,,   ,, 11 ,,   ,,   29 ,,   ,,   ,,   ,,   2 ,,

Man gewinnt den Eindruck, als läge hier eine denkbar einfache Massenwachstumsregel zutage, zu der die Prüfung der zunächst weit weniger übersichtlichen aber mehr störungssicheren und von dem Massenwachstum abhängigen Längenwachstumsverhältnissen nach den Methoden der geometrischen Analyse überraschend hinführte. Von den letzteren Ausgang zu nehmen, um Regeln des Massenwachstums zu erkennen, war aus einleuchtenden Gründen Plan dieser Studie; es liegt auf der Hand und erweist sich auch in allen Individualzahlenreihen,

---

[1]) Unten wird auf diese Einschränkung ausführlich zurückzukommen sein.

daß störende Einflüsse mannigfachster Art weit mehr die Körpergewichts- als die Körperlängenkurve ablenken.

Vergegenwärtigt man sich, daß nach dem Gesagten die Gesamtkörpermasse unabhängig von ihrer rasch zunehmenden absoluten Größe in der ganzen Wachstumsperiode einen pro Zeiteinheit absolut konstanten Zuwachs hervorbringt, dann illustriert dies besonders wirksam die fortschreitende Abnahme des relativen Massenzuwachses, also desjenigen, was Escherich das „Lebenspotential" genannt und dessen abstürzende Kurve er nach empirisch gewonnenen Daten zuerst dargestellt hat. Wenn der absolute Zuwachs konstant ist, dann muß der relative Zuwachs dem absoluten Gewichte, also auch dem diesem proportionalen Alter reziprok sein. Das Lebenspotential des 10 jährigen Kindes wäre sonach beispielsweise halb so groß wie jenes des 5 jährigen. Für die Potentialkurve als Ganzes aber ergäbe sich von selbst die einfache Form $x\,y = k$ (k konstant).

Auch das ist, wie man sieht, keine Parabel, sondern eine Hyperbel. Die empirische Potentialkurve soll nach Friedenthal „einer Parabel gleichen".

Freilich wird man von einem anderen, mehr physiologischen Standpunkte aus nicht — wie bei der Pauschalanalyse von Wachstumsfragen üblich ist — einzig und allein den Überschuß der Anbildung von Körpermasse ins Auge fassen wollen, den die Wage als Körpergewichtszuwachs anzeigt, sondern die bioplastische Leistung als Ganzes, zusammengesetzt aus Ersatz- und Zuwachsfunktion. Wie sich diese Gesamtleistung gestaltet, wäre erst zu erheben. Auch wäre natürlich die physiologische Ungleichwertigkeit der von der Wage angezeigten Zuwachsgröße zu berücksichtigen. Nur auf Grund solcher Erwägungen wäre es möglich, den Sinn der sich ergebenden Regel weiter zu prüfen, die hier lediglich vom Standpunkte der Wachstumsbeschreibung aus betrachtet wurde, der also zunächst keine andere als eine formale Bedeutung zugedacht wird.

Beim Streben, allgemeine Grundlagen zu gewinnen, müßte natürlich auch der Umstand berücksichtigt werden, daß das Wachstum des Menschen gegenüber jenem anderer Säugetiere bekanntlich höchst auffällige Besonderheiten zeigt.

Da ferner von der Betrachtung der Körperlängenzunahme ausgegangen wurde, muß man sich auch der Bedenken erinnern, die gegen die Körperlänge als rationelles Körpermaß erhoben wurden, Bedenken, denen übrigens für die hier diskutierte Frage keine allzu große Bedeutung zukommen dürfte. Die sogenannte Körperlänge ist gewiß nur ein angenäherter Ausdruck für die Größe, die man eigentlich bei ihrer Erhebung im Auge hat. Daß sich das Höhenmaß des Menschen strenggenommen nur fälschlich die „Körperlänge" nennt, wird namentlich in der vergleichenden Anatomie klar. Insbesonders ist aber zu betonen, daß dieses Maß sich aus recht heterogenen Größen zusammensetzt. Es schließt beispielsweise Dickendimensionen ein, die vom Kompressionszustand, vom Turgor und Fettbestand der Weichteile abhängen (Zwischenwirbelscheiben, Fußsohlen, Kopfhaut); es schließt eine Winkelfunktion ein, nämlich die Tangente der Schenkelhalsneigung (man denke an den Einfluß der Coxa vara bei rachitischen Zwergen) und Krümmungsfunktionen der Wirbelsäule (vgl. hierüber Wiener); es wird endlich beeinflußt von Spannungsverhältnissen der Schädelkapsel. Die Körperlänge ist, mit einem Worte, ein unreines Längenmaß. Man hat daher mehrfach versucht, sie zu ersetzen; doch liegen gegen die Ersatzmaße gleichfalls praktische und theoretische Bedenken vor. Gleich dem Verf. (1898) hat Friedenthal jüngst wieder zu Vergleichszwecken die vordere Rumpflänge verwendet. Das Maß ist aber nicht nur von der Wirbelsäulenkrümmung, sondern auch von Typus und Phase der Atmung sowie von der Beckenneigung abhängig, bietet daher nur in besonderen Fällen Vorteile gegenüber der Körperlänge. Auch die Länge einzelner Röhrenknochen — etwa am Röntgenbilde erhoben — ist bei einer alle Entwicklungsstufen umfassenden Erhebung nicht verwendbar; daher wird man sich doch wohl an die Körperlänge halten müssen, sich aber besagter Bedenken bewußt bleiben.

Zur These vom konstanten Massenwachstum führte zwingend die Feststellung, daß sich der empirischen Kurve der Längenvermehrung beim Menschen systematischer Prüfung gemäß am besten eine Kurve von der Form $x = n\,y^3$ anschmiegt. Dies, also auch der konstante Massenzuwachs gilt, wie erwähnt (vgl. Fig. 6 auf Tafel V), für den Zeitraum von der Geburt bis zum Ende der Längenzunahme nach der Pubertät. Um letzteren Zeitpunkt biegt die empirische Längenwachstumskurve, sowie auch jene des Massenwachstums bekanntlich in eine annähernd horizontale Gerade ein. Da solches mit der Formel $x = n\,y^3$ unvereinbar ist, müßte anscheinend zwecks einer umfassenden Analyse des Gesamtverhaltens der Körpermasse während der menschlichen Lebensdauer im Sinne der vorliegenden Studie versucht werden, auch dieses horizontale Einbiegen bei der Anpassung von Kurvengleichungen an die tatsächlich vorliegenden Verhältnisse zu berücksichtigen. Es würde ohne Zweifel auch gelingen, relativ einfache Gleichungen für Kurven zu finden, die dem Endverlauf der Massengestaltung besser entsprechen; sie weichen aber im übrigen stärker ab und geben für die Wachstumsperiode keine halbwegs befriedigende Deckung. Komplizierte Typen, wie etwa jene, die Quételet aufgestellt hat[1]), mögen bessere Übereinstimmung ergeben, doch ist diese dann eine rein geometrische. Die Analyse solcher Formeln — soweit sie überhaupt gelingt — bringt keinerlei Erkenntnis, als höchstens die, daß von einem nach Geschlecht und Individuum etwas schwankenden Zeitpunkt ab ein allem Anschein

---

[1]) $y + \dfrac{y}{1000\,(T - y)} = a\,x + \dfrac{t + x}{1 + {}^4\!/_3\,x}$. x Alter in Jahren, y zugehörige Körperlänge, t und T Größe des neugeborenen und ausgewachsenen Menschen, a jährlicher Zuwachs zwischen dem 4. und 16. Lebensjahre.

nach neues Moment als bestimmend für die Massengestaltung in die Schranken tritt. Dies anzunehmen ist von anderen Gesichtspunkten aus längst erforderlich geworden. Damit fällt aber auch die eben noch versuchsweise akzeptierte Forderung, die Massengestaltung während des ganzen Lebens von einem einheitlichen Gesichtspunkte aus zu betrachten; solches Vorgehen müßte vielmehr verfehlt erscheinen.

Das besagte neue Moment setzt dem Längenwachstum nach einer kurzen Phase der Begünstigung (Pubertätsimpuls) gewissermaßen gewaltsame Grenzen: Man weiß, daß Hormone aus dem interstitiellen Anteil der reifenden Keimdrüse die Epiphysenfugen verriegeln; wenn dies geschehen ist, mißt das Längenwachstum im allgemeinen nur mehr nach Millimetern und sistiert alsbald; ebenso sistiert — nunmehr anscheinend abhängig davon — auch der regelmäßig fortschreitende Gewichtszuwachs.

Vereinbar mit den experimentellen und klinischen Befunden wäre vielleicht auch die geschlossenere Annahme, daß an Stelle solcher Sekretion von Hemmungsstoffen eine Wiederaufsaugung von wachstumsfördernden Substanzen aus dem Blute[1]), indirekt aus dem ganzen Soma, durch die Keimdrüsen und endlich wohl in das Keimplasma erfolgt, in dem sie bis zur Befruchtung oder bis zum Eintreffen eines analog wirkenden Reizes latent bleiben[2]).

Ob und inwieweit Fernwirkungen innersekretorischer Organe die physischen Wachstumsvorgänge schon vor dem Pubertätsbeginne beeinflussen, ob sie etwa nur in wechselseitiger Spannung ein neutrales Gleichgewicht erhalten, weiß man nicht. Gern wird man Friedenthal damit recht geben, daß solche Hormonwirkungen keine Abänderungen des ererbten Bauplanes bedeuten, sondern in letzter Linie auch Ausfluß des Erbgutes sind. Das hindert nicht, daß man bei der Analyse der Wachstumskurve dem Momente als einem plötzlich neu in Erscheinung tretenden begegnet. Hierzu Anmerkung im Nachtrage Seite 144.

Zusammenfassend wäre zu äußern: Das menschliche Wachstum wird in seiner ganzen Dauer (nur abgesehen von den einer gleichwertigen Prüfung unzugänglichen intrauterinen Perioden) im Grunde beherrscht von einer zunächst die Massenentfaltung betreffenden Regel, nämlich von der Regel der Konstanz des absoluten Zuwachses. Die Längenwachstumsverhältnisse gestalten sich davon in durchsichtiger Weise abhängig.

---

[1]) Anmerkung bei der Korrektur: Vgl. Rubner „Mit der Erreichung des Endes der Jugendzeit, ja schon einige Zeit vorher, wird die Potenz des Wachstums in den Fortpflanzungsorganen konzentriert."

[2]) Die Wachstumsenergie der befruchteten Keimzelle hat sich ja zunächst anscheinend auf ihre Nachkommen im Soma verteilt, ist dort aber bei abnehmendem „Lebenspotential" des Individuums und zunehmender Bildung von inaktivem „Metaplasma" gewissermaßen frei geworden.

In Perioden gleichbleibender Körperstatur tritt die Massengestaltung im Sinne dieses Leitmotivs rein zutage. In anderen Perioden erleidet sie erhebliche Abweichung durch Veränderungen der Körperproportionen, für welche Veränderung offenbar die Anpassung an wechselnde funktionelle Forderungen des Daseins maßgeblich wird.

In gewissem beschränktem Maße — zumeist wohl nur episodisch — mögen exogene Momente (klimatische, trophische, soziale usw.) neben dem der Befruchtung entspringenden und für die Wachstumsvorgänge eigentlich maßgebenden endogenen Moment hemmend oder beschleunigend wirksam werden, ohne das Endergebnis des Wachstums entscheidend zu beeinflussen. Ein durch Unterernährung herbeigeführter Wachstumsstillstand beeinträchtigt z. B. den Wachstumstrieb nach Aron nicht, sondern verschiebt nur dessen Wirkungsperiode, und zwar allenfalls in ein Lebensalter hinein, in dem normalerweise das Wachstum schon aufgehört hat. Die vom Verf. angetroffenen Wachstumsverhältnisse bei sogenannten normalen Frühgeburten (bestätigt von Rach u. a.) können hier gleichfalls als Belege dienen. Gewisse habituell krankmachende Momente, wie beispielsweise sehr lang dauernde irreparable Inanitions- oder kretinisierende Schäden u. dgl., sind natürlich unter den besagten exogenen Einflüssen nicht gemeint.

Staturveränderungen und Wachstumskurve.

Man weiß, daß sich die Gesamtkörpergewichtskurve in ihrer üblichen graphischen Wiedergabe nicht durchweg als eine gerade ansteigende, sondern als eine etwas gekrümmte Linie darstellt, deren anfangs steiler Bogen allmählich abflacht, weiterhin zwei leichte Krümmungswechsel aufweist, um mit Ende der Pubertätsperiode in eine annähernd gerade Horizontale überzugehen. Oben wurde für die Dauer des extrauterinen Lebens dargetan, daß die Körperlänge in dritter Potenz dem Alter proportional ist; demzufolge müßte das Körpervolumen und bei annähernd konstanter Dichte auch das Körpergewicht in gerader Linie ansteigen, sofern Körpervolumen (und Körpergewicht) jener dritten Potenz der Körperlänge proportional blieben. Das müssen sie aber bleiben, sofern nicht im Laufe des Wachstums eine Staturveränderung vor sich geht. Die in allen längere Lebensperioden umfassenden empirischen Gewichtskurven zutage tretenden mehr oder weniger regelmäßigen Krümmungen sind somit Beweis und Ausdruck für ebenso regelmäßige Staturveränderungen. Es wird auch ohne weiteres ersichtlich, in welcher Richtung sich die artgemäße Veränderung der Körperproportionen im allgemeinen bewegen muß. Die Gewichtskurve bleibt hinter dem anfänglichen geradlinigen Anstieg, der dem $P = q \cdot A$ entspräche (q konstant), zurück; es müssen demnach andere Dimensionen als das Höhenmaß des Körpers, das sind also Breitendimensionen, weniger rasch zunehmen als die Höhendimension; es muß sich das Höhen-Breitenverhältnis zuungunsten der Breite verändern, also eine „Streckung" einstellen. Dies ist in der Tat der Fall. Man vergegenwärtige sich den Körperbau eines etwa 1 jährigen und den eines 12 jährigen artgemäß entwickelten Kindes; oder man denke sich den Körper eines Säuglings von normalem Ernährungszustand in allen Dimensionen gleichmäßig auf das Dreifache vergrößert und vergleiche damit die Statur eines Erwachsenen; man erinnere sich auch der instruktiven Darstellungen des Körpers verschieden alter Individuen reduziert auf gleiche absolute Körperhöhe (z. B. bei Stratz, l. c., Fig. 42).

Wenn für das Zurückbleiben der Gewichtskurve hinter dem linearen Anstieg $P = q \cdot A$ (q konstant) zwar nicht ausschließlich, aber doch vorwiegend, die besagte Streckung maßgeblich ist, dann muß die Verwendung eines nicht konstanten, sondern den jeweils altersgemäßen Proportionen entsprechenden q die Berechnung eines normalen Körpergewichtes aus dem Alter ermöglichen, es muß die Formel $P' = q \cdot A$ vorbehaltlos stimmen, wenn der jeweiligen Statur Rechnung getragen wird. Die Daten der Tabelle IV sollen dieser Prüfung dienen. Der Ausdruck q wurde oben eingesetzt als abgekürzte Bezeichnung für den Faktor $\dfrac{1}{n \cdot p}$. Hierbei ist n die aus der Längenkurvengleichung erhaltene Konstante $4{,}75 = \dfrac{19}{4}$ (siehe Seite 35), p aber nichts anderes als der von Pirquetsche Längengewichtsindex. Stab 1 und 2 der Tabelle IV bringen die ansteigenden Altersetappen in bürgerlichen bzw. in Konzeptionsaltern, Stab 3 und 4 die zugehörigen artgemäßen Körperlängen und Körpergewichte[1]) beim männlichen Geschlecht nach Friedenthal; Stab 5 gibt den Wert des zugehörigen von Pirquetschen Längengewichtsindex an, Stab 6 das Ergebnis der Berechnung des zugehörigen Wertes q und Stab 7 das nach der Formel $P' = q \cdot A$ (q altersgemäß variiert) berechnete Körpergewicht. Der Vergleich der Werte von P (Stab 4) und P' (Stab 7) ergibt im Verlaufe der ganzen extrauterinen Wachstumsperiode weitgehende Übereinstimmung, bestätigt hiernach die gemachten Annahmen einschließlich der Richtigkeit der Längenkurvengleichung $A = 4{,}75 \cdot L^3$, von der bei der ganzen Betrachtung ausgegangen worden ist.

Zur Frage der Staturveränderungen im Laufe des Wachstums ist hier noch einiges zu bemerken. Der Gegenstand ist mehrfach, insbe-

---

[1]) Damit das Längenmaß mit dem Gewichts-(bzw. Volumen-)Maß in Deckung stehe, ist hier als Längeneinheit das Meter und als richtig zugehörige Gewichtseinheit die Tonne (1 t = 1000 kg) angesetzt.

Tabelle IV. Daten zur Frage des Wachstumsgesetzes und Relation von Körpermaßen.

1. Bürgerliches Alter	2. Konzeptions- alter in Jahren A	3. Körper- länge ($\male$) in m L	4. Körpergewicht ($\male$) in t P	5. Längen- Ge- wichts- Index p	6. Alters-Gewichts- Index $q = \dfrac{1}{np}$ (ber. aus p) $n = 4{,}75$	7. Körpergewicht berechnet nach $P' = q \cdot A$
3 Mondmonate	0,225	0,080	$0{,}020 \cdot 10^{-3}$	25,60	$8{,}224 \cdot 10^{-3}$	
6 ,, } Foetus	0,450	0,310	$0{,}635 \cdot 10^{-3}$	46,91	$4{,}487 \cdot 10^{-3}$	
8 ,,	0,600	0,420	$2{,}100 \cdot 10^{-3}$	36,10	$5{,}831 \cdot 10^{-3}$	
10 ,,	0,750	0,508	$3{,}300 \cdot 10^{-3}$	39,73	$5{,}300 \cdot 10^{-3}$	$3{,}975 \cdot 10^{-3}$
1 Monat	0,833	0,548	$4{,}250 \cdot 10^{-3}$	38,72	$5{,}437 \cdot 10^{-3}$	$4{,}534 \cdot 10^{-3}$
2 Monate	0,916	0,584	$4{,}950 \cdot 10^{-3}$	40,24	$5{,}232 \cdot 10^{-3}$	$4{,}793 \cdot 10^{-3}$
3 ,,	1,000	0,614	$5{,}600 \cdot 10^{-3}$	41,33	$5{,}092 \cdot 10^{-3}$	$5{,}093 \cdot 10^{-3}$
4 ,,	1,083	0,634	$6{,}200 \cdot 10^{-3}$	41,10	$5{,}122 \cdot 10^{-3}$	$5{,}547 \cdot 10^{-3}$
5 ,,	1,167	0,650	$6{,}750 \cdot 10^{-3}$	40,69	$5{,}175 \cdot 10^{-3}$	$6{,}039 \cdot 10^{-3}$
6 ,,	1,250	0,665	$7{,}250 \cdot 10^{-3}$	40,56	$5{,}190 \cdot 10^{-3}$	$6{,}488 \cdot 10^{-3}$
7 ,,	1,333	0,675	$7{,}750 \cdot 10^{-3}$	39,58	$5{,}305 \cdot 10^{-3}$	$7{,}237 \cdot 10^{-3}$
8 ,,	1,416	0,690	$8{,}200 \cdot 10^{-3}$	40,06	$5{,}255 \cdot 10^{-3}$	$7{,}441 \cdot 10^{-3}$
9 ,,	1,500	0,705	$8{,}600 \cdot 10^{-3}$	40,74	$5{,}167 \cdot 10^{-3}$	$7{,}750 \cdot 10^{-3}$
10 ,,	1,583	0,720	$8{,}950 \cdot 10^{-3}$	41,70	$5{,}048 \cdot 10^{-3}$	$7{,}991 \cdot 10^{-3}$
11 ,,	1,666	0,730	$9{,}200 \cdot 10^{-3}$	42,28	$4{,}979 \cdot 10^{-3}$	$8{,}295 \cdot 10^{-3}$
12 ,,	1,750	0,740	$9{,}450 \cdot 10^{-3}$	42,88	$4{,}910 \cdot 10^{-3}$	$8{,}592 \cdot 10^{-3}$
2 Jahre	2,750	0,840	$12{,}100 \cdot 10^{-3}$	48,98	$4{,}298 \cdot 10^{-3}$	$11{,}82 \cdot 10^{-3}$
3 ,,	3,750	0,900	$13{,}240 \cdot 10^{-3}$	55,06	$3{,}824 \cdot 10^{-3}$	$14{,}34 \cdot 16^{-3}$
4 ,,	4,750	0,970	$14{,}870 \cdot 10^{-3}$	61,38	$3{,}416 \cdot 10^{-3}$	$16{,}29 \cdot 10^{-3}$
5 ,,	5,750	1,040	$16{,}500 \cdot 10^{-3}$	68,17	$3{,}088 \cdot 10^{-3}$	$17{,}76 \cdot 10^{-3}$
6 ,,	6,750	1,110	$18{,}190 \cdot 10^{-3}$	75,18	$2{,}800 \cdot 10^{-3}$	$18{,}90 \cdot 10^{-3}$
7 ,,	7,750	1,150	$20{,}260 \cdot 10^{-3}$	75,07	$2{,}804 \cdot 10^{-3}$	$21{,}73 \cdot 10^{-3}$
8 ,,	8,750	1,190	$22{,}260 \cdot 10^{-3}$	75,70	$2{,}781 \cdot 10^{-3}$	$24{,}33 \cdot 10^{-3}$
9 ,,	9,750	1,240	$24{,}290 \cdot 10^{-3}$	78,41	$2{,}682 \cdot 10^{-3}$	$26{,}15 \cdot 10^{-3}$
10 ,,	10,750	1,280	$26{,}380 \cdot 10^{-3}$	79,50	$2{,}648 \cdot 10^{-3}$	$28{,}47 \cdot 10^{-3}$
11 ,,	11,750	1,330	$28{,}420 \cdot 10^{-3}$	82,78	$2{,}543 \cdot 10^{-3}$	$29{,}81 \cdot 10^{-3}$
12 ,,	12,750	1,380	$30{,}940 \cdot 10^{-3}$	84,94	$2{,}478 \cdot 10^{-3}$	$31{,}60 \cdot 10^{-3}$
13 ,,	13,750	1,420	$34{,}690 \cdot 10^{-3}$	82,54	$2{,}551 \cdot 10^{-3}$	$35{,}07 \cdot 10^{-3}$
14 ,,	14,750	1,470	$39{,}100 \cdot 10^{-3}$	81,24	$2{,}591 \cdot 10^{-3}$	$38{,}22 \cdot 10^{-3}$
15 ,,	15,750	1,530	$43{,}970 \cdot 10^{-3}$	81,32	$2{,}585 \cdot 10^{-3}$	$40{,}71 \cdot 10^{-3}$
16 ,,	16,750	1,590	$49{,}880 \cdot 10^{-3}$	80,59	$2{,}612 \cdot 10^{-3}$	$43{,}76 \cdot 10^{-3}$
17 ,,	17,750	1,620	$54{,}260 \cdot 10^{-3}$	78,36	$2{,}687 \cdot 10^{-3}$	$47{,}69 \cdot 10^{-3}$
18 ,,	18,750	1,630	$58{,}050 \cdot 10^{-3}$	74,61	$2{,}820 \cdot 10^{-3}$	$52{,}91 \cdot 10^{-3}$
19 ,,	19,750	1,640	$60{,}520 \cdot 10^{-3}$	72,88	$2{,}889 \cdot 10^{-3}$	$57{,}05 \cdot 10^{-3}$
20 ,,	20,750	1,650	$61{,}910 \cdot 10^{-3}$	72,55	$2{,}902 \cdot 10^{-3}$	$60{,}21 \cdot 10^{-3}$
25 ,,	25,750	1,650	$64{,}060 \cdot 10^{-3}$	70,12	$3{,}002 \cdot 10^{-3}$	$77{,}31 \cdot 10^{-3}$

sondere von bildnerischem Standpunkt aus bearbeitet worden und man findet in Künstleranatomien Proportionsschemata (Kanons) für Individuen beider Geschlechter und verschiedenen Alters. Man hat den Verlauf der besagten Streckung des näheren verfolgt und hat versucht, nach Gesetzmäßigkeiten ihres zeitlichen Ablaufs die Wachstumsperiode des Menschen in kleinere Entwicklungsperioden zu gliedern.

Bartels und Stratz unterscheiden beispielsweise im Anschluß an Vierordt:

I. Erstes, neutrales Kindesalter, 0—7 Jahre.
  a) Säuglingsalter, Lactatio, 0—1 Jahr; ⎫
  b) erste Fülle, Turgor primus, 1—4 Jahre ⎬ Milchzahnperiode
                                            ⎭
  c) erste Streckung, Proceritas prima, 5—7 Jahre.
II. Zweites, bisexuelles Kindesalter, 8—15 Jahre.
  a) zweite Fülle, Turgor secundus, 8—10 Jahre;
  b) zweite Streckung, Proceritas secunda, 11—15 Jahre.
III. Reife (Pubertät), 15—20 Jahre,

und fügen hinzu:

„Um Mißverständnisse zu verhüten, sei hierbei noch hervorgehoben, daß die Perioden der Fülle und Streckung sich nicht etwa dadurch unterscheiden, daß in einem Falle die Kinder kugelrund, im anderen spindeldürr aussehen. Obgleich dies sehr häufig der Fall ist, darf dies doch nicht als normal angesehen werden. Der Unterschied liegt vielmehr darin, daß die Kinder in den Perioden der Fülle verhältnismäßig mehr in der Breite, in denen der Streckung mehr in der Länge zunehmen; sie machen deshalb in der Periode der Fülle einen mehr gedrungenen, in denen der Streckung einen mehr schlanken Gesamteindruck, in beiden Perioden aber müssen sie unter normalen Verhältnissen weiche runde, gutgenährte Formen besitzen."

Diese Worte sollen obige Bezeichnungen wohl erläutern; sie erreichen den Zweck aber nicht. Streckung und Fülle sind keine Gegensätze, wie hier vermeint wird. Ersteres bezeichnet eine Veränderung, letzteres einen Zustand. Wenn sich ein Kind in einer Periode streckt, so erreicht es schließlich den Zustand der Gestrecktheit, der auch zum mindesten den Anfang der nächstfolgenden Periode noch kennzeichnen muß; diese kann also wenigstens nicht während ihrer ganzen Dauer unter dem Zeichen der Fülle gehen. Anscheinend meinten Bartels und Stratz nicht Perioden der Streckung, sondern solche der Gestrecktheit. Dann bleibt aber unklar, auf welche vorangegangenen Zeiten die Streckung bzw. die Füllung entfallen.

Die Kenntnis eines rationellen Längen-Breitenindex (p) gestattet hier nun in gewissem Maße eine ziffernmäßige Kontrolle. Tabelle IV, Stab 5 enthält die Reihe dieser Indices (berechnet aus Kollektivzahlen von Friedenthal für das männliche Geschlecht). Da Kollektivzahlen mitunter zeitliche Etappen verschwinden lassen durch Interferenz von deren Eintritt bei verschiedenen Individuen, wurden die Indexwerte auch nach zwei Individualbeobachtungen von Seitz - Camerer sen., betreffend ein männliches und ein weibliches Individuum, berechnet und in Tabelle V mitgeteilt. Fig. 7 auf Tafel VI endlich gibt diese Daten graphisch wieder. Hält man sich vorwiegend an die Kollektivzahlen Friedenthals, so sieht man, daß der Staturindex zur Zeit der Geburt niedrig ist[1]). Sein Wert beginnt jenseits des 9. Lebensmonates anzusteigen. Der im Spielalter fortdauernde steile Anstieg verflacht im Schulalter. Seinen Höchstwert erreicht der Längengewichtsindex mit etwa 12 Jahren (σ). Jenseits der Pubertät folgt ein mäßiger Abfall. Das heißt: vom 9. Monat bis etwa zur Pubertät streckt sich der Körper — anfangs rascher, später langsamer. Dem Maximum der Gestrecktheit folgt eine Periode leichten Rückganges, d. i. mäßiger Füllung. Außerdem erkennt man aus unseren Darstellungen des Staturindex, daß es Perioden, in denen die Kinder „verhältnismäßig mehr (scil. als in der Länge) in der Breite zunehmen" nicht gibt. Die Streckung ist, wie erwähnt, im allgemeinen anfangs eine stärkere als später; sie geht aber unter normalen Verhältnissen im Kindesalter wohl nie zurück.

Schon nach der oben erwähnten gleichmäßigen Gewichtszunahme zwischen dem etwa 6. und 10. Jahre ist anzunehmen, daß hier ein nennenswertes Fortschreiten der Streckung im allgemeinen nicht erfolgt. Dem entspricht der annähernd horizontale Verlauf der Indexkurve. Wenn schon nach Statur eingeteilt werden soll, könnte man vorläufig nach den Kollektivzahlen für die extrauterine Entwicklung nur von einer ersten Periode latenter (bis ca. $^3/_4$ Jahre), von einer zweiten Periode rascher Streckung (Spielalter), von einer dritten Periode langsamer Streckung (Schulalter) sprechen, der eine relative Füllung im reifen Alter nachfolgt (vierte Periode). Die schärfere Begrenzung dieser Perioden nach Altersjahren stößt aber schon auf Schwierigkeiten, weil sich hier nicht allein nach Geschlecht, sondern auch nach Individuum beträchtliche Verschiedenheiten ergeben. Deshalb bringt auch jeder Autor, der sich mit der Frage eingehender befaßt, eine neue Altersgruppierung.

---

[1]) Die Längen- und Gewichtsdaten der frühen Fötalperioden sind nicht ausreichend sicher, um verläßliche Indexzahlen zu gewinnen.

Jene von Weissenberg (siehe Fig. 7 auf Tafel VI) scheint mir besonders unglücklich, weil sie zwei Einteilungsprinzipien nebeneinander verwendet, ein Proportionsmaß und ein Maß des absoluten Zuwachses.

Natürlich ist es nicht schwer, aus großem Material Kinder herauszufinden und abzubilden, die den vermeinten Perioden von Gestrecktheit und von Fülle angehörig d. h. mager bzw. voll erscheinen; damit wird aber kein Proportionsgesetz erwiesen. Reelle Fortschritte wären hier vielleicht von der Erhebung und Vergleichung zahlreicher, womöglich noch mehr detaillierter und exakter Individualbeobachtungen zu erhoffen.

Die Längen- wie die Gewichtserhebung müssen unter konstanten Bedingungen ausgeführt werden, so beispielsweise nach gleich langer Dauer etwa vorausgegangener Orthostase. Die Differenz zwischen Morgen- und Abendlänge kann nach Wiener 2 cm, bei Ermüdung auch 3 cm betragen. Dies allein könnte im Längengewichtsindex bei einem etwa Zehnjährigen eine Differenz von $5^{1}/_{2}$ Einheiten oder über 7% bedingen!

Nach der oben dargelegten Wachstumsregel ist in Entwicklungsperioden, die mit keiner erheblichen Staturveränderung einhergehen, ein ziemlich gleichmäßig linearer Anstieg der Körpergewichtskurve zu erwarten; in Streckungsperioden müßte sich jener Regel zufolge die Gewichtszunahme verlangsamen (je nach dem Grade der Streckung in stärkerem oder geringerem Maße); in Füllungsperioden wäre ein vermehrter, steilerer Gewichtsanstieg zu erwarten. Um das bezügliche Verhalten in den besagten Staturperioden zu prüfen, hat man sich die typische, artgemäße Massenentwicklung in Form der Körpergewichtskurve zu vergegenwärtigen. Diese zeigt nach Friedenthals Kollektivdaten, sowie nach einer Kollektivdarstellung durch Camerer jun. (Handbuch der Kinderheilkunde, 2. Aufl., Bd. I, S. 240), als auch nach einer Anzahl von jüngsten sorgfältigen Individualbeobachtungen von Guttmann (Zeitschrift für Kinderheilkunde, Bd. 13, S. 249) ein Verhalten, das nach solcher Übereinstimmung wohl bis zu gewissem Grade als das gesetz- und artgemäße angesprochen werden darf: Einem steilen, ziemlich linearen Anstieg in der ersten extrauterinen, der Säugungsperiode (Neigungswinkel dieses Anstieges gegen die Horizontale bei einem Maßstab der Ordinaten von 1 Jahr = 10 kg etwa 30°) folgt ein sehr verflachter Anstieg in der zweiten Periode, dem Spielalter (Neigungswinkel etwa 8°), dann in der dritten Periode, dem Schulalter, ein recht konstanter mittlerer Anstieg (Neigungswinkel etwa 12°), diesem in der folgenden vierten Periode bis zum Wachstumsabschluß ein steiler Anstieg (Neigungswinkel etwa 24°), endlich ein annähernd horizontaler Verlauf. Durch diesen — natürlich nicht ganz jähen, sondern allmählichen — Wechsel der Zunahmsgeschwindigkeit gewinnt die Gewichtskurve das schon oben besagte **charakteristische Aussehen mit dem zwischen zwei Buckel (I. und IV. Periode) eingeschlossenen Sattel (II. und III. Periode).** Man wird nun finden, daß ihr Verhalten ziemlich genau die erwarteten Beziehungen zu den eben (S. 45 unten) dargelegten Staturveränderungen aufweist, daß sich nämlich in den einzelnen Perioden zwischen der Steile des Gewichtsanstiegs und dem Grade der Streckung eine gewisse Reziprozität kundgibt.

Es mag zunächst wundernehmen, daß hier — auch in den mitgeteilten Individualbeobachtungen — besonders markante relative Pubertätstreckung an den Indexwerten kaum zum Ausdruck kommt. Man weiß, daß in der Pubertät zumeist die Beinhöhe und damit die Gesamtkörperhöhe rascher als in der vorangegangenen Zeit zunimmt. Einseitiges Wachstum eines Körperteiles mit relativ starker Längenentwicklung muß aber auch dann, wenn es nach allen Dimensionen proportional erfolgt, den pauschalen Längen-Breiten-Index vermehren und ohne Zweifel ist der Querschnitt der Beine in jeder Höhe kleiner als der des Rumpfes. Man wird aber zu berücksichtigen haben, daß nicht dasselbe Verhältnis wie hinsichtlich

Tabelle V.

Daten über den Längengewichtsindex zu Fig. 7 auf Tafel VI.

Alter Jahre	♂	♀	Guttmann[1] Fall A ♂
	Seitz-Camerer		
0	41,66	47,41	35,71
1	49,37	46,89	36,96
2	51,54	56,49	35,14
3	57,78	64,12	48,62
4	62,25	71,78	58,83
5	64,42	76,79	62,49
6	81,09	82,51	63,23
7	85,62	81,32	68,46
8	85,64	82,49	72,00
9	85,56	85,36	70,61
10	89,88	78,07	67,08
11	87,36	--	72,36
12	91,38	82,85	71,27
13	89,46	77,08	87,32
14	90,48	79,31	71,28
15	88,82	79,46	81,00
16	85,53	--	70,27
17	—	77,28	72,12
18	82,18		77,10
19	73,61		73,30
20	74,52		78,90

des Volumens auch hinsichtlich des Gewichtes gilt. Infolge der geringeren Bruttodichte des Rumpfes gegenüber den Gliedmaßen ist eine Querschnittsscheibe des ersteren, verglichen mit einer gleich breiten Scheibe der letzteren, nicht um ebensoviel schwerer als größer. Hier drückt sich eben der Fehler aus, der gemacht wird, wenn mangels einer gleich bequemen Bestimmungsmethode für das Körpervolumen an seiner Stelle das Körpergewicht Verwendung findet zur Beurteilung von Relationen, die, strenggenommen, nur nach dem Volumen erhoben werden dürften und die das Auge auch nach diesem einschätzt.

---

[1]) Die nach **Guttmanns** Messungen (A) berechnete Zahlenreihe ergibt im Gegensatze zu den beiden anderen stark flackernde Kurve, läßt aber gleichwohl im ganzen die besagten Veränderungen des Index erkennen.

Körpermaß-Studien an Kindern.

IV. Von der Körperoberfläche.

Mit Ergebnissen von Bestimmungen Dr. O. Kastners, durchgeführt an der
K. Kinderklinik in München.

Die Körperoberfläche gilt als ein wichtiges Körpermaß, besonders
wegen ihrer vermeinten direkten Beziehungen zum Wärmeverlust,
Energieumsatz und damit zum Nahrungsbedarf. Leider stößt die
direkte Erhebung dieses Körpermaßes im Gegensatze zur Feststellung
von Körperlänge und Körpergewicht auf erhebliche prinzipielle wie
technische Schwierigkeiten; sie ist nach den gebräuchlichen Methoden
mühsam und ungenau.

Zur direkten Bestimmung der Körperoberfläche.

Bei Tierleichen wurden die Oberflächenbestimmungen ursprünglich
so vorgenommen, daß man dem Kadaver das Fell abzog, dieses mit
Hilfe entspannender Schnitte auf einer ebenen Unterlage tunlichst aus-
breitete, die Konturen durch Umfahren festlegte und den Inhalt der von
ihnen umrahmten Flächen in meßbare Dreiecke zerlegte. Die Oberfläche von Körperteilen, an denen das Fell nicht abziehbar war, belegte
man mit Staniolpapier und verfuhr mit diesem dann analog wie mit
den Hautmustern.

Verf. bediente sich solchen Verfahrens bei Meerschweinchen und
Mäusen hauptsächlich zu dem Zwecke, um seine Fehlergrenzen zu
ermitteln. Die Auswertung der auf Papier mit Bleistift umfahrenen
Flächen geschah jedoch planimetrisch, was leicht, rasch und mit über-
raschender Präzision gelingt (Fehler betragen höchstens einige Promille).
Das Abziehen des Felles gelingt bei den genannten Tieren ohne erhebliche Schwierigkeit bis nahe an die Zehen, deren Oberfläche gleich
jener der äußeren Ohren nach der Silhouette geschätzt und als kleine
Korrektur beigefügt wurde. Die schwierigste und wichtigste Frage ist
die, ob und in welchem Grade das Vlies auf der Unterlage
gedehnt werden soll. Der Einfluß dieses Momentes ergibt sich
beispielsweise aus folgenden Daten:

Meerschweinchen von 211 g Körpergewicht; bei (tunlichster) Ausbreitung des Felles ohne jede Dehnung ist die Oberfläche absolut

281 qcm, relativ 73. m [1]) $= 7{,}93$; dieselbe Oberfläche bei Ausbreitung
unter leichter Dehnung (Ränder mit ca. 50 Nadeln fixiert) absolut
383 qcm, relativ 100. $m = 10{,}81$; dieselbe bei Ausbreitung unter
stärkerer Dehnung absolut 424 qcm, relativ 111. $m = 11{,}96$.

Die Fehlerbreite beträgt somit etwa 38%! Von der Technik des
Vorgehens hängt hier also sehr viel ab, was bisher anscheinend nicht
beachtet oder wenigstens nicht gesagt wurde. Welches aber ist das
„richtigste" Vorgehen? Da und dort wird angedeutet, man solle bei
der Ausbreitung des Felles jede Dehnung vermeiden. Auf diese Weise
kommt man — abgesehen davon, daß die Ausbreitung erschwert ist —
jedenfalls nicht zu physiologischen Oberflächenwerten, denn an den
meisten Körperstellen ist das Fell in vivo mehr oder weniger gespannt.
Eine genaue Messung dieses Zuges und gar eine Auswertung der ihm
entgegenwirkenden Momente, eine Herstellung gleichartiger Verhältnisse
am abgezogenen Fell ist unmöglich. Verf. bringt der Exaktheit des
Verfahrens daher sehr wenig Vertrauen entgegen. Er bediente sich im
weiteren „leichter Dehnung" und rechnet hierbei mit einer Fehlerbreite
von ca. 15%. Die Dehnbarkeit des Felles ist bei jungen Tieren besonders groß.

Die Prinzipien, die den Schülern Moleschotts und Vierordts
sowie späteren Untersuchern — zumeist in Kombination — für Zwecke
der Körperoberflächenmessung am Menschen (und an Tieren) dienten,
waren im wesentlichen folgende: Berechnung des Flächeninhaltes einzelner Oberflächenbezirke aus linearen Stab-, Schnur- und Zirkelmaßen,
Belegen anderer Oberflächenbezirke mit durchscheinendem oder mit
Millimeterpapier, auch Zinnfolie von bestimmter Stärke mit nachfol-
gender Auswertung dieser Belagstücke durch das Schätzquadratverfahren, durch Wägung u. dgl. (Ausführliches bei Meeh). Wenn solches
Verfahren an gewissen Körperregionen wie Stamm, Schenkel usw. noch
einigermaßen handlich und zuverlässig sein mag, so versagt es an anderen Körperteilen, besonders Fingern, Zehen, Ohrmuscheln, oder fordert einen ganz unverhältnismäßigen Aufwand an Mühe und Sorgfalt.
Das einerseits dehnungs-, anderseits lückenlose Belegen solcher Körperteile mit einem teils zerreißlichen, teils wenig schmiegsamen Material
bedingt Fehler gleichwie das Auswerten unzähliger kleiner unregelmäßig
geformter Abschnitte. Wenn man sich selbst mit solchen Methoden abgegeben hat, weiß man, daß absolute Fehler von hundert, auch einigen

---

[1]) m ist der Vierordt - Meehsche Koeffizient. Siehe hierüber im folgenden.

hundert Quadratzentimetern (am kindlichen Körper) unvermeidlich sind und wundert sich — bei aller Anerkennung für Meehs opferwillige Arbeit —, daß dieser Autor seine Messungsergebnisse in Quadratmillimetern (!) angeben konnte. Vermehrte Füllung bzw. Blähung von Darm, Blase usw. müssen die Körperoberfläche des Menschen schon um viele Quadratzentimeter vermehren.

Nach etwas anderem Prinzip ging Lissauer vor; er bestrich die Körperoberfläche (von Säuglingsleichen) mit Zinkleim oder einer farbstoffhaltigen Harzlösung und klatschte diese auf Seidenpapier ab. Die Fläche der Farbflecke am Papier wurde dann mit dem Schätzquadratverfahren ermittelt. Dieser Methode brachte Verf. mehr Vertrauen entgegen, doch wurde er davon bei der Anwendung einigermaßen enttäuscht. Er konnte das Verschmieren der Harzlösung am Körper und am Papier nicht verhindern und erzielte keine hinreichend stimmenden Kontrollen. Er besann sich deshalb auf andere Methoden. Etliche in Erwägung gezogene gänzlich neue Prinzipien (Verfahren mit statischer Elektrizität, mit Calorimetrie, mit Adsorption von Farbstoffen aus Lösungen) versagten; hingegen bewährte sich ein

modifiziertes Deckverfahren

recht gut, zu dem er folgende Vorschläge erstattete:

1. Zur Bedeckung der Haut wird ein schmiegsames, doch wenig dehnbares klebendes Pflaster verwendet.

2. Mit diesem Pflaster wird die Körperoberfläche ohne jede Rücksicht auf die Überdeckung der Pflasterränder oder auf allfällige Faltenbildung beklebt.

3. Nach vollständiger Deckung der Haut mit Pflasterstreifen und -flecken wird die so geschaffene neue Oberfläche mit einem geeigneten Farbstoff bestrichen.

4. Die Pflasterstücke werden dann auf eine glatte Fläche ausgebreitet und die Oberfläche der gefärbten Partien wird planimetriert.

Mit Herrn Dr. O. Kastner arbeitete Verf. im Jahre 1912 dieses Verfahren (zunächst an Kinderleichen) aus und gelangte zu folgender

Technik:

ad 1. und 2. Kopf, Hals, Rumpf in toto, ferner die Extremitäten einer Körperhälfte werden mit 2—5 cm breiten Leukoplaststreifen[1]) bedeckt, wobei zum Teil ähnlich vorgegangen wird wie beim Anlegen eines Verbandes, doch ohne Anwendung von Zug, Renversé und mit

---

[1]) Firma P. Beiersdorf & Co., Chem. Fabrik, Hamburg 30.

geringer Tourendeckung. Die an konisch gestalteten Körperteilen entstehenden Pflasterfalten werden mit einer Schere eingeschnitten und

niedergelegt, etwa stehenbleibende Lücken hinterher mit Pflasterstücken von etwas überschüssiger Größe belegt. Das vollständige Bekleben eines Säuglingskörpers auf solche Weise ist noch immer eine etwas zeitraubende Arbeit, sie fordert aber ungleich weniger Sorgfalt und Mühe als das frühere Vorgehen, bei dem es immer darauf ankam, die Ränder der Streifenflecke auf das genaueste aneinander stoßen zu lassen. Nach unserem Vorschlage kann man mit gewisser Sorglosigkeit vorgehen, und diese Arbeit allenfalls sogar einer intelligenten Pflegeperson überlassen, da die Kontrolle auch nach dem Vollzuge möglich ist. Fig. 8 zeigt den beklebten Körper einer Säuglingsleiche vor dem Niederlegen der letzten Pflasterfalten.

ad 3. Als Farbstoff zum Bezeichnen der die wirkliche Oberfläche darstellenden Pflasterteile bewährte sich flüssige chinesische Tusche; mit nahezu trocken gewordenem, kurzhaarigem Borstenpinsel (wie bei dem Verfahren mit Schriftpatronen) wird die Pflasteroberfläche geschwärzt.

ad 4. Zum Übertragen der einzelnen Pflasterteile auf eine

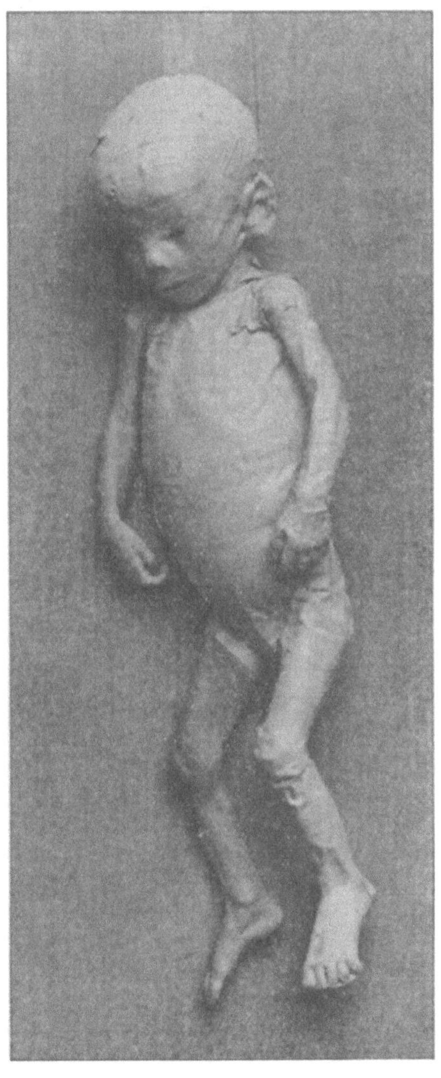

Fig. 8. Säuglingsleiche zwecks Oberflächenbestimmung beklebt mit Leukoplaststreifen. Vor Niederlegung der Falten.

Ebene dienten uns große graue Pappen, auf denen die Streifen und Flecke unter Vermeidung von Zerrung ausgebreitet und aufgeklebt wurden.

4*

Tabelle VI. Verfassers Ermittelungen über

1.	2.	3.	4.	5.	6.	7.	8.	9.	10.	11.	12.
Fall Nr.	Alter in Monaten	Körpergewicht P in g	Körperlänge L in cm	Brustumfang U in cm	Brutto-Körpervolumen V_0 in ccm	Oberfläche bestimmt nach der im Texte S. 50—55 bzw. im Texte S. 76—79 (untenstehender Wert) beschriebenen Methode in qcm					Differenz der beiden gefundenen Werte in Proz. des ersteren
						beider Beine[1] %	beider Arme %	Rumpf und Genitale %	Kopf und Hals %	Totale =100%	
I.	$^1/_2$	2740	43	28,5	2675	508 = 25,9	417 = 21,3	583 = 29,7	454 = 23,1	2041 (1962)	—3,9
II.	$^1/_4$	2550	48,5	28	2452	460 = 26,2	338 = 19,3	534 = 30,4	423 = 24,1	1838 (1755)	—4,5
III.	$2^1/_4$	2000	50	26,5	2030	375 = 22,9	319 = 19,5	553 = 33,8	388 = 23,8	1688 (1635)	—3,2
V.	$18^1/_2$	5040	73,5	40	5282	839 = 27,5	519 = 17,0	965 = 31,7	725 = 23,8	3100[2] (3048)	—1,7
VI.	6	5800	63,7	39,2	6005	914 = 28,5	530 = 16,5	1153 = 35,8	616 = 19,2	3260[2] (3213)	—1,4
VIII.	8	4760	63,8	37	4905	858 = 30,1	512 = 18,0	894 = 31,4	585 = 20,5	2911 (2849)	—2,1
IX.	$^1/_4$	2380	46,8	29	2300	522 = 29,3	356 = 20,0	546 = 30,6	359 = 20,1	1799 (1788)	—0,9
X.	6	4640	62,7	37	4790	763 = 26,7	456 = 16,0	998 = 34,9	641 = 22,4	2932 (2858)	—2,5
XI.	$1^1/_4$	2040	48,3	27,8	2050	395 = 25,0	272 = 17,2	504 = 31,9	409 = 25,9	1598 (1580)	—1,1
XII.	$2^1/_4$	2300	53	28,5	2360	519 = 28,6	313 = 17,2	538 = 29,6	447 = 24,6	1888 (1817)	—3,8
XIII.	$4^1/_2$	3670	56,5	33	3720	720 = 30,0	413 = 17,3	717 = 30,0	544 = 22,7	2484 (2394)	—3,6
XIV.	$7^1/_2$	3810	61	34,5	3865	646 = 26,4	417 = 17,1	807 = 33,0	572 = 23,4	2520 (2442)	—3,1

Erläuterung. An jedem der Fälle wurde mittels des vom Verf. modifizierten Deckverfahrens die Oberfläche der einzelnen Körperteile erhoben und durch Summation dieser Werte die Gesamtoberfläche: Stäbe 7—11 (erste Zeile). Ferner wurde an jedem der Fälle die Berechnung der Gesamtoberfläche nach der Zylinder-Kegelstumpfmantel-Methode des Verf. vorgenommen. Das Ergebnis steht in Stab 11, zweite Zeile (in Klammern). Zum Vergleich dienen die Ergebnisse der Oberflächenberechnung aus anderen Körpermaßen nach den Formeln von Vierordt-Meeh, Stöltzner-Miwa, Lissauer und Howland-Dana unter Verwendung der von diesen Autoren selbst (bzw. von Camerer sen.) empfohlenen Koeffizientenwerte m, k und o: Stäbe 13—16 (erste Zeile). Weiter wurden für jeden Fall die Koeffizienten m, k und o aus den vom Verf. mittels des Deck-

---

[1] Kastner begrenzte den den unteren Extremitäten zugerechneten Anteil der Ober-

[2] Mittel zweier Bestimmungen: Fall V $\left\{ \begin{matrix} 3222 \\ 2978 \end{matrix} \right.$; Fall VI $\left\{ \begin{matrix} 3201 \\ 3319 \end{matrix} \right.$.

die Körperoberfläche von Säuglingen (1915).

13.	14.	15.	16.	17.	18.	19.	20.	21.
Oberfläche berechnet nach			How-land-Dana	m berechnet aus der gefundenen O	k berechnet aus der gefundenen O	o berechnet aus der gefundenen O	Wert μ	Klinische Bemerkung
Meeh $m = 11{,}97$ nach Camerer ($m' = 10{,}33$)	Stöltzner-Miwa $k = 4{,}65$ ($k' = 3{,}98$)	Lissauer $o = 40{,}89$ ($o' = 38{,}65$)						
2344 (2023)	2127 (1820)	2606 (2463)	2053	10,43 (10,02)	4,46	32,0	10,59	
2234 (1928)	2136 (1828)	2150 (2032)	1962	9,85 (9,40)	4,01	35,0	10,11	
1900 (1640)	1918 (1642)	1636 (1546)	1696	10,63 (10,30)	4,09	42,2	10,53	
3519 (3037)	3906 (3343)	2804 (2650)	3164	10,54 (10,37)	3,69	45,2	10,22	
3864 (3334)	3850 (3296)	3723 (3519)	3531	10,10 (9,95)	3,94	35,8	9,87	Siehe Text S. 143 f.
3387 (2923)	3467 (2967)	3060 (2893)	3029	10,29 (10,07)	3,90	38,9	10,08	
2134 (1842)	2112 (1808)	2079 (1966)	1880	10,09 (10,00)	3,96	35,4	10,32	
3330 (2873)	3416 (2924)	3041 (2874)	2971	10,54 (10,27)	3,99	39,4	10,32	
1925 (1662)	1971 (1687)	1727 (1632)	1715	9,94 (9,82)	3,77	37,8	9,90	
2086 (1800)	2151 (1841)	1774 (1677)	1841	10,84 (10,43)	4,08	43,5	10,65	
2848 (2458)	2832 (2424)	2656 (2511)	2503	10,44 (10,06)	4,08	38,2	10,34	
2920 (2520)	3030 (2593)	2554 (2414)	2570	10,33 (10,01)	3,87	40,4	10,02	

verfahrens gewonnenen Oberflächenwerten berechnet: Stäbe 17—19 (erste Zeile). Der Wert des Vierordt-Meehschen Koeffizienten m wurde überdies auch aus den vom Verf. mittels der geometrischen Berechnungsmethode gewonnenen Oberflächenwertes berechnet: Stab 17, zweite Zeile (in Klammern). Das arithmetische Mittel der Koeffizientenwerte aus den Stäben 17—19 (erste Zeile) ergibt die für die vorliegende Reihe von Bestimmungen optimaler Koeffizientenwerte m', k' und o', angegebenen am Kopf der Stäbe 13—15. Unter Verwendung dieser optimalen Werte wurde endlich erneut die Oberflächenberechnung nach den älteren Formeln vorgenommen. Ergebnis in den Stäben 13—15, zweite Zeile (in Klammern).

Stab 20 enthält den Wert für den Oberflächen-Volum-Koeffizienten μ (Text S. 72 ff).

fläche in der Glutäalgegend etwas tiefer als Verfasser.

Teile des Pflasters, die am Körper in Falten gelegen hatten, zeigen hier naturgemäß ungeschwärzte Partien, unregelmäßige weiße Streifen und Zwickel. Die Pappen wurden so beklebt, daß die einzelnen Körperteile (Rumpf, Kopf, Glieder) Gruppen von Pflasterstücken bildeten, die durch Bleistiftstriche umrahmt, voneinander getrennt und entsprechend bezeichnet wurden. Dieses Urmaterial der Oberflächenbestimmung läßt sich bequem für spätere Kontrolle aufbewahren.

Zur Ermittlung des Gesamtflächeninhaltes der unregelmäßig gestalteten, teils an den Streifenrand reichenden, teils innerhalb der Streifen begrenzten Tuschflecke diente uns das Kompensationspolarplanimeter der Firma Coradi in Zürich. Mit diesem ausgezeichneten Instrumente umzugehen, kann jedermann in wenigen Minuten erlernen. Es handelt sich darum, die Konturen der schwarzen Flecke mit dem Stifte des Planimeters zu umfahren. Dabei hat man darauf zu achten, daß man jeden Fleck in der gleichen Richtung, also z. B. im Sinne des Uhrzeigerganges umfahre, ferner darauf, daß das Meßrad während

Tabelle VIa. Kastners Ermittelungen

1.	2.	3.	4.	5.	6.	7.	8.	9.	10.	11.	12.
Fall Nr.	Alter in Monaten	Körpergewicht P in g	Körperlänge L in cm	Brustumfang U in cm	Brutto-Körpervolumen V_b in ccm	Oberfläche bestimmt nach der im Texte S. 50—55 bzw. im Texte S. 76—79 (untenstehender Wert) beschriebenen Methode in qcm — beider Beine[1] %	beider Arme %	Rumpf und Genitale %	Kopf und Hals %	Totale = 100 %	Differenz d. beiden gefundenen Werte in Proz. d. ersteren
1	2	1750	44	26,5	—	399 = 21,84	323 = 17,39	633 = 34,08	502 = 27,05	1857	—
2	$2^1/_2$	3380	57	35	—	457 = 18,17	520 = 20,71	887 = 35,31	648 = 25,81	2513	—
3	3	2620	56	36,5	—	406 = 18,10	510 = 22,70	757 = 33,71	572 = 25,49	2245	—
4	$4^1/_2$	3090	57	31,5	—	412 = 18,44	370 = 16,55	832 = 37,19	622 = 27,82	2237	—
5	5	2360	50	31,0	—	439 = 21,93	349 = 17,42	662 = 33,08	552 = 27,57	2002	—
6	5	4800	62	38	—	582 = 16,85	916 = 26,51	1147 = 33,22	809 = 23,42	3453	—
7	8	3560	63,5	35,5	—	669 = 22,35	472 = 15,75	1026 = 34,25	828 = 27,65	2996[2]	—
8	$8^1/_2$	3970	63,5(?)	38	—	590 = 17,08	977 = 28,28	1098 = 31,78	790 = 22,86	3456[2]	—

[1] Kastner begrenzte den den unteren Extremitäten zugerechneten Anteil der Ober-
[2] Diese beiden Werte sind als Ergebnisse der ersten Bestimmungen des noch unge-

des Umfahrens ungestört spielen könne. Um dies zu erreichen, hat es sich uns bewährt, das Umfahren nicht auf dem mit den Pflasterstreifen beklebten Karton selbst vorzunehmen, sondern auf einer Pauspapierkopie der geschwärzten Pflasterflächen, die auf einer vollkommen ebenen Unterlage ausgebreitet wird. Um ferner zu vermeiden, daß durch das Abheben des Instrumentes nach Umfahren jedes einzelnen Stückes Fehler entstehen, verbanden wir einfach die benachbarten Fleckpausen der Reihe nach an beliebiger Stelle durch je einen Bleistiftstrich, dem entlang nun auch ganze Gruppen von einzelnen Flächenteilen gemeinsam umfahren werden konnten. Das Umfahren einer Gruppe von etwa 10—20 Flecken dauert nur wenige Minuten und kann zur Kontrolle beliebig oft wiederholt werden. Die Stellung des Meßrades nach dem Umfahren gibt direkt in Quadratzentimetern die Größe der umfahrenen Gesamtfläche, also etwa die Größe der Oberfläche von Kopf, Rumpf usw. an.

Die Methode wurde von Herrn O. Kastner und später persön-

an der Münchner Kinderklinik 1912.

13.	14.	15.	16.	17.	18.	19.	20.	21.
Oberfläche berechnet nach			How-land-Dana	m berechnet aus der gefundenen O	k berechnet aus der gefundenen O	o berechnet aus der gefundenen O	Istgewicht in Proz. des Sollgewichtes	Klinische Bemerkung
Meeh $m = 11,97$ nach Camerer $(m' = 10,88)$	Stöltzner-Miwa $k = 4,65$ $(k' = 3,98)$	Lissauer $o = 40,89$ $(o' = 88,65)$						
1738	1758	1626	1575	12,79	4,91	46,7	70,0	Frühgeburt, Entwässert u. sklerematös.
2696	2874	2425	2363	11,16	3,97	42,4	66,3	Schwere chronische Ernährungsstörung. Sklerematös.
2275	2699	1913	1996	11,81	3,87	48,0	52,4	Ebenso. Enormer Gewichtssturz in den letzten Tagen.
2539	2600	2217	2223	10,54	4,00	41,2	60,6	Schwere chronische Ernährungsstörung. Starke Macies.
2122	2251	1930	1870	11,29	4,13	42,4	67,4	Schwere chronische Ernährungsstörung.
3406	3509	3166	3048	12,14	4,58	44,6	70,6	Toxischer Prozeß Rachitis
2791	3060	2292	2450	12,85(?)	4,55	53,4	49,8	Schwere chronische Ernährungsstörung. Hochgradige Macies.
3001	3320	2556	2648	13,78(?)	4,84	55,3	56,7	Ebenso. Extreme Abmagerung.

fläche in der Glutäalgegend etwas tiefer als Verfasser.
übten Untersuchers unsicher.

lich vom Verf. an insgesamt 22 Kinderleichen zur Anwendung gebracht. Die Ergebnisse verzeichnen die Tabellen VI und VIa. Sie liefert m. E. unstreitig die weitaus genauesten Oberflächenwerte, die bisher erzielt werden konnten, sie ist verhältnismäßig wenig mühsam. Ihre Genauigkeit wird erkennbar durch die Ergebnisse wiederholter Anwendung an ein und demselben Objekte (siehe darüber Tabelle VI, Fußnote 2). Die Abweichung vom Mittel betrug $\pm 4{,}0$ im einen, $\pm 1{,}8\%$ im anderen Falle.

Das Verfahren läßt sich auch am lebenden Säugling anwenden, sofern man dabei zwecks Schonung des Probanden sukzessive vorgeht, etwa an aufeinanderfolgenden Tagen die einzelnen Körperteile behandelt (auch Rumpf und Unterleib getrennt) und die Ablösung des Pflasters vorsichtig mit Äther oder anderen Harzlösungsmitteln bewerkstelligt.

Zur Berechnung der Körperoberfläche.

Oberflächenformeln.

Die Schwierigkeiten, denen man bei der direkten Ermittlung von Körperoberflächen begegnet, führten zu Versuchen einer indirekten Erhebung dieses Körpermaßes aus anderen leichter zu gewinnenden Maßen.

Meeh ging hierbei auf Vierordts Anregung vom Körpergewichte aus. Ein Gesetz der Stereometrie besagt, daß sich ähnliche Körper der Oberfläche nach wie die Quadrate, dem Inhalte nach wie die Kuben entsprechender Längen verhalten. Hieraus folgt auch, daß die Oberflächen ähnlicher Körper von verschiedener Größe (aber gleicher Dichte) sich zueinander verhalten wie die $^2/_3$-Potenzen der Gewichte (physiologische Nutzanwendung erstmals wohl durch Moleschott). Sonach ist, wenn O die Oberfläche, P das Körpergewicht bedeutet, $O = m \cdot P^{2/3}$; dabei stellt m eine von der Körperform oder Statur abhängige Größe dar, die bei „ähnlichen" Körpern (im mathematischen Sinne), also bei unveränderter Körperstatur (im physiologischen Sinne) eine Konstante ist. Die Größe m wurde zuerst von Meeh unter Vierordt und später von anderen aus direkt gewonnenen Oberflächen- und Körpergewichtswerten nach der umgekehrten Formel $m = \dfrac{O}{P^{2/3}} = O \cdot P^{-0,6}$

für Menschen verschiedenen Alters und Zustandes, sowie für Versuchstiere erhalten. Unter Zugrundelegung eines bestimmten m-Wertes kann die Berechnung der Oberfläche aus dem in üblicher Weise ermittelten Körpergewichte nach der erst angegebenen Gleichung erfolgen.

Es wurden noch andere Formeln zur Berechnung der Körperoberfläche angegeben. Um die Fehler, die bei Verwendung eines mittleren kollektiven Vierordt-Meehschen Koeffizienten im Einzelfalle
entstehen, einzuschränken, haben Stöltzner und Miwa versucht, noch
mehr Körpermaße in die Oberflächenformel einzuführen; diese gewann
dadurch folgende Gestalt[1]):

$$O = k \cdot \frac{U \cdot P \cdot L}{\sqrt[6]{L^4 \, P^4 \, U^2}}$$

Es ist nicht einzusehen, weshalb man die Gleichung in dieser Form
stehen ließ, zumal nachdem alsbald nicht unberechtigte Klagen über
die Umständlichkeit der Berechnung laut geworden waren. Die Formel
läßt sich ja ohne weiteres wesentlich vereinfachen und lautet dann:

$$O = k \cdot \sqrt[3]{P \, U^2 \, L} \, .$$

Die Umständlichkeit der Hantierung mit zweiten und dritten Po-
tenzen hat dann Lissauer veranlaßt, eine andere Berechnungsmethode
der Körperoberfläche zu erproben. Er setzte die Oberfläche in Beziehung
zu dem durch die Körperlänge geteilten Körpergewicht, schreibt also
die Formel $O = o \cdot \dfrac{P}{L}$. So wie dem Verfahren der Oberflächenbestimmung nach Meeh die Ermittlung eines möglichst für alle Fälle passen-
den Koeffizienten m vorangehen mußte, so galt es für Stöltzner-Miwa
den Wert des k, für Lissauer jenen des o zu bestimmen.

Weitere Oberflächenformeln wurden von Bouchard und neuerdings
von Howland-Dana angegeben. Erstere lautet nach dem Zitat in
Vierordts „Daten und Tabellen“:

$$O = 0{,}45 \, CH + 7{,}70 \, \frac{P}{C} + 3{,}31 \, H \cdot \sqrt{\frac{P}{3{,}14 \, H}} \, ^2),$$

letztere nach dem Zitat in der Zeitschrift für Kinderheilkunde (Bd. VI,
S. 565):

$$y = 0{,}483 \, x + 730 \, ^2).$$

---

[1]) Die Formel hatte das Mißgeschick sowohl in Vierordts „Daten und
Tabellen“, als auch von Lissauer in seiner Arbeit falsch zitiert zu werden. L bedeutet die Körperlänge, U den Brustumfang in Mamillenhöhe.

[2]) Das Original war dem Verf. in beiden Fällen nicht zugänglich. Bei Bouchard bedeutet C den Taillenumfang in Dezimetern, H die Körperlänge in Dezimetern (nicht Zentimetern, wie bei Vierordt steht), P das Körpergewicht in

Eine

Kritik dieser Berechnungsmethoden

wird die Formeln zunächst auf eine gewisse arithmetische Korrektheit
zu prüfen haben; sie dürfen die Oberfläche als zweidimensionale Größe
nur einer ebensolchen oder einer auf die zweite Potenz reduzierten Größe
anderer Ordnung proportional setzen, sie müssen mit anderen Worten
arithmetisch richtig nivelliert sein. Diese Forderung ergibt sich aus
der Erkenntnis, daß anderen Falles keine Unabhängigkeit von
den absoluten Dimensionen bestehen kann. Es handelt sich
hier um ein auch bei manchen anderen Gelegenheiten in Betracht kom-
mendes Prinzip, gegen das nicht selten verstoßen wird. (Vergleiche
hierzu die oben beim „Streckengewicht" gemachten Hinweise.)

Meeh hat das Körpergewicht als eine dem Körpervolumen proportionale und demgemäß als dreidimensionale Größe angenommen, die er
durch Versetzung in die Potenz $^2/_3$ in eine zweidimensionale reduzierte
und hat sie in dieser Form mit der Oberfläche in Vergleich gesetzt.
Gleicherweise korrekt ist die Stöltzner-Miwasche Formel, denn die

Potenz $^1/_3$ von $P \cdot U^2 \cdot L$ gleichwie der Originalwert $\dfrac{U \cdot P \cdot L}{\sqrt[6]{L^4\,P^4\,U^2}}$ sind

auch zweidimensional. Der Weg, den Lissauer — vielleicht intuitiv —
gefunden hat, ist deshalb im Prinzipe vorzüglich, weil er, von den leicht
und genau zu erhebenden Körpermaßen ausgehend, die Lösung der Aufgabe mit den einfachsten Mitteln (Division von Körpergewicht und
Körperlänge) einwandfrei erzielt. Auch gegen Bouchards Formel ist
von diesem Gesichtspunkte nichts einzuwenden. Hingegen ist jene von
Howland-Dana in diesem Belang nicht korrekt. Inwieweit hier
praktisch durch Variation der Konstanten oder durch beschränkte Anwendung auf gewisses Lebensalter und damit wenig variable absolute
Maße ein Ausgleich erzielt werden kann, hat Verf. nicht nachgeprüft.

Nach anderer Richtung ist eine Prüfung der angegebenen Verfahren
schon da und dort versucht worden. Man hat zu diesem Zwecke einfach
Oberflächenwerte berechnet und die Ergebnisse mit den direkt ermit-

---

Kilogrammen, O die Körperoberfläche in Quadratdezimetern. Die obigen Koeffizienten gelten für magere Individuen; sie erlangen bei fetten etwas höhere Werte.
Das letzte Glied der Formel Bouchards läßt sich auch vereinfachen in
$1,8675 \cdot \sqrt{PH}$. Bei Howland-Dana bedeutet y die Körperoberfläche in Quadratzentimetern, x das Körpergewicht in Grammen; die Formel gelte für Säuglinge in verschiedenartigstem Ernährungszustande.

telten Oberflächengrößen verglichen. Bei der Verwertung solcher Daten
wurden aber zweierlei Dinge zumeist nicht richtig auseinandergehalten,
nämlich die Kritik der Formel als solcher einerseits und die Kritik
des angewandten Koeffizientenwertes andererseits. Die Frage
des Koeffizientenwertes kann bei einer Prüfung des Verfahrens seinem
Prinzipe nach dadurch ausgeschaltet werden, daß man den für die Reihe
der Bestimmungen jeweils optimalen Wert wählt und sieht, welche Abweichungen sich dabei ergeben. So war das Vorgehen des Verf. Verwendung fanden die von ihm nach dem angegebenen modifizierten Deckverfahren (S. 50—55) persönlich ausgeführten Oberflächenmessungen an
zwölf Säuglingen. Die bezüglichen Daten enthält Tabelle VI. Nach
den in den Stäben 3 bis 5 der Tabelle angegebenen Körpermaßen und
der in besagter Weise gemessenen Oberfläche (Stab 11) wurden die
Koeffizienten für jeden Fall gesondert berechnet (Ergebnisse in den
Stäben 17—19). Das Mittel dieser Werte durfte als optimaler Wert für
die ganze Reihe angesehen werden ($m' = 10{,}33$, $k' = 3{,}98$, $o' = 38{,}65$);
es diente zur Berechnung der Körperoberfläche für jeden Einzelfall nach
der Meeh-Vierordtschen, der Stöltzner-Miwaschen bzw. der Lissauerschen Formel (Ergebnisse im Stabe 13—15 eingeklammert).
Der Vergleich dieser Oberflächenwerte mit den durch die Messung ermittelten ergab nun folgendes:

Tabelle VII.

1.	2.	3.	4.	5.
		Verfahren nach		
	Meeh- Vierordt	Stöltzner- Miwa	Lissauer	Howland- Dana
a) Mittlerer Fehler absolut in Qua- dratzentimetern (ohne Rücksicht auf sein Zeichen	49	75	174	79
b) Abstand zwischen dem größten po- sitiven und dem größten negativen Fehler in Quadratzentimetern . .	178	464	872	318
c) Größte Überschreitung des direkt bestimmten Wertes in Prozenten .	4,7	10,8	20,7	8,3
d) Größte Unterschreitung des direkt bestimmten Wertes in Prozenten .	4,6	7,8	14,5	2,5
e) Größte Fehlerbreite in Prozenten (c + d)	9,3	18,6	35,2	10,8

In jedem Belang seinen bisher bekanntgemachten Nachfolgern überlegen ist (an des Verf. Material geprüft) das ursprüngliche Verfahren

nach Meeh-Vierordt. Seine Modifikation nach Stöltzner-Miwa erfüllt hiernach ihren Zweck durch die Einführung weiterer Maße mehr zu leisten, überraschenderweise nicht, liefert vielmehr eine fast doppelt so große Fehlerbreite. Schon Lissauer sah im Gegensatze zu Stöltzner-Miwa die „Wagschale der Genauigkeit eher zugunsten Meehs sich neigen". Noch größer werden Fehlerbreite und mittlerer Fehler bei dem Vorgehen nach Lissauer. Inwieweit dies etwa an Besonderheiten seines Materiales gelegen ist, vermag Verf. nicht zu entscheiden.

Der 5. Stab der Tabelle VII enthält auch Daten über die Formel von Howland-Dana. Ihre Referenz ist eine recht gute — vermutlich deshalb, weil es sich durchweg um Säuglinge, um Individuen von nicht allzu stark abweichenden absoluten Körpermaßen handelt. Die Einbeziehung älterer Individuen, die Howland-Dana übrigens wohl auch gar nicht in Betracht gezogen haben, würde vermutlich anderes Verhalten ergeben und den oben erhobenen prinzipiellen Vorwurf stützen.

Bei Individuen von art- und altersgemäßen Proportionen ließe sich die Körperoberfläche — beiläufig bemerkt — approximativ auch aus der Körperlänge allein berechnen. Man setzt dann $O = n \cdot L^2$. Während im Gewichte (Volumen) die Körperdimensionen nach allen drei Richtungen des Raumes repräsentiert sind, zeigt die Körperlänge die Entfaltung nur in einer Richtung an; deshalb müßte hier der gesetzmäßigen Veränderung der Proportionen im Laufe des Wachstums dadurch Rechnung getragen werden, daß man den Koeffizienten n nach dem Lebensalter abstuft. Der Wert von n kann sowohl empirisch ermittelt als auch theoretisch abgeleitet werden. Es bestehen nämlich zwischen dem Koeffizienten von Vierordt-Meeh m, jenem von Lissauer o und dem letzterwähnten n, sowie dem früher mehrfach besprochenen Längengewichtsindex p (nach v. Pirquet) und dem Gewichtslängenindex l (nach Livi) überlegungsgemäß folgende einfache Beziehungen:

$$m = \frac{o}{\sqrt[3]{p}} = \frac{o \cdot l}{100} = n\sqrt[3]{p^2} = \frac{n \cdot 10^4}{l^2}$$

$$o = m\sqrt[3]{p} = \frac{m \cdot 10^2}{l} = n\,p = \frac{n \cdot 10^6}{l}$$

$$n = \frac{m}{\sqrt[3]{p^2}} = \frac{ml^2}{10^4} = \frac{o}{p} = \frac{o \cdot l^3}{10^6}$$

Hiernach erhält man beispielsweise für n unter Zugrundelegung der nach Friedenthal berechneten p-Werte (s. Tabelle IV) folgendes:

Alter in Jahren (bürgerlich)	n berechnet	n beobachtet
0	1,030	1,002
$^1/_2$	1,000	0,969
1	0,972	0,976
6	0,668	0,771
9	0,661	0,681
13	0,676	0,629
25	0,724	0,732

Die Übereinstimmung ist meist befriedigend. Da der Wert des Koeffizienten n im ersten Lebensjahre rund 1 beträgt, gelangt man für altersgemäß entwickelte Säuglinge mit Annäherung zu der einfachen Beziehung $O = L^2$ (O in Quadratzentimetern, L in Zentimetern) und findet dies bestätigt in den drei von Meeh an gesunden Individuen des ersten Lebensjahres erhobenen Werten:

1. Neugeborenes Kind, 50 cm lang, Oberfläche von Meeh bestimmt = 2505 qcm; $50^2 = 2500$.

2. $6^1/_2$ monatiges Kind, 66 cm lang, Oberfläche von Meeh bestimmt = 4222 qcm; $66^2 = 4356$.

3. $14^1/_2$ monatiges Kind, 74 cm lang, Oberfläche von Meeh bestimmt = 5345 qcm; $74^2 = 5476$.

Die „Oberfläche" atrophischer und debiler Säuglinge (Lissauer, Kastner, Verf.) bleibt weit, bis zu 30 und 40%, hinter L^2 zurück, teils wegen der Dissoziation von staturalem und ponderalem Wachstum, teils aus anderen Gründen. Erhebliche Abweichungen ergeben aber auch Säuglinge von anscheinend nicht stark abnormen Proportionen. Als Methode der Oberflächenberechnung nicht hinreichend zuverlässig, bleibt das Verfahren im weiteren unberücksichtigt.

Die Beziehung aller obigen Koeffizienten und Maße würde durch folgendes Beispiel erläutert werden: Ein 6 Monate altes normales Kind hat nach Friedenthal ein Körpergewicht von $P = 7250$ g bei einer Körperlänge von $L = 66,5$ cm. Dann beträgt der Längengewichtsindex $p = \dfrac{L^3}{P} = 40,56$, der Gewichtslängenindex $l = \dfrac{100}{\sqrt[3]{p}} = 29,11$, der Vierordt - Meehsche Index beträgt nach Meeh für Säuglinge etwa $m = 11,9$; es berechnet sich

$$o = m \sqrt[3]{p} = 40,89 \quad \text{und} \quad n = \frac{m\, l^2}{10^4} = 1,008.$$

Nun erhält man die Oberfläche nach

$$O = m \cdot P^{2/3} = o\,\frac{P}{L} = n\, L^2 = 4458 \text{ qcm}.$$

Meehs Oberflächenwert für ein Kind dieses Alters betrug 4222 qcm.

Werte der Koeffizienten zur Oberflächenberechnung.

A. Der Vierordt - Meehsche Koeffizient, in der Folge kurz „m" genannt.

Auf Tabelle VIII hat Verf. alle ihm erreichbaren Werte dieser Maßzahl zusammengestellt unter Einschluß der durch die neuen Erhebungen an der Münchner Klinik gewonnenen. Wo ihm die Original-Gewichts- und Oberflächenwerte zur Verfügung standen, hat er die Berechnung zumeist auch selbst durchgeführt, weil sich herausstellte, daß die Angaben einzelner Autoren von Rechenfehlern strotzen.

Die Tabelle zeigt, daß der Wert von m keineswegs konstant, sondern starken Schwankungen unterworfen ist. Diese betragen am ganzen Material über den Menschen bis über 50% vom Mittelwert. Aber nicht allein die extremen Einzelwerte, sondern auch die auf Grund ihrer Erhebungen von den einzelnen Beobachtern berechneten und zur allgemeinen Verwendung empfohlenen Mittelwerte des Koeffizienten differieren noch erheblich, nämlich um etwa 20%. Daraus ersieht man, welche Fehler bei der Berechnung der Körperoberfläche nach dem Meeh-Vierordtschen Verfahren im Einzelfall drohen und vielfach gemacht wurden — selbst da, wo es sich um die Gewinnung von physiologischen Standardzahlen z. B. für den Säuglingsstoffwechsel handelte. Gewiß enthält die besagte Tabelle Daten auch über hochgradig pathologisch gestaltete Körperformen; der Einfluß dieses Momentes ist aber — wie noch gezeigt werden soll — kein entscheidender.

Man wird zu prüfen haben, ob bestimmte Umstände die Höhe des m-Wertes ersichtlich beeinflussen. Die hauptsächlich in Erwägung zu ziehenden Umstände werden solcher Prüfung im folgenden unterworfen.

1. Die Spezies. Die m-Werte der Tabelle für den Menschen betragen 8,83—13,91, jene für den Hund 9,29—13,59, jene für das Meerschweinchen 7,65—12,57. Für andere Arten liegt eine größere Anzahl von brauchbaren Bestimmungen nicht vor[1]). Aus diesen und einigen weiteren Daten erkennt man, daß die Spezies nach den bisherigen Erhebungen von keinem markanten und jedenfalls keinem konstanten Einfluß auf den m-Wert ist. Die angegebenen Mittelwerte für sämtliche bisher in Betracht gezogene Versuchstiere (einschließlich Huhn, Ratte, Frosch) bewegen sich nicht allein ganz in den Grenzen der für den Menschen angegebenen Einzelwerte, sondern nahezu innerhalb der menschlichen Mittelwerte! Sofern eigentliche Artverschiedenheiten des m-Wertes tatsächlich bestehen, werden sie anscheinend durch die individuellen Schwankungen oder durch Messungsfehler verdeckt.

Das Gesagte gilt für die von Rechenfehlern befreiten Werte. Rubners Meinung, „Die verschiedenen Tiere unterscheiden sich we-

---

[1]) Neue Werte für die weiße Maus siehe S. 118.

Tabelle VIII. Werte des Vierordt-Meehschen Oberflächen-Gewichts-Koeffizienten (m).

Einzelwerte an gesunden männlichen Individuen berechnet nach Meehs Daten	Alter 6 Tage		11,99[1]
	„ 6$\frac{1}{2}$ Monate		11,80[1]
	„ 1$^2/_{12}$ Jahre		11,90[1]
	„ 2$^9/_{12}$ „		11,02[1]
	„ 6$^8/_{12}$ „		11,90[1]
	„ 9$^2/_{12}$ „		12,11[1]
	„ 9$^{10}/_{12}$ „		12,22[1]
	„ 13$^2/_{12}$ „		12,80[1]
	„ 15$^{10}/_{12}$ „		**13,91**[1]
	„ 17$^9/_{12}$ „ (sehr kräftig)		13,16[1]
	„ 20$^7/_{12}$ „ (gut proportioniert)		12,27[1]
	„ 26$^3/_{12}$ „ (kräftig)		12,22[1]
	„ 36 „ (korpulent)		12,26[1]
	„ 36$^4/_{12}$ „ (sehr mager)		12,96[1]
	„ 43$^7/_{12}$ „		12,96[1]
	„ 66 „		12,48[1]
Nach Meehs Messungen an 16 Individuen	Für Erwachsene verschied. Statur, Mittel		12,31[2]
	do. Minimum		12,22[1]
	do. Maximum		13,91[1]
	Für Kinder jeder Altersklasse, Mittel		11,97[2]
	do. Minimum		11,02[1]
	do. Maximum		12,80[1]
	Für Säuglinge		11,90[1]
Nach Sytscheffs Messungen	Frühgeburt (4 Tage)		[9,640][1]
	Neugeborenes		9,009[1]
	Alter 15 Tage	[10,16]	10,28[1] / 10,05[1]
	„ 3 Monate	9,547	9,849[1] / 9,245[1]
	„ 6 „	10,23	9,944[1] / 10,52[1]
	„ 1 Jahr	10,76	11,02[1] / 10,51[1]
	„ 2 Jahre	10,78	11,17[1] / 10,38[1]
	„ 4 „	10,79	10,74[1] / 10,85[1]
	„ 5 „		11,07[1]
	„ 6 „	11,26	11,51[1] / 11,00[1]
	„ 8 „	11,09	10,91[1] / 11,27[1]
	„ 10 „	11,53	11,78[1] / 11,29[1]
	„ 11 „		[10,28][1]
	„ 12 „		11,49[1]
	„ 15 „		11,78[1]
	„ 43 „		[8,832][1]

[1]) Berechnet vom Verfasser aus den Original- Gewichts- und Oberflächenwerten.

[2]) Berechnet von Camerer nach Meehs Daten.

Nach Weidenfelds Messungen

Kind Alter 2 Jahre	11,25[1]
do. 4 „	13,51[1]

Einzelwerte an Säuglingen nach Lissauer

Alter 17 Tage, Frühgeburt, atrophisch, faltig	10,28
„ 22 Tage, Frühgeburt, atrophisch, faltig	12,40
„ 27 Tage, Sklerem, Darmkatarrh	10,39
„ 28 Tage, kräftig, fett, Krämpfe	8,92
„ $3\frac{1}{4}$ Monate, Atrophie, geringe Falten, leichte Ödeme	10,13
„ $3\frac{1}{2}$ Monate, leidliches Fettpolster	10,99
„ $3\frac{1}{2}$ Monate, Frühgeburt, Atrophie	10,28
„ $3\frac{2}{3}$ Monate, Thymustod, nicht mager	10,30
„ $3\frac{3}{4}$ Monate, leidliches Fettpolster	9,92
„ 7 Monate, Darmkatarrh, starker Gewichtssturz	10,29 ?
„ $7\frac{1}{2}$ Monate, Atrophie, geringe Falten, Bronchopneumonie	9,95
„ 15 Monate, Atrophie + Rachitis, Pneumonie	10,93

Nach Lissauers Messungen an 12 Säuglingen

Für (kranke) Säuglinge, Mittel		10,30
do.	Maximum	12,40
do.	Minimum	8,92

Einzelwerte an Säuglingen nach Kastner

Alter 2 Monate (Fall 1)	12,79[1]
„ $2\frac{1}{2}$ „ („ 2)	11,16[1]
„ 3 „ („ 3)	11,81[1]
„ $4\frac{1}{2}$ „ („ 4)	10,54[1]
„ 5 „ („ 5)	11,29[1]
„ 5 „ („ 6)	12,14[1]
„ 8 „ („ 7)	12,85[1] (?)
„ $8\frac{1}{2}$ „ („ 8)	13,78[1] (?)

Einzelwerte an Säuglingen nach Verfasser

Alter 10 Tage (Fall II)	9,85[1]
„ 10 „ („ IX)	10,09[1]
„ 13 „ („ I)	10,43[1]
„ 5 Wochen (Fall XI)	9,94[1]
„ 9 „ („ III)	10,63[1]
„ $2\frac{1}{4}$ Monate (Fall XII)	10,84[1]
„ $4\frac{1}{2}$ „ („ XIII)	10,44[1]
„ 6 „ („ VI)	10,10[1]
„ 6 „ („ X)	10,54[1]
„ $7\frac{1}{2}$ „ („ XIV)	10,33[1]
„ 8 „ („ VIII)	10,29[1]
„ $18\frac{1}{2}$ „ („ V)	10,54[1]

Nach Verfassers Messungen an 12 Säuglingen

Für (kranke) Säuglinge, Mittel		10,33[1]
do.	Maximum	10,84[1]
do.	Minimum	9,85[1]

Nach Rubner

Mensch, Mittel	12,3	12,26[1]
Hund (klein)	11,2	11,18[1]
Kaninchen	12,88[2]	13,36[1]
Kaninchen (darmrein)	12,0[2]	
Kalb	10,5	
Schaf	12,1	
Katze	9,9	
Schwein	8,7	
Meerschwein	8,5	
Huhn	10,45	12,40[1]

[1] Berechnet vom Verfasser aus den Original- Gewichts- und Oberflächenwerten.

[2] Vgl. Text Seite 88f.

Nach Rubner
- Ratte 9,13   9,74[1]
- Maus (weiße) . . . . 11,4[2]
- Frosch . . . . 4,62[3]   9,92[1]

Nach Hecker
- Pferd 9,02

Nach Thomas an Tieren vom gleichen Wurf
- Hund, 1 Tag alt . . . . { 9,92 / 9,67
- „ 9 Tage alt 9,29
- „ 20 Tage alt 10,17
- „ 59 Tage alt 10,55
- „ 100 Tage alt 11,02

Nach Gerhartz u. Rubner
- Hund (erwachsen), Maximum 13,59
- do.   Minimum 10,18
- do.   Mittel . . . . 11,19 bzw. 12,3
- Hund (neugeboren) 6,93

Nach Thomas an Tieren vom gleichen Wurf
- Katze, 1 Tag alt . . . . { 9,95 / 10,02
- „ 9 Tage alt 9,52
- „ 22 Tage alt 9,98
- „ 103 Tage alt 11,90

Nach Kettners Messungen
- Meerschweinchen Nr. 7, Gewicht 160 g . . . . 9,501[1]
- „ „ 10, „ 179,5 g . . . . 9,679[1]
- „ „ 6, „ 218 g . . . . 7,647[1]
- „ „ 8, „ 235 „ . . . . 9,532[1]
- „ „ 2, „ 323 „ . . . . 9,092[1]
- „ „ 4, „ 324 „ . . . . 8,534[1]
- „ „ 3, „ 328 „ . . . . 9,588[1]
- „ „ 5, „ 333 „ . . . . 7,910[1]
- „ „ 1, „ 407 „ . . . . 9,559[1]
- „ „ 9, „ 451 „ . . . . 8,825[1]
- „ „ 12, „ 471 „ . . . . 8,689[1]
- „ „ 11, „ 618 „ . . . . 8,628[1]
- „ „ 13, „ 811 „ . . . . 8,578[1]
- Mittel der Tiere unter 400 g . . . . 8,935[1]
- do.   über 400 „ . . . . 8,856[1]

Nach Schütz zit. bei Thomas
- Meerschwein (neugeboren) . . . . 10,95—12,57 Mittel 11,6
- „ (erwachsen) . . . . 9,40—10,91 Mittel 10,5

Nach Verfassers Fellmessung bei leichter Dehnung
- Meerschweinchen 123 g 10,31
- „ 157 „ 10,12
- „ 191 „ 10,81
- „ 235 „ 8,44
- „ 265 „ 8,91
- „ 269 „ 8,35

Würfel, Dichte = 1 . . . . 6,00[1]

Oktaeder, Dichte = 1 . . . . 5,719[4]

Kugel, Dichte = 1 . . . . $\sqrt[3]{36\,\pi} = 4{,}836$[1]

---

[1] Berechnet vom Verfasser aus den Original-Gewichts- u. Oberflächenwerten.
[2] Vgl. Text S. 116 ff.   Neue Werte S. 118.
[3] Vgl. Text S. 69 Fußnote.
[4] Hier gibt Meeh wohl irrtümlich 7,1944 an.

sentlich hinsichtlich des Wertes K" ($K = m$), kann Verf. vorläufig nicht teilen. Einzelne Daten sprechen anscheinend sogar gegen die weitere These dieses Autors: „Die Konstante K ist von der Tierart abhängig, aber nicht von der Körpergröße" (vgl. unten S. 92).

Das m wurde oben als eine von der Körperform oder Statur abhängige Größe bezeichnet. Daß keine Artunterschiede des m-Wertes zutage treten, wird daher wundernehmen, da doch die Gestalten von Mensch, Pferd, Hund, Huhn, Frosch usw. erheblich voneinander abweichen. Ein Widerspruch ist jedoch tatsächlich nicht gegeben. Ähnliche Körper müssen zwar (bei gleicher Dichte) denselben m-Wert haben; verschieden geformte Körper können aber auch gleiche Oberflächengewichtskoeffizienten besitzen, wenn Veränderungen der Körperform, die in der einen Richtung auf den m-Wert einwirken, durch entgegengesetzt wirkende Veränderungen aufgehoben werden. Wenn die relative Konstanz des m-Wertes bei verschiedenen Tieren weiterhin Bestätigung fände[1]), dann könnte man sich veranlaßt sehen, darin den Ausdruck eines für die Körperformgebung von Wirbeltieren bedeutsamen „Gesetzes" zu vermuten. Doch' ist hier (wie bei ähnlichen „Gesetz"-Aufstellungen) große Vorsicht am Platze und einstweilen wohl anzunehmen, daß sich bei genauer und zuverlässiger Erhebung ausgesprochen schlank gebaute Tierarten gegenüber den plump gebauten durch einen höheren m-Wert (Oberfläche relativ groß gegenüber der Körpermasse) auszeichnen werden.

Man muß sich hier auch darüber Rechenschaft geben, daß der Vierordt-Meehsche Index ein sehr wenig empfindlicher Index für Veränderungen der Körperform ist. Ein von Rubner untersuchtes Kaninchen hatte ein Körpergewicht von 2812 g und eine Körperoberfläche von 2662 qcm, woraus Verf. den Wert von $m = 13{,}36$ berechnet. Ein annähernd gleiches Körpergewicht (2650 g) hatte die von Krehl und Soetbeer beobachtete indische Riesenschlange, deren Oberfläche — als Zylinderoberfläche gedacht — sich auf etwa 2900 qcm berechnet, entsprechend einem Vierordt-Meehschen Koeffizienten von rund 15,2. Sonach würde der Kaninchenkörper zu einer zylindrischen Masse von $2^1/_2$ m Länge ausgezogen, also doch gewaltig und in einheitlichem Sinne deformiert, einen nur um 1,8 Einheiten (ca. 13%) vermehrten Wert jenes Koeffizienten aufweisen.

2. Von der Körperform innerhalb der Spezies, also von der äußeren Konstitution, dem Ernährungszustande usw. erwarteten manche

---

[1]) Vgl. hierzu die Angaben S. 120.

einen entscheidenden Einfluß auf den m-Wert. Nach E. Voit übt der ungleiche Fettgehalt den größten Einfluß — zum mindestens bei Fleischfressern aus. Im Hunger verändere sich das Verhältnis von Oberfläche zu Gewicht, das m werde also größer. Der Autor versucht diese Zunahme rechnerisch zu ermitteln. Er setzt hierbei voraus, daß die Zunahme des Körperfettes nur den Gewichts-, nicht (nennenswert) aber den Oberflächenwert beeinflusse, was aber in der Regel wohl nicht zutreffen dürfte.

Schmidt ermittelte an einem enorm fettsüchtigen 6jährigen Mädchen (Istgewicht $= 26,5$—$30,2$ kg, Sollgewicht kaum 20 kg) an der Münchner Kinderklinik (Zeitschr. f. Kinderheilkunde **3**, 280, 1911) die Körperoberfläche; sie betrug 10 458 qcm; der Vierordt - Meehsche Koeffizient ist hiernach 11,77. Die Oberflächenberechnung mittels des für normale Körperbeschaffenheit angegebenen Camererschen Wert $m = 11,97$ ergibt eine $0 = 10\,640$. Die Differenz ist eine überraschend geringe; sie läßt bezweifeln, ob die Bouchardschen Formeln zur Oberflächenberechnung bei verschiedenen Ernährungszuständen immer zutreffende Werte liefern. Sie ergeben in Rubners Fall der zwei Knaben einen Unterschied von mehr als $^1/_2$ Einheit des Vierordt - Meehschen Koeffizienten.

In Schlossmanns Ausführungen spielen die Veränderungen des m-Wertes bei Säuglingsatrophie eine große Rolle. Dieser Autor faßt den Fall ins Auge, daß ein Kind anfänglich an der Mutterbrust gut gedeihend ein Körpergewicht von 5000 g erreicht, dann abgesetzt binnen 6 Wochen zum Atrophiker wird mit einem Gewichte von 3500 g. „Die Haut läßt sich überall in Falten abheben, besonders um die Beine haben wir das gewöhnliche Bild; das Kind steckt in einer zu weiten Hauthose. In diesem Falle entspricht natürlich die Oberfläche des atrophischen Säuglings nicht derjenigen eines normalen Kindes von 3500 g; allerdings auch nicht derjenigen eines 5-Kilo-Kindes, denn die allgemeine Abzehrung ist auch auf Kosten der äußeren Bedeckung gegangen. Der Oberflächenwert liegt in solchem Falle irgendwo zwischen dem, der für ein Kind von 2500 g und dem, der für ein Kind von 5000 g in Betracht kommt. Das wird individuell schwanken und wir können in solchem Falle weder diejenige Oberfläche unserer Energiebedarfrechnung zugrunde legen, die einem Kinde von 3500 g entspricht, noch die für den 5-Kilo-Säugling.‟

Schlossmann lehnt es ab, für ein solches Kind — wie es Rubner und Heubner getan haben — die Oberfläche mittels der für normale Säuglinge geltenden Konstante zu berechnen. Der Versuch, die Oberfläche und damit den m-Wert eines solchen Atrophikers zu bestimmen, sei an seiner Klinik wohl gemacht worden, habe aber scheitern müssen, denn „die feinen und feinsten Fältchen des Atrophikers spotten auch dem subtilsten (Oberflächen-) Meßversuche."

In günstigerer Lage scheint sich hier R u b n e r Versuchstieren gegenüber befunden zu haben. Er ließ sechs weiße Mäuse verhungern, verglich deren Körpermaße (Oberfläche planimetrisch ermittelt) mit jenen von sechs Kontrolltieren und fand:

	Gesamt-Gewicht P	Gesamt-Oberfläche O	m nach Rubners Berechnung[1] $(O \cdot P^{-2/3})$
6 normale Mäuse	121,3 g	278,5 qcm	11,36
6 verhungerte Mäuse	87,74 g	240,8 qcm	12,3

Erwartungsgemäß ist hier also der m-Wert sehr erheblich angestiegen. Die Oberflächenberechnung nach einer Normalformel, d. h. nach einem für normale Tiere geltenden m-Wert ist somit auch nach R u b n e r für solche abweichende Körperbeschaffenheit nicht zulässig.

L i s s a u e r hat wohl als erster direkte Oberflächenbestimmungen an atrophischen Säuglingen vorgenommen. Er sah sich auch in einem Falle durch Runzelbildung behindert; in allen anderen Fällen aber sind seinem Berichte zufolge einwandfreie Messungen möglich gewesen; denn die kleinen Bezirke, in denen ein Ausgleichen der Falten nicht tunlich war, konnten nach ihm das Endresultat kaum beeinflussen. L i s s a u e r fand nun das m bei atrophischen (und frühgeborenen) Kindern nicht größer, sondern erheblich kleiner als M e e h bei gesunden Säuglingen; er empfiehlt demgemäß zur Berechnung der Oberfläche bei solchem Material an Stelle des bisher gebräuchlichen m-Wertes von 11,97 einen m-Wert, der um ca. 20% niedriger ist, nämlich 10,3 beträgt.

Anzunehmen, daß bei der Säuglingsatrophie hinsichtlich des Gewichtsoberflächenverhältnisses etwa das Gegenteil von dem gilt, was in R u b - n e r s Tierversuch erwartungsgemäß zum Ausdruck kam, wird man sich gleichwohl hüten müssen, und zwar aus verschiedenen Gründen, insbesonders deshalb, weil das von L i s s a u e r angewandte neue Verfahren der Oberflächenmessung a l s s o l c h e s offenbar erheblich niedrigere Oberflächenwerte ergibt, als das von M e e h verwendete. Auch bei dem einzigen Falle L i s s a u e r s, in dem dem Tode keine Zehrkrankheit vorausgegangen war, betrug der m-Wert 10,3. Eine weitere Seite der hier diskutierten Frage kommt im folgenden Kapitel zur Besprechung.

---

[1]) Diese Rechnung enthält einen kleinen Rechenfehler (12,3 statt 12,58) und ist überdies einem schwerwiegenden prinzipiellen Einwande unterworfen (s. hierüber S. 116 ff.). Eine Korrektur in beiderlei Hinsicht ändert jedoch nichts Wesentliches an dem h i e r in Frage kommenden Ergebnis.

Aber auch nach gleicher Methode, vom gleichen Autor untersuchte und ungefähr gleichalterige Individuen, wovon das eine korpulent, kräftig, fett oder zum mindesten von altersgemäßer Körperfülle, das andere mager, schwächlich oder sogar in hohem und höchstem Grade krankhaft atrophiert war, können in dem auf unserer Tabelle wiedergegebenen Material mehrfach einander gegenüber gestellt werden und man wird die Abweichungen des m-Wertes inkonstant, ja manchmal geradezu konträr finden. Das „sehr magere" 36 jährige Individuum von Meeh hat zwar einen höheren m-Wert als das fast gleichaltrige korpulente desselben Autors, Lissauers $3^1/_2$ monatiger Atrophiker einen höheren als der mit leidlichem Fettpolster. ausgestattete $3^1/_2$ monatige Säugling, des Verf. Fall IX (mager) einen höheren als der koetane Fall II (nicht mager); aber man findet andererseits bei Meeh den zweithöchsten Wert bei einem „sehr kräftigen" Individuum, bei Lissauer einen $3^1/_2$ monatigen fetten Säugling mit höherem m als einen $3^1/_4$ monatigen abgezehrten, bei Kastner den nicht abgemagerten Fall 6 mit höherem m als den nach starker Macies verstorbenen Fall 4 usw. Man gewinnt bei der Sichtung dieser Daten den Eindruck völliger Regellosigkeit und wird den Verdacht nicht unterdrücken können, daß die nicht immer hinreichend festgelegten und berücksichtigten Fehlergrenzen der verschiedenen Methoden dies verschulden. Es ist aber nicht von der Hand zu weisen, daß bei den vermeinten pathologischen Prozessen tatsächlich eine Beeinflussung des Gewichtsoberflächenverhältnisses vorkommt, und zwar durch verschiedene Umstände und zum Teil nach verschiedener Richtung.

Man wird davon hier sub „Körperform" einen besonders zu berücksichtigen haben. Um zu zeigen, in welchem Sinne die äußere Form den Wert von m unter Ausschaltung aller störenden Nebenumstände beeinflußt, wurden in die Tabelle VIII auch die m-Werte[1] einiger geometrischer Gebilde aufgenommen. Es zeigt sich, daß die Kugel mit 4,836 einen sehr niedrigen Wert erreicht; es ist der überhaupt denkbar niedrigste[2]. Man weiß, daß die Form der Seifenblase — in

---

[1] Hier Volumen statt Masse gesetzt.

[2] Deshalb kann die Vierordt - Meehsche Maßzahl für den Körper des Frosches, dessen spezifisches Gewicht nicht viel größer ist als 1, unmöglich 4,62 ausmachen, wie von Rubner angegeben wird, sondern sie muß erheblich größer sein. Ein Oberflächengewichtsindex von 4,62 käme einer Kugel zu aus einem Material von der Dichte $\dfrac{6\sqrt{\pi}}{4{,}62^{3/2}} = 1{,}071$. In der Tat beruht die als irrtümlich sogleich in die Augen fallende Angabe auf einem Rechenfehler (4,62 statt 9,92).

gewissem Maße aber wohl auch jene der Schädelkapsel, jene des Eies und mancher anderer organischer Gebilde — bestimmt wird durch die Forderung möglichst kleiner Oberfläche (möglichst wenig Hüllmaterial, möglichst geringer Wasserverlust, möglichst kleine Angriffsfläche äußerer Schäden!) bei möglichst großem Rauminhalt. Je mehr sich die Körpergestalt von jener der Kugel entfernt, desto größer muß die relative Oberfläche, also das m werden. Deshalb ist bei vollen, runden Körperformen ein niedriges, bei schlanker, hagerer Gestalt, bei Macies usw., ein hohes m zu gewärtigen. Wenn die Regel in den gewonnenen Daten nicht gesetzmäßig zum Ausdruck kommt, dann müssen Nebenumstände (siehe unten) im Spiele sein.

3. Von der inneren Konstitution des Körpers ist bei ihrem notorisch geringen Einfluß auf die Körperdichte ein erheblicher Einfluß auf den m-Wert nicht zu erwarten und auch nicht ersichtlich.

4. Das Lebensalter beeinflußt in gesetzmäßiger Weise die absoluten Maße einerseits und die Körperformen andererseits. Ersteres kann auf eine korrekt gewonnene Maßzahl keinerlei Einfluß haben; eine solche sind gemäß den Ausführungen auf S. 58 die Koeffizienten nach Vierordt-Meeh, Stöltzner-Miwa und Lissauer im Gegensatze zu jenem nach Howland-Dana. Letzteres müßte bei der fortschreitenden Streckung des menschlichen Körpers im Laufe des Wachstums (siehe S. 45) den m-Wert allmählich steigern. Ohne Zweifel entfernt sich die Form des Adoleszenten mehr von der Kugelgestalt als jene des normalen Säuglings. Ordnet man die m-Werte der Tabelle VIII in einer geeigneten graphischen Darstellung nach dem Alter an, so findet man in der Tat im großen und ganzen beim Menschen sowie beim Hunde etwas ansteigende Werte. Besonders in Sytscheffs Reihe findet während der Kindheit ein ziemlich deutlicher Anstieg der m-Werte von etwa $9\frac{1}{2}$ auf $11\frac{1}{2}$ statt. Camerer empfiehlt auch zur Verwendung im Kindesalter einen m-Wert von 11,97 gegenüber dem Meehschen Mittel für Erwachsene von 12,31. Die der Regel vom Alterseinfluß widersprechenden Einzelfälle sind allerdings auch recht häufig; durchgreifende Gesetzmäßigkeit fehlt auch hier.

Nach Lissauer ist nicht nur diese Konstante für das Säuglingsalter viel zu groß, sondern auch jene Camerers; selbst bei Verwendung eines weit kleineren, nämlich des kleinsten aller von Meeh angetroffenen Koeffizienten (11,02) findet Lissauer die berechnete Oberfläche noch um 100—250 qcm zu groß. Bei einem ziemlich altersgemäß proportionierten Säugling errechnete er so 2698 qcm Oberfläche und ermittelte direkt einen Wert von 2164 qcm. Der Fehler beträgt etwa 24 %.

Die Bedeutung der nach Lebensalter schwankenden Körperform für den m-Wert wird vielleicht noch dadurch beleuchtet, daß beim Meerschweinchen, das in der Jugend schlanker als in mittlerem und höherem Alter sein soll, das m im Laufe des Lebens im allgemeinen anscheinend absinkt. Dies hat Thomas gefunden; Kettners Daten bestätigen es im großen und ganzen. Auch Verf. fand bei Tieren unter 200 g Körpergewicht m zwischen 10 und 11, bei Tieren über 200 g m zwischen $8\,^1/_2$ und 9.

5. **Die Beschaffenheit der Körperoberfläche.** Je nach Umständen findet man die Haut an der Körperoberfläche glatt, gespannt oder fein gerunzelt oder gar grobfaltig — letzteres besonders bei gewissen Graden von Abmagerung und gleichzeitigem Elastitizätsverlust. Da bei allen üblichen Messungsverfahren der Oberfläche am Körper Falten verschiedenen Kalibers, jedenfalls aber selbst bei subtilstem Vorgehen kleinere Runzeln überbrückt werden, so kann unter den besagten Umständen die Körperoberfläche kleiner gefunden werden als sie (anatomisch) tatsächlich ist, der berechnete m-Wert also zu niedrig. Auf diesen Umstand hat, wie erwähnt, namentlich Schlossmann hingewiesen.

Verf. meint, daß nicht jede Abmagerung zu Runzel- oder Faltenbildung führen müsse, selbst dann nicht, wenn eine Massenreduktion der Körperdecken als Teilerscheinung der allgemeinen Atrophie völlig ausbleiben würde. Die (im Kindesalter besonders hohe) Elastizität der Haut ermöglicht, daß diese sich bei allmählich fortschreitender Abmagerung zunächst gleich einem Gummibande ohne jede Faltung der verminderten Körperfülle anpasse. Die Oberfläche vermindert sich dann nur im natürlichen vorbestandenen Verhältnis zum Körpergewichte und die Relation $O : P^{2/3}$, also das m wird eine Änderung nicht erfahren, weder wirklich noch scheinbar (erstes Stadium). In weiteren Graden der Abnahme oder bei Verlust der Elastizität kommt es dann in ausgedehntem Maße zur Bildung feiner, in der nächsten Nähe oder mit der Lupe wahrnehmbarer Runzeln, wie sie bei Erwachsenen an vielen, bei Kindern nur an gewissen Körperstellen schon in der Norm bestehen. In diesem zweiten Stadium wird man die anatomische Oberfläche bei Anwendung des Deckverfahrens und damit das m kleiner finden als gehörig. Weiteres Abschmelzen von Körpermasse führt dann dazu, daß sich die Haut in die Lücken des Skelettes hineinbuchtet und da und dort auch greifbare Falten bildet. In diesem dritten Stadium besteht hinsichtlich der anatomischen Verhältnisse tatsächlich die Gefahr grober Täuschung durch die üblichen Messungsverfahren. Es wird hier sehr sinnfällig, daß sich

Hautfläche und Körperoberfläche nicht decken. Aber auch ein Übermaß von Hautfett kann zur Bildung abnormer Staufalten und damit zu Täuschungen führen.

Es mag sein, daß die durch Faltenbildung bewirkte Verkleinerung des Koeffizientenwertes bei atrophischen Säuglingen der nach Punkt 2 zu gewärtigenden Vergrößerung da und dort entgegenwirkte. Es kommt hierbei naturgemäß sehr auf die Technik des Vorgehens im einzelnen an. Aber auch bei glatten Körperdecken ist von erheblichem Einfluß

6. die Methode der Erhebung und ihre Handhabung. Die überwiegende Bedeutung dieses Momentes ist einmal daraus ersichtlich, daß die m-Werte je nach Methodik und Autor ceteris paribus in sehr verschiedenem Maße Streuung zeigen. Die mittlere Abweichung des Einzelfalles (Oszillationsexponent nach Ihering) beträgt in der m-Reihe von Meeh sowie in jener von Lissauer 0,5, in der des Verf. trotz des heterogenen Materiales 0,24, die Breite zwischen Minimum und Maximum bei Meeh (16 Fälle) 2,89, bei Lissauer (12 Fälle) 3,48, bei Verf. (12 Fälle) 1,01. Ferner spricht dafür der Umstand, daß die mittlere Lage der Werte (beurteilt an einem geeigneten Diagramm) nach der Methodik recht deutlich variiert. Sie ist bei Meehs Verfahren, wie erwähnt, nicht unbeträchtlich höher als bei jenem von Lissauer und jenem des Verf. (persönliche Handhabung).

7. Die Körperdichte. Der Vierordt-Meehsche Koeffizient wird heute allgemein nach der oben zitierten Formel $m = O \cdot P^{-2/3}$, also aus der Oberfläche und dem Körpergewicht berechnet. Dieses Vorgehen ist aber nicht korrekt. Denn mit der Oberfläche läßt sich zunächst nur das Körpervolumen (V) in Vergleich setzen. Die Formel heißt also richtig: $\mu = O \cdot V^{-2/3}$. Nur weil das Körpergewicht viel leichter und genauer bestimmbar ist als das Körpervolumen, hat man letzteres durch ersteres ersetzt. Solches Vorgehen ist natürlich nur dann annehmbar, wenn die Körperdichte (d) 1 beträgt, oder ihre Abweichung von diesem Werte innerhalb der übrigen in Betracht kommenden Fehlergrenzen liegt. Mit bemerkenswerter Sorglosigkeit wurde über diesen Punkt hinweggegangen; eine Prüfung der Verhältnisse liegt m. W. nicht vor; Verf. unternimmt sie hier und verwendet Säuglingsmaterial, weil nur über solches brauchbare Bruttodichtebestimmungen vorliegen.

Da $m = O \cdot P^{-2/3} = O \cdot V^{-2/3} d^{-2/3}$ und $\mu = O \cdot V^{-2/3}$, so ist $\mu = m \cdot d^{2/3}$, d. h. der Wert für den (korrekten) Oberflächenvolumenindex wird erhalten, indem man den Vierordt-Meehschen Oberflächengewichtsindex mit dem Körperdichtenmaß in der Potenz $2/3$ multipliziert.

Die Bruttokörperdichte von Säuglingen variiert nach Kastners Ermittlungen ziemlich stark; sie betrug beispielsweise bei den normalen Säuglingen zwischen 0,9156 und 1,0676, bei den Atrophikern zwischen 0,9115 bis 1,0682. Hiernach wäre

beim spezifisch leichtesten der normalen Säuglinge $\mu = 0,9156^{2/3} \cdot m = 0,9429\,m$
beim spezifisch schwersten der normalen Säuglinge $\mu = 1,0676^{2/3} \cdot m = 1,0446\,m$
beim spezifisch leichtesten der atrophischen Säuglinge $\mu = 0,9115^{2/3} \cdot m = 0,9401\,m$
beim spezifisch schwersten der atrophischen Säuglinge $\mu = 1,0682^{2/3} \cdot m = 1,0450\,m$

oder wenn der in der üblichen Weise aus dem Körpergewichte berechnete Wert des Vierordt-Meehschen Index z. B. $m = 10$ gewesen wäre, so würde der richtige Wert betragen: bei normalen Säuglingen 9,429 bis 10,446 und bei atrophischen Säuglingen 9,401 bis 10,450.

Hieraus ist ersichtlich, daß die beim gebräuchlichen Vorgehen (nämlich ohne Berücksichtigung der Dichte) gemachten Fehler in beiden Kategorien bis zu 6% nach unten und bis zu $4^{1}/_{2}$% nach oben betragen können. Die Gesamtfehlerbreite ist rund 10%. Bei Einschluß der Neugeborenen wächst diese Fehlerbreite aber für normale Kinder des ersten Lebensjahres auf über 20% an. Genau dasselbe Maß erreichen natürlich die Fehler bei der Berechnung der Oberfläche nach dem üblichen Verfahren unter Zugrundelegung der Vierordt-Meehschen Formel selbst bei Verwendung der jeweils günstigsten Konstante.

Bei dieser Fehlerberechnung ist die Voraussetzung gemacht, daß der die Dichte beeinflussende Faktor nicht etwa gleichzeitig einen kompensierenden Einfluß auf die Relation $O : V^{2/3}$ übt. Verf. hat an der Hand des Kastnerschen Materiales in einer früheren Publikation gezeigt, daß für die Dichte des Säuglingskörpers Schwankungen in dem Gasgehalte der Körperhöhlen weit maßgeblicher sind, als konstitutionelle Momente. Um zu prüfen, ob die vermeinte Kompensation statthat, wurde deshalb folgender Versuch angestellt: An der Leiche eines Säuglings wurde nach dem oben angegebenen neuen Verfahren die Oberfläche O, das Gewicht P und nach der Wassertauchmethode das Bruttovolumen V bestimmt. Dann wurde durch Punktion und Sondierung in den Verdauungstrakt des Kindes eine gewisse Menge Luft eingebracht und die Oberfläche O' sowie das Volumen V' neuerdings bestimmt. Das Gewicht P' hatte naturgemäß keine Veränderung erfahren. Die Werte waren:

$$O = 1971 \text{ qcm}, \; V = 2575 \text{ ccm}, \; P = 2740 \text{ g},$$
$$O' = 2055 \text{ qcm}, \; V' = 2840 \text{ ccm}, \; P' = 2740 \text{ g}.$$

Es berechnet sich die Bruttodichte vor (d) und nach (d') der Blähung:

$$d = 1{,}024 \,,$$
$$d' = 0{,}965 \,,$$

der Vierordt-Meehsche Koeffizient vor (m) und nach (m') der Blähung

$$m = 10{,}06 \,,$$
$$m' = 10{,}50 \,,$$

der Oberflächen-Volumenkoeffizient vor (μ) und nach (μ') der Blähung:

$$\mu = 10{,}23 \,,$$
$$\mu' = 10{,}25 \,.$$

Ein zweiter analoger Versuch ergab folgende Daten:

$$O = 1838 \text{ qcm}, \quad V = 2030 \text{ ccm}, \quad P = 2000 \text{ g} \,,$$
$$O' = 1917 \text{ qcm}, \quad V' = 2175 \text{ ccm}, \quad P' = 2000 \text{ g} \,,$$
$$d = 0{,}9852, \quad m = 11{,}58, \quad \mu = 11{,}47 \,,$$
$$d' = 0{,}9195, \quad m' = 12{,}08, \quad \mu' = 11{,}42 \,.$$

Die Gasblähung (bis zu dem bewerkstelligten Umfang), der wichtigste Faktor für die Bruttodichte des Säuglingskörpers ist also ohne Einfluß auf die Relation $O : V^{2/3}$; somit bleibt das oben erhobene Bedenken gegen die Verwendung von Gewicht statt Volumen aufrecht.

Man ersieht aus diesen Zahlen auch, daß eine mäßige Blähung der Eingeweide den Wert von m um etliche Prozent (hier 4—5%) erhöht, während der Oberflächen-Volumenkoeffizient (μ) unbeeinflußt bleibt.

Dem Gesagten zufolge wurde neben dem Oberflächen-Gewichtskoeffizienten m für die auf Tabelle VI mitgeteilten Messungen an Säuglingen auch der Oberflächen-Volumenkoeffizient μ berechnet. Diese von dem Gasblähungsfehler freie Maßzahl zeigt erwartungsgemäß eine geringere Schwankungsbreite. Die Differenz der mittleren Abweichung in beiden Reihen ist keine große, weil starke Blähung bei keinem der untersuchten Säuglinge vorlag.

Zusammenfassung der Erhebungen über den Meeh-Vierordt-schen Koeffizienten.

1. Die Schwankungen dieses Koeffizienten sind nicht allein in den Einzel-, sondern auch in den Mittelwerten der verschiedenen Untersucher, nicht allein bei einem von krankhaften Abartungen der Körperform und Körperbeschaffenheit durchsetzten, sondern auch bei einem in dieser Hinsicht annähernd artgemäßen und bezüglich des Lebensalters ziemlich einheitlichen Material beträchtliche. Wer die Oberfläche nach der Vierordt-Meehschen Formel berechnet, läuft somit Gefahr, von der wahren Oberflächengröße erheblich, bis zu 20%, abweichende Werte zu gewinnen.

Die mittels der von Camerer (nach Meeh) für das Kindesalter empfohlenen Konstante $m = 11{,}97$ berechneten Oberflächenwerte der vier in ihrer Körperform nicht wesentlich von der Norm abweichenden Säuglinge Fall II, VI, VIII und XIII der Tabelle VI betragen 2234, 3846, 3387, 2448 qcm. Vom Verf. wurden nach der wohl zuverlässigsten neuen Deckmethode direkt ermittelt folgende Werte: 1838, 3260, 2911, 2484 qcm. Die Differenz beträgt: 396, 604, 476, 364 qcm oder in Prozenten des direkt ermittelten Wertes: 21,5, 18,5, 16,4, 14,7%.

2. Die besagten Schwankungen des Vierordt-Meehschen Koeffizienten sind weniger durch Besonderheiten der Körperform, der Hautdecken, der äußeren oder inneren Konstitution, des Alters, der Spezies bedingt, als durch Mängel der Methodik der direkten Oberflächenermittlung.

Von den erstgenannten Momenten kann erhebliche Faltung der Haut und Blähung der Eingeweide eine größere Rolle spielen. Den durch wechselnde Blähung bedingten Fehler auszuschalten ist möglich, wenn man in die Oberflächenformel an Stelle des Gewichtes P das Volumen V des Körpers und an Stelle des Oberflächengewichtsindex m den Oberflächenvolumindex μ setzt. Da es sich hier um das Bruttovolumen des Körpers handelt, genügt zur Ermittlung die übliche handliche Wassertauchmethode. Werte für den Koeffizienten μ bei Säuglingen siehe Tabelle VI, Stab 20.

3. Bei Anwendung einer erheblich modifizierten Methode der Oberflächenmessung am Säuglingskörper wurden einheitlichere Werte für den Meeh-Vierordtschen Koeffizienten gewonnen. Diese bewegen sich einschließlich alles hochgradig pathologischen Materiales in einer Reihe von 12 Fällen zwischen 9,85 und 10,84[1]). Die Abweichungen betragen also nicht ganz eine Einheit — gegen $3^{1}/_{2}$ Einheiten in einer vergleichbaren Reihe Lissauers.

Die Abweichungen des Oberflächenvolumenindex betragen nur $^{3}/_{4}$ Einheiten.

4. Der für des Verf. Reihe optimale Wert des Vierordt-Meehschen Koeffizienten für Säuglinge beliebiger Beschaffenheit beträgt 10,33, für Säuglinge von annähernd physiologischer Körperfülle 10,17. Verf. pflichtet somit der Ansicht Lissauers bei, daß die in den Lehrbüchern angegebenen und vielfach auch zur Gewinnung von Standardzahlen des Säuglingsstoffwechsels verwendeten Werte von $m = 12{,}3$ oder $11{,}97$ für diese Zwecke zu hoch sind.

5. Bei Verwendung beliebiger, aber auch möglichst angepaßter Koeffizienten wird man sich der Fehlerquellen der Oberflächenberechnung aus ganz wenigen Körpermaßen bzw. dem Körpergewichte allein bewußt bleiben müssen.

---

[1]) Ausschließlich des pathologischen Materiales zwischen 9,85 bis 10,44.

B. Die übrigen Koeffizienten.

Zur Berechnung der Körperoberfläche aus anderen leicht zu erhebenden Körpermaßen gilt in den meisten Punkten mutatis mutandis dasselbe was im vorstehenden gesagt wurde.

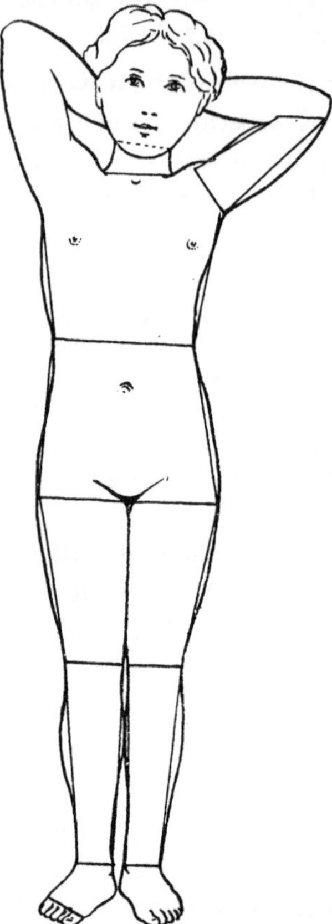

Fig. 9. Schema zur Zerlegung der Körperoberfläche in geometrische Bezirke. (Nach einer Figur nach Stratz.)

Die optimalen Werte des Stöltzner-Miwaschen Koeffizienten k und des Lissauerschen o betragen für des Verf. Reihe 3,98 bzw. 38,65 (12 Säuglinge beliebiger Körperbeschaffenheit) oder 3,98 bzw. 36,98 (4 Säuglinge von annähernd normaler Körperfülle). Die neuen k-Werte weichen von den früher empfohlenen erheblich ab, weil diese gleich den gebräuchlichsten m-Werten auf die hohen Oberflächenzahlen der zwei Meehschen Säuglinge gestützt sind. Hingegen nähert sich der optimale o-Wert in des Verf. Reihe dem von Lissauer für normal gebaute Säuglinge empfohlenen ($o = 37$).

Neue Methode zur Berechnung
der Körperoberfläche.

Obigen Darlegungen zufolge besteht trotz aller dem Problem zugewandten Aufmerksamkeit das Bedürfnis nach einer mit schmaler Fehlergrenze arbeitenden Methode zur Berechnung der Körperoberfläche aus anderen Körpermaßen — insbesondere für Fälle, in denen die direkte Bestimmung durch das Deckverfahren untunlich oder zu zeitraubend ist. Verf. hat ein solches Verfahren auszuarbeiten versucht.

Prinzip.

Die Körperoberfläche setzt sich in der Hauptsache zusammen aus geraden Zylinder-[1]) und Kegelstumpfmänteln. Solche Flächen sind

---

[1]) „Zylinder" hier im weiteren Sinne gebraucht, nämlich unter Einbeziehung der Gebilde mit Grundflächen, die von der Kreisform abweichen, etwa oval, elliptisch oder eiförmig gestaltet sind.

geometrisch sehr einfach auszuwerten. Die Fläche des Zylindermantels beträgt $f = s \cdot u$ (Seitenhöhe mal Umfang); dieselbe Formel gilt für den geraden Kreiskegelstumpfmantel, wenn s die Mantelseitenhöhe und u den Umfang in der Stumpfmitte bedeuten. Von dieser Erwägung ausgehend hat Verf. ein Verfahren erprobt, wobei mehrere Umfang- und Höhenmaße am Körper des Probanden erhoben werden, aus denen sich nach obiger Formel die einzelnen Zylinder- und Kegelstumpfmantelflächen als Komponenten der Gesamtkörperoberfläche berechnen. Im einzelnen gestaltet sich das

Vorgehen

wie folgt: Es werden zur Abgrenzung der einzelnen Körperregionen zunächst mit dem Dermatographen markiert: Die Linie des Handgelenks, des Sprunggelenks, des Ellbogen-, Knie-, Schulter- und Hüftgelenks, die obere und untere Halsgrenzkontur und die Umfangshorizontale in der Höhe des Schwertfortsatzes, und zwar vom geometrischen (nicht vom anatomischen) Standpunkte aus derart, daß der Körper dadurch möglichst in besagte Zylinder- oder Kegelstumpfformen zerlegt wird, wie es etwa die beistehende Figur 9 andeutet. Dann werden mit einem Meßband folgende Maßpaare erhoben:

1. Länge des zweiten bis fünften Fingers (summiert) und mittlerer Umfang des vierten Fingers.
2. Länge und mittlerer Umfang des Daumens.
3.   ,,   ,,   ,,   ,, der Mittelhand, knapp oberhalb des Daumenansatzes.
4.   ,,   ,,   ,,   ,, des Unterarmes.
5.   ,,   ,,   ,,   ,, des Oberarmes.
6.   ,, der zweiten bis fünften Zehe (summiert) und mittlerer Umfang der vierten Zehe.
7.   ,, und mittlerer Umfang der großen Zehe.
8.   ,,   ,,   ,,   ,, des Mittelfußes.
9.   ,,   ,,   ,,   ,, des Unterschenkels.
10.   ,,   ,,   ,,   ,, des Oberschenkels.
11.   ,,   ,,   ,,   ,, des Unterleibes.
12.   ,,   ,,   ,,   ,, des Brustkorbes (mamillärer Umfang).
13. Länge und mittlerer Umfang des Penis.
14. Länge und mittlerer Umfang des Scrotum (dieses als Zylinder gedacht).
                                                           } bei Knaben.
15. Höhe und Umfang in der Mitte des Halses.

16. Höhe und mittlere Breite des äußeren Ohres (dieses rechteckig
    gedacht).
17. Horizontaler Stirnumfang, Nacken-Stirnumfang und Kinn-Hinter-
    hauptsumfang des Schädels.

Die Schädeloberfläche wird als Kugeloberfläche ausgewertet, wobei
eine Kugel angenommen wird, deren größter Umfang dem arithmetischen
Mittel zwischen den drei Schädelumfängen entspricht.

Bei der Erhebung dieser 35 Körpermaße in Millimetern darf — besonders bei mageren Individuen! — das Meßband nicht möglichst straff
angezogen, sondern muß zwanglos, locker angelegt werden. Die Schätzung der Höhe der einzelnen Gliederteile, an der sie ihren mittleren
Umfang erreichen und die nicht durchweg ihrer Längenmitte entspricht, kann dem Augenmaß überlassen bleiben. Die

Berechnung

der Körperoberfläche gestaltet sich sehr einfach, da nur die Glieder
jedes der 16 Maßpaare untereinander zu multiplizieren und diese Pro-
dukte zu summieren sind. Dazu kommt als Schädeloberflächenmaß der
Wert $\dfrac{u^2}{\pi}$, wobei u das arithmetische Mittel der drei erhobenen Um-
fänge ist.

Kritik des Verfahrens.

Das hier dargelegte Vorgehen wurde an den 12 Fällen der Tabelle VI
geübt, um das Ergebnis mit jenem der direkten Ermittlung nach der
modifizierten Deckmethode vergleichen zu können. Die Resultate des
ersteren Verfahrens sind in Stab 11 der Tabelle unterhalb der Werte
des letzteren Verfahrens mitgeteilt. Der Vergleich ergibt, daß die berechneten Werte durchweg etwas niedriger sind, als die direkt ermittelten. Die Abweichung der Körperformen von der angenommenen
Zylinder- bzw. Kegelstumpfform erklärt diese Differenz[1]). Sie ist im
ganzen gering, beträgt zwischen 16 und 90 qcm, im Mittel 60 qcm absolut oder zwischen 0,9 und 4,5%, im Mittel 2,6% des direkt ermittelten
Wertes. Hiernach zeigt sich diese Berechnungsmethode, wie zu erwarten war, da sie eine weit größere Anzahl von Körpermaßen des Einzel-

---

[1]) Nicht gewertet wird bei dem Verfahren die Oberfläche der Finger- und
Zehenkuppen, hingegen mitgewertet der durch den Halsansatz gedeckte Teil
der als Kugel gedachten Schädeloberfläche. Diese beiden Fehler dürften sich
gegenseitig annähernd aufheben. Die Oberfläche des äußeren Ohres ist beim
besagten Vorgehen, um der Faltung des Organes Rechnung zu tragen, doppelt
so groß angenommen als seiner Projektion in Rechtecksform entspricht.

falles berücksichtigt, den anderen Berechnungsmethoden an Genauigkeit
überlegen. Wenn sich das Zurückbleiben ihres Ergebnisses um durchschnittlich rund $2^1/_2 \%$ gegenüber dem wahren Werte an weiterem Material
bestätigt, dann könnte die Genauigkeit durch Zurechnung dieser $2^1/_2 \%$
zur gewonnenen Summe noch vermehrt werden. Messung und Rechnung erfordern nicht mehr als je etwa eine Viertelstunde; somit ist das
Verfahren auch verhältnismäßig wenig mühsam und zeitraubend.

Zum Begriff der „Körperoberfläche“

ist hier besonders mit Rücksicht auf die Ausführungen des nächsten
Kapitels noch an folgendes zu erinnern.

Der Begriff „Körperoberfläche“ weicht von den Begriffen
„Körpergewicht“, „Körperlänge“ usw. in einem wesentlichen
Punkte ab. Die Körperoberfläche ist in der Physiologie
nämlich überhaupt kein objektiver Begriff, sondern ein
durchaus subjektiver, konventioneller. Nur ideelle, geometrische Gebilde, wie etwa ein Würfel, eine Kugel, haben auch objektiv
eine Oberfläche, die aus linearen oder kubischen Maßen berechenbar
ist; bei realen Gebilden hingegen, wie beim menschlichen Körper, gibt
es ein Oberflächenmaß in diesem Sinne nicht. Man kann die Oberfläche
nicht nur nicht nach geometrischen Formeln objektiv berechnen, sondern auch gar nicht durch Messung limitieren. Selbst auf Grund
einer wenig genauen Wägung oder Messung kann man vom Körpergewicht
oder von dem Höhenmaß eines Individuums sagen, es müsse beispielsweise größer als 35 kg bzw. 140 cm, aber kleiner als 40 kg bzw. 150 cm
sein. Von der Oberfläche kann solche Grenzen niemand angeben, und
zwar nicht etwa nur darum nicht, weil die Fehlergrenzen der Bestimmung größer sind, sondern weil jede solche Bestimmung völlig subjektiv
ist. Die „Oberfläche“ des besagten Individuums wird vielleicht — nach
den bisher üblichen Methoden ermittelt — 1,5 qm betragen. Man
bräuchte aber nur andere, an sich genau ebenso berechtigte
Methoden anzuwenden, um sie zweimal so groß oder aber
zehnmal so groß zu finden. Es kommt hier nämlich nur darauf
an, inwieweit den Einzelheiten des Oberflächenreliefs Rechnung getragen
wird, bis zu welcher Grenze Details der Form, natürliche Faltungen, Ein-
buchtungen und Vorwölbungen Berücksichtigung finden. Ein Blick auf
beiliegende schematische Abbildung (Fig. 10) wird dies klarmachen.
Ein senkrechter Schnitt durch ein bestimmtes Stück Hautoberfläche
stellt dessen äußere Kontur in natürlicher Größe als gewellte Linie von

ca. 0,7 cm Länge (Fadenmessung) dar (Fig. 10a). Mit geeigneten Hilfsmitteln untersucht, sieht aber dieser Oberflächenquerschnitt so aus, wie es die Figur 10 unter b zeigt. Hier ist die Begrenzungslinie — ein Korrelat der Oberfläche — nach der Fadenmessung etwa 8,5 cm oder auf den Maßstab von a, nämlich auf 1/4,7 reduziert, etwa 1,8 cm lang. Bei

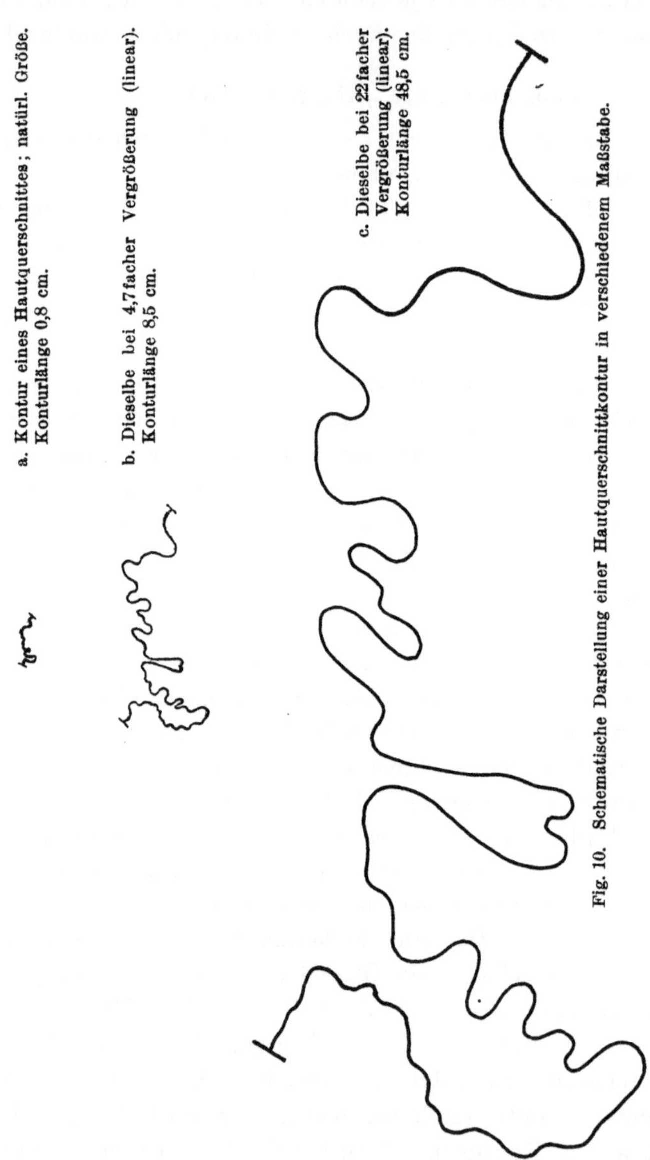

Fig. 10. Schematische Darstellung einer Hautquerschnittkontur in verschiedenem Maßstabe.

noch stärkerer Vergrößerung (c) ergibt sich eine Konturlänge von 48,5 cm oder, auf den Maßstab von a reduziert, von 2,2 cm. Durch Berücksichtigung der feineren Oberflächeneinzelheiten, die bei der ersten Messung einfach überbrückt wurden, kommt man nun auf ein 3,1 mal größeres absolutes Längenmaß, entsprechend einem rund 10 mal größeren Oberflächenausmaß[1]). Diese Einzelheiten — ob sie dem unbewaffneten Auge erkennbar seien oder nicht — spielen aber höchstwahrscheinlich mit bei den in Betracht kommenden physiologischen und physikalischen Eigenschaften und Aufgaben der Hautoberfläche. Hiernach kann man nie sagen: Die Oberfläche eines Körpers beträgt annähernd oder höchstens oder mindestens soundso viele Flächeneinheiten, sondern man kann nur sagen: Bei Verwendung einer bestimmten Methode, die Oberflächendetails bis zu der oder jener Größenordnung, nicht aber darüber hinaus berücksichtigt, gelangt man zu einem vergleichsweisen, relativen (keinem absoluten!) Flächenausmaße von soundso viel Einheiten. Merkwürdiger Weise wurde diesem Umstande — soweit Verf. sehen kann — in den bezüglichen Erörterungen noch niemals Rechnung getragen; vielmehr wurde mit dem Begriff „Körperoberfläche" fälschlicherweise stets in gleichem Sinne operiert, wie mit den Begriffen Körperlänge, Körpergewicht usw. Auf die praktische Seite dieser Erwägung wird noch zurückgekommen.

Bei der Oberflächenbestimmung mittels der Deckverfahren steckt die vermeinte Willkür in dem wechselvollen Anschmiegen des Deckmateriales an die Haut, ebenso bei dem Vorgehen mit Umrißzeichnung am Fell, bei den bisher üblichen Berechnungsmethoden aber in dem Koeffizientenwert, der aus ebensolchen· Bestimmungen abgeleitet wurde und bei dem Verfahren der Berechnung aus linearen Körpermaßen in der Beschaffenheit des Meßbandes und seiner Anwendungsweise.

---

[1]) Auf ganz analoge Verhältnisse stößt man beispielsweise bei der Ermittlung der Grenzen oder Küsten eines Landes. Der Flächeninhalt des Landes in seiner Horizontalprojektion kann streng objektiv limitiert werden, die Grenzlänge nicht.

Körpermaß-Studien an Kindern.

V. Vom energetischen Oberflächengesetz[1].

Das hier vermeinte Gesetz lautet in einer jüngst von sachkundiger Seite angegebenen Fassung dahin, „daß jedes ruhende Lebewesen[2] im Hunger oder bei gemischter Kost pro Quadratmeter Oberfläche die gleiche Wärmemenge abgibt". (Langstein-Meyer, 1914.)

Forscht man den Quellen des energetischen Oberflächengesetzes nach, so findet man sie nicht etwa in der wissenschaftlichen Produktion der letzten Jahre und Jahrzehnte, sondern weiter zurückliegend. In einer Abhandlung des Göttinger Naturforschers Karl Bergmann vom Jahre 1847 „Über die Verhältnisse der Wärmeökonomie der Tiere zu ihrer Größe", die u. a. dadurch bekannt wurde, daß sie die Begriffe und Bezeichnungen der „Homöothermie" und „Poikilothermie" (anstatt Warm- und Kaltblütigkeit) einführte, findet man Darlegungen, die einem energetischen Oberflächengesetze und seinen bedeutsamen Konsequenzen für die Ernährungslehre in aller Klarheit Ausdruck geben.

Man liest in dieser Broschüre gleich hinter den einleitenden Sätzen folgendes:

„Für den Grad von Wärme (recte Temperatur, Verf.), um welchen ein Tier sich über seine Umgebung zu erheben vermag, ist das Verhältnis seines Volumens zu seiner Oberfläche natürlich von größter Wichtigkeit.

Die Oberfläche ist ein einfacher und genau zu ermittelnder Faktor für die Wärmeverluste, dessen Wert, zusammengenommen mit der Beschaffenheit dieser Oberfläche (Bedeckung mit Haaren usw.), der Differenz zwischen Temperatur des Tieres und des umgebenden Mediums und Beschaffenheit dieses Mediums (ob es Luft oder Wasser ist) die Wärmeverluste bestimmt.

Das Volumen des Tieres dagegen wird als ein Maß für die mögliche Wärmebildung betrachtet werden können . . .

---

[1] Als Anhang zum Kapitel IV.

[2] Gemeint sind aber jedenfalls nur tierische Lebewesen und von diesen wohl nur Wirbeltiere.

Nun vergrößern oder vermindern sich ja der kubische Inhalt von Körpern und die Ausdehnung ihrer Oberfläche nicht nach demselben Verhältnisse, sondern, wenn wir die einzelnen Dimensionen eines Körpers z. B. sämtlich im Verhältnisse von 1 zu 2 vergrößern, so wächst die Oberfläche von 1 zu 4 und der kubische Inhalt von 1 zu 8.

Es ist also entschieden, daß die Tiere, je größer sie sind, um so weniger Wärme im Verhältnis zu ihrer Größe zu bilden brauchen, um eine gewisse Erhöhung ihrer Temperatur über die der Umgebung zu gewinnen.

Dieses Gesetz muß von großem Einfluß auf die Lebensweise der warmblütigen Tiere sein. Wollten wir ein Tier bloß nach allen Dimensionen gleichmäßig vergrößern, in demselben Verhältnisse seine respiratorischen Funktionen steigern, und dabei die äußeren Bedingungen der Wärmeableitung (Pelz u. dgl.) dieselben sein lassen, so würde das Tier wärmer werden müssen."

Bergmann zeigt nun, daß ein solches „Wärmerwerden" oder unter entgegengesetzten Bedingungen ein „Kälterwerden" nicht eintritt, daß vielmehr die Körpertemperatur der Homöothermen annähernd konstant ist und eine starke Temperaturschwankung im allgemeinen mit der Fortdauer des Lebens nicht vereinbar ist. Wenn das zutrifft, muß nach der besagten einfachen geometrischen Beziehung die Größenveränderung eines Tieres hinsichtlich ihrer Wirkung auf den Wärmehaushalt Ausgleich finden durch die Veränderung anderer in dieser Richtung maßgeblicher Umstände. Bei Verkleinerung eines Tieres beispielsweise müßte nach Bergmanns Ausführungen die Wärmeerzeugung pro Volumeneinheit, die „spezifische Wärmebildung" ansteigen oder der Wärmeverlust pro Oberflächeneinheit („spezifischer Wärmeverlust") absinken. Ersteres könnte, sofern das besagte Maximum der spezifischen Wärmebildung noch nicht erreicht ist, zustande kommen durch stärkere Arbeitsleistung und größere Nahrungsaufnahme, letzteres durch stärkere Umhüllung der Körperoberfläche mit einem Haar- oder Federkleid, durch Aufenthalt in einem höher temperierten oder schlechter wärmeleitenden Medium. Eine weitere Möglichkeit des Ausgleiches ergibt sich durch Proportions- oder Gestaltsveränderungen. Durch solche kann die auf die Volumeneinheit entfallende Zahl der Oberflächeneinheiten Veränderungen erleiden. Bergmann bringt im folgenden Texte zahlreiche Beispiele aus der ganzen Reihe der homöothermen Tiere, die geeignet sind, die Beziehungen von Körpergröße und Körperform, sowie Oberflächenbeschaffenheit zur Lebensweise, zur geographischen Verbreitung der Arten usw.

6*

im Sinne jener Forderungen zu erläutern; er versucht also anatomische und physiologische Charaktere von dem besagten geometrischen Gesetz abzuleiten. Er weist beispielsweise darauf hin, daß die kleinsten homöothermen Tiere, die Kolibris, einerseits sehr gefräßig sind und sich der am meisten Muskelarbeit fordernden Bewegungsart, nämlich des Fluges, bedienen, daß sie anderseits ein dichtes und für den Wärmeschutz besonders geeignetes Federkleid besitzen, auch in den Tropen leben. Hingegen leben die größten Homöothermen, die Wale, im Norden und im Wasser, in dem die Fortbewegung bei geeignetem Körperbau kraftsparend und die Wärmeableitung stärker ist als in der Luft; sie haben auch nackte Körperoberflächen.

Vergegenwärtigen wir uns noch einmal aus den Gedankengängen Bergmanns die hier bedeutsamen Punkte: Die Körperoberfläche „bestimmt ceteris paribus[1]) die Wärmeverluste" des Körpers (S. 9); durch jede Körperoberflächeneinheit bei Mensch und Tier geht in der Zeiteinheit eine bestimmte Wärmemenge verloren. Dieser Wärmeverlust ist eine physikalische Notwendigkeit. Die Körpertemperatur der homöothermen Tiere — daher dieser von Bergmann (S. 21) gewählte Name — ist in der Norm konstant. Hiernach muß ein Ersatz der durch die Oberfläche verlorengehenden Wärme fortdauernd statthaben. Die Wärmebildung ist eine Funktion des Volumens der Tiere. Da nun bei proportionaler Verkleinerung des Tierkörpers das „wärmebildende Volumen in stärkerem Maße abnimmt, als die wärmeverlierende Oberfläche" (S. 27), gestalten sich die Ökonomieverhältnisse bei solcher Verkleinerung ungünstiger. Die so bedrohte Energiebilanz wird u. a. durch stärkere Nahrungsaufnahme[2]) und durch Erhöhung der respiratorischen Arbeit der Gewichtseinheit[3]) erhalten. „Auch muß der Qualität der Nahrung immer Rechnung gehalten werden, da es ja scheint, als wenn namentlich fetthaltige Nahrungsmittel in Beziehung auf Wärmebildung viel größere Gewichte anderer Nahrungsmittel, besonders der stickstoffhaltigen zu vertreten vermöchten" (S. 43).

Man wird in diesen mehr als zwei Menschenalter zurückdatierenden Ausführungen gesagt, begründet und mit einer Fülle von Argumenten

---

[1]) Die cetera sind hier nach Bergmann besonders: Beschaffenheit der Hautoberfläche, Wärmeleitung und Temperaturgefälle nach der Umgebung.

[2]) „Es scheint behauptet werden zu können, daß die kleineren Tiere im allgemeinen verhältnismäßig zu ihrem Körper mehr fressen." (S. 10.)

[3]) „Ein Gramm eines großen Tieres muß im allgemeinen weniger atmen als ein Gramm eines kleineren." (S. 10.)

belegt — nicht etwa bloß vermutet — finden, was noch heute vielen als das energetische Oberflächengesetz gilt. Bergmann wird bei der Diskussion dieser Fragen wohl da und dort zitiert und Magnus-Levy benennt auch jenes Gesetz nach ihm; dennoch wird vielleicht mancher bei der Lektüre von Bergmanns interessantem Aufsatz den Eindruck gewinnen, man sei dem Autor nicht immer völlig gerecht geworden. In einigen Punkten hatte übrigens wohl auch Bergmann seine Vorläufer[1]).

Der stereometrische Lehrsatz, den Bergmann hauptsächlich zum Zwecke herangezogen hat, um wechselnde Verhältnisse der Wärmeökonomie bei kleinen und großen Tieren verschiedener Art zu erläutern, kann naturgemäß auch auf junge und erwachsene Tiere derselben Spezies Anwendung finden und hier eine allgemeine und präzisere Fassung erhalten. Gleichbleibende Statur und Dichte des Körpers vorausgesetzt, beträgt die Körperoberfläche O bei einer Körperlänge L $O = k \cdot L^2$, das Körpergewicht $P = k' \cdot L^3$, die physiologische Relation zwischen Körperoberfläche und Gewicht also

$$\frac{O}{P} = \frac{k \cdot L^2}{k' \, L^3} = k'' \cdot \frac{1}{L} \, ;$$

d. h.: Die auf die Gewichtseinheit des Körpers entfallende Oberfläche ist der Körperlänge verkehrt proportional. Wenn die Körperlänge das Doppelte, das Dreifache ihres Anfangswertes erreicht, dann entfallen auf eine Gewichtseinheit nur mehr $1/2$ bzw. $1/3$ soviel Oberflächeneinheiten. Auf 1 kg Körpergewicht weist der Neugeborene nach Vierordt und Meeh in der Tat nicht ganz einen Quadratdezimeter Oberfläche auf, das Vierjährige nur mehr einen halben, das Vierzehnjährige nur mehr einen drittel Quadratdezimeter und der Erwachsene noch etwas weniger. Sohin muß das Wachstum als solches nach dem Oberflächengesetz eine beträchtliche Begünstigung der Energiebilanz mit sich bringen.

Seit vielen Jahren erläutert Verf. im Kolleg seit Bergmann verbreitete Ansichten über die Ungunst des Energiehaushaltes bei Neugeborenen und bei Frühgeborenen sinnfällig durch Vorweisung von acht Würfeln (Dichte und Seitenlänge = 1 angenommen); diese haben zu einem großen Würfel vereint eine Oberfläche von $6 \times 4 = 24$ und ein Gewicht von 8, also pro Gewichtseinheit eine Oberfläche von 3. Der gleichgestaltete, nur kleinere Einzelwürfel hingegen hat eine Oberfläche = 6 und ein Gewicht = 1, also pro Gewichtseinheit eine Ober-

---

.[1]) Siehe bei v. Hösslin. Diesem zufolge will Rameaux die These von der $P^{2/3}$-Proportion der Wärmebildung schon 1838 der Belgischen Akademie vorgelegt haben.

fläche von 6. Als warmblütiges Lebewesen gedacht, würde der Würfel nach dem Oberflächengesetz bei seinem Wachstum auf doppelte Seitenlänge mithin pro wärmeproduzierende Masseneinheit seine wärmeabgebende Oberfläche auf die Hälfte verkleinern, seinen energetischen Haushalt also doppelt so günstig gestalten. Daß der Körper des Menschen eine andere Gestalt hat als der Würfel, ändert prinzipiell an diesen Verhältnissen nichts.

Jahnke und Pick sind anscheinend noch im Jahre 1913 der Meinung, daß besagte Anwendung des stereometrischen Lehrsatzes auf Kraftwechselfragen der Ärztewelt neu sei; sie fügen diesem Irrtum einen weiteren hinzu mit ihrer Ansicht, das Problem der Säuglingssterblichkeit sei nach solcher Erwägung ohne weiteres auf „rein physikalische" Gründe zurückzuführen.

Die nahegelegte teleologische Erwägung, ob in der vermeinten steten Begünstigung des Energiehaushaltes durch das Wachstum etwa auch eine Art von „Zweck" des Wachstums zu sehen wäre, ist wohl verfehlt oder mindestens unfruchtbar. Manchen wird es nach dem Gesagten aber „plausibel" erscheinen, daß es für die absoluten Körperdimensionen eines zu selbständiger Existenz befähigten Warmblüters eine gewisse verhältnismäßig enggesteckte untere Grenze gibt und daß bei jüngsten Tieren vielfach natürliche Brutpflegeeinrichtungen getroffen sind, die teils auf dem Wege der sog. Wärmezufuhr, teils auf dem Wege der Minderung der Ernährungs-Regiekosten den Energiehaushalt des jugendlichen Organismus unterstützen. Daß die großen Tierarten allgemein eine in dieser Hinsicht weniger ausgebildete Brutpflege hätten als die kleinen Arten, geht aber aus Mitchells reichem Material an Daten nicht hervor.

Bergmanns Abhandlung enthält fast keine Zahl; insbesonders Daten über den Wärmeverlust und exakte Bestimmungen der Körperoberfläche o. dgl. standen ihm natürlich nicht zur Verfügung. Er baute seine Schlüsse vorwiegend auf physikalische Grundsätze, auf logische Erwägungen und zahlreiche naturwissenschaftliche Beobachtungen auf. Im Anfang war hier offenbar der Gedanke, dem die „Tat" erst nachfolgte. Die zahlenmäßige Gültigkeit des Oberflächengesetzes ganz unzweideutig als erster aufgewiesen zu haben, ist nach einer anscheinend recht gewissenhaften historisch-kritischen Prüfung durch den ersten pädiatrischen Energetiker Camerer sen.[1] das Verdienst Vierordts (Physiologie des Kindes, 2. Aufl. 1881). Freilich ließen dessen Zahlen noch vieles zu wünschen übrig. Erst nach Ausbildung der Technik des respiratorischen Stoffwechselversuches konnte hier allmählich etwas höheren Anforderungen Rechnung getragen werden. Man weiß, daß besonders Rubner alle einschlägigen Fragen mit Umsicht und enormem Arbeitsaufwand behandelt hat.

Die jüngste Zahlenreihe, die Rubner unter Bezugnahme auf das Oberflächengesetz beibringt (1908, S. 149), ist folgende.

---

[1] Jahrbuch f. Kinderheilkunde **66,** 182.

Spezies.	Tägliche Wärmeerzeugung im Körper. „Calorien pro 1 qm Oberfläche bei etwa 15° Lufttemperatur, absoluter Ruhe des Tieres, Erhaltungsdiät und normalem Körperzustand." Dieser Wert wird vom Verf. im folgenden mit „a" bezeichnet.
Schwein	1078
Mensch	1042
Hund	1039
Kaninchen	917
Maus	1188
Meerschweinchen	1246
Katze	1039
Pferd	1085
Rind	1085

Hiernach müßte man die Übereinstimmung, von der das Oberflächengesetz spricht, im allgemeinen eine gute finden. Es liegen allerdings Abweichungen von bis zu 36% vor — sogar bei ziemlich nahe verwandten Tieren wie Kaninchen und Meerschweinchen — andererseits aber Näherungen, ja höchst überraschende Identitäten, so bei Hund und Katze, Pferd und Rind. Bezüglich der letzteren lehrt der Text allerdings, daß sie auf Annahmen des Autors beruhen. Die über Pferd, Rind und Katze vorliegenden, bei der letzteren in die Mitte des vorigen Jahrhunderts zurückreichenden Versuche ergaben andere Originalwerte, beispielsweise 900, 1224, 1615 Calorien; da die Versuchsbedingungen aber nicht den für obige Reihe geforderten entsprachen (die Tiere sollen teils auf Vollkost, teils in minder günstigem Ernährungszustand usw. gewesen sein), wurden nicht die gefundenen Daten eingesetzt, sondern Schätzungswerte.

Rubner ist der Meinung, „man werde keinen nennenswerten Fehler machen, wenn man für Pferd und Rind überhaupt das Gesamtmittel aus allen genauer bekannten Zahlen über die Wärmebildung pro Quadratmeter nimmt (Schwein, Mensch, Hund, Kaninchen, Maus) = 1085". Davon „würde denn auch das Mittel meiner Untersuchungen an den Pflanzenfressern (Kaninchen, Maus, Meerschweinchen) 1178 Calorien pro 1 qm nur wenig abweichen". Für die Katze will Rubner „das Mittel für den Hund = 1039 Calorien pro 1 qm zugrunde legen, da nicht anzunehmen ist, daß die Katze als Fleischfresser irgendeine Abweichung vom Hund in der Wärmebildung zeigen dürfte".

Daß es sich dem Autor bei solcher Ergänzung der zitierten Zahlenreihe durch die letzten drei Werte nicht darum handelte, die Gültigkeit des Oberflächengesetzes darzutun, sondern für Zwecke des „energetischen Wachstumsgesetzes" weiteres Material zu gewinnen, soll ausdrücklich bemerkt werden.

Eine Kritik der experimentell gewonnenen Daten obiger Reihe, die zumeist aus E. Voitschen Mittelberechnungen stammen, soll hier nur an einem Beispiel versucht werden.

Die für das Kaninchen angegebene Zahl weicht von dem E. Voitschen Werte (776) und dem ehemaligen Rubnerschen (Zeitschr. f. Biol. **19**, 556) 717 (recte 716) — die Angabe ebendort im Texte (S. 554 unten) „766" beruht wohl auf Druckfehler — erheblich ab. Aber selbst das „717" Rubners vom Jahre 1883 ist noch zu hoch und reduziert sich durch Ausschaltung eines Rechenfehlers (der aus Rubners Körpermaßdaten für das Kaninchen ebendort in der Tabelle S. 553 berechnete Vierordt - Meehsche Koeffizient beträgt nämlich nicht $m = 12,88$, sondern richtig $m = 13,36$) auf 693 oder bei Mitberücksichtigung des Versuches an dem etwas früher verhungerten Tier, dessen Ausschaltung vielleicht nicht jedermann hinreichend motiviert scheinen wird auf 668. E. Voit, der gleich Nebelthau auch mit dem nach Rubners Maßerhebung irrtümlichen $m = 12,9$ rechnete, gewann etwas höheren Mittelwert für das Kaninchen durch Einbeziehung jener Bestimmungen von Nebelthau, die ihm an gut genährten Tieren angestellt zu sein schienen. Das Körpergewicht dieser Tiere reicht immerhin bis 1,79 kg hinunter; unter den Tieren Nebelthaus aber, die E. Voit ausschied, weil er sie trotz wesentlich höheren Körpergewichtes (eben wegen ihres geringen Energieumsatzes) für schlecht genährt hielt, befinden sich solche mit Werten von 549 und 541 Calorien pro Quadratmeter Oberfläche am dritten und vierten Hungertag[1].

Aber abgesehen davon entsteht die Frage, wieso der niedrige Wert für das Kaninchen von 693 bzw. 716 oder 776 auf 917 erhöht wurde, wodurch er in einige Nähe der Werte für andere Säuger rückte. Dies geschah auf Grund von drei gleichsinnigen Korrekturen, die jene Originalwerte beim Kaninchen (nicht aber bei anderen Tieren) erfuhren: erstens (unwissentlich) durch oben erwähnten Rechenfehler ($m = 12,28$ statt $13,36$; Differenz ca. 9%); zweitens durch Abzug der Masse des Darminhaltes von dem der Oberflächenberechnung zugrunde gelegten Körpergewicht, drittens durch (rechnerisches) Kupieren der zu großen Ohrlappen des Tieres.

Zur zweiten dieser Korrekturen folgendes: Von einer Ausschaltung des Darmballastes beim Kaninchen im Zusammenhang mit diesen Fragen sprach zuerst Rubner (1883, S. 556), doch damals noch in anderem Sinne. E. Voit zählte dann die wechselnde Füllung des Darmes und der Blase — neben dem wechselnden Fettgehalt der Tiere — zu den Momenten, die Schwankungen im Körpergewichte bedingen, „ohne daß die Oberfläche geändert" würde[2]. Diesen Gedanken nimmt Rubner (1902) auf; er hält es für gewiß, daß der Kraftwechsel der Tiere (pro Oberflächeneinheit) zu gering veranschlagt wird, wenn man den großen Ballast, den die Kaninchen am Leibe tragen, nicht richtig in Erwägung zieht. Das Richtige ist nach ihm eine „darmreine" Konstante m zu wählen; diese setzte er für das Kaninchen mit 12,0 (gegen 12,9 nativ[3]) an. Durch solches Vor-

---

[1] Diese Daten sind übrigens aus einem von E. Voit (S. 132) angeführten Grunde noch zu hoch angesetzt.

[2] An anderer Stelle sind allerdings „verhältnismäßig sehr geringe Verschiebungen der Oberfläche" zugegeben.

[3] 1883, S. 553. Dort ist von einem Abzug des Darminhaltes von dem Bruttogewicht nicht die Rede; es muß sich also die Angabe 12,88 bzw. 12,9 wohl auf letzteres beziehen und die Fußnote „darmrein" (1902, S. 280) auf die korrigierte Konstante 12,0.

gehen wird der Oberflächenwert um weitere ca. $7^1/_2\%$ kleiner, der reziproke Umsatzwert pro Oberflächeneinheit also um ebensoviel größer. Verf. kann das Vorgehen bei dieser Korrektur nicht für begründet halten aus dem Grunde, weil die Darmfüllung entgegen der Voitschen Annahme ohne Zweifel auch den Oberflächenwert entsprechend beeinflußt. Er konnte oben auf Grund zweier Versuche mit übereinstimmendem Ergebnis dartun, daß nach Füllung des Darmes mit Gasen an der Säuglingsleiche das Bruttovolumen und die Oberfläche in genau dem vorbestandenen Verhältnis, also den Volumen-Oberflächenkoeffizienten überhaupt nicht verändert. Geschieht die Darmfüllung nicht mit Gasen, sondern mit einer dem Gesamtkörper an Dichte annähernd gleichen Masse, so muß dasselbe vom Gewichts-Oberflächenkoeffizienten, also von dem Werte m gelten. Die besagte Korrektur ist hiernach unzulässig.

Dazu kommt aber noch folgendes. Für die Berechnung des auf die Oberflächeneinheit entfallenden Umsatzes kommen bei Rubners Vorgehen mindestens zwei Tiere in Betracht, nämlich jenes, an dem aus den Körpermaßen die Konstante m berechnet wird (aus dem Körpergewicht P_1 und der ermittelten Oberfläche O_1) und jenes Tier, an dem der Umsatz E bestimmt wurde (Körpergewicht P_2, Oberfläche O_2). Der Umsatzwert pro Oberflächeneinheit berechnet sich:

$$a = \frac{E}{O_2} = \frac{E}{O_1}\left(\frac{P_1}{P_2}\right)^{2/3}.$$

Bezüglich der Korrektur, von der Rubner spricht, nämlich der Reduktion des Brutto-Körpergewichtes durch Abzug des Darminhaltes bestehen nun a priori drei Möglichkeiten: Sie könnte nur beim ersten Tier, oder nur beim zweiten, oder bei beiden Tieren erfolgen. In ersterem Falle macht sie — wie obige Formel zeigt — den Wert a kleiner, im zweiten Fall macht sie ihn größer, im dritten Fall wird sie ihn nur ganz unerheblich beeinflussen oder gar nicht, letzteres dann, wenn die beiden Tiere in relativ gleichem Maße mit Darminhalt belastet sind. Die beiden ersten Vorgehen sind — ganz abgesehen von dem schon oben gebrachten Einwand — verfehlt, das letztere ist zwecklos. An dem m-Wert aber kann die Korrektur immer nur eine Vergrößerung bringen, während Rubner die „darmreine" Konstante um fast eine Einheit kleiner ansetzt (vgl. Fußnote 3, S. 88). Wenn Rubner davon spricht, daß der Kraftwechsel (gemessen am Wert a, S. 87) der Tiere zu gering veranschlagt wird, wenn die Frage des Darmballastes im Einzelfall nicht richtig in Erwägung gezogen wird, so könnte das nach seiner Ansicht richtige Vorgehen nur darin bestehen, daß die Konstante m an dem nicht darmreinen ersten Tier gewonnen und dann auf das darmreine zweite Tier angewandt wird. Solches Vorgehen müßte nach Ansicht des Verf. doppeltes Bedenken erwecken.

Kein Einwand besteht natürlich gegen einen Abzug des Darminhaltes vom Körpergewicht, wenn aus der so gewonnenen Nettozahl der Umsatz pro Körpergewichtseinheit, der „Energiequotient", berechnet werden soll; darum handelt es sich aber hier nicht.

Zur dritten Korrektur folgendes: Rubner erscheint es „zweifelhaft, ob die gewaltige Oberflächenentwicklung der Kaninchenohren wirklich in der Kälte sich erheblich an dem Wärmeverluste beteiligt"; dies soll nach dem Autor (und nach Donders?) nur bei höherer Temperatur und bei Überwärmungsgefahr der Fall sein (1902, S. 280). Aus dieser hier nicht weiter mit Gründen und Tatsachen belegten Anschauung leitet Rubner die Berechtigung ab, das Kaninchen bei der Oberflächenberechnung mit Ohren anzusetzen, die nicht größer sind als die Ohren anderer Tiere und so die darmreine Konstante noch um weitere 1,2 Einheiten zu reduzieren[1]).

Setzt man das m derart dreifach korrigiert anstatt mit 13,36 mit 10,8 an, dann ergibt die Rechnung allerdings eine um 19% kleinere Oberfläche und einen gegenüber dem Voitschen Originalwert um fast ein Fünftel größeren Calorienwert pro Quadratmeter Oberfläche ($a = 917$ statt 776 in maximo)[2]).

Das angeführte Beispiel, dem ein zweites, die Maus betreffend, unten folgt, soll zeigen, daß eine genauere Sichtung der mitgeteilten Zahlen, die auch Rubner gefordert hat (1902, S. 280), bestehende Differenzen recht erheblich vermehren kann. Diese Differenzen erreichen dann schon in der kleinen Reihe der bisher unter halbwegs vergleichbaren Bedingungen untersuchten Säugetiere nach dem Gesagten mindestens 60%. Hiernach wird man Rubner dann gerne recht geben, wenn er sich gegen eine „zu scharfe" Formulierung des Gesetzes ausspricht (Gesetze des Energieverbrauches, S. 279), hingegen nicht völlig zustimmen können, wenn er an anderen Stellen („Wachstumsproblem", S. 5) äußert, daß der Stoffwechsel „genau" der Oberfläche proportional verlaufe.

Was die Vergleichbarkeit der experimentell gewonnenen Daten betrifft, so wäre noch folgendes zu sagen:

Nicht der unter beliebigen Verhältnissen jeweils anzutreffende Energieumsatz ist es, den Bergmann mit den Körpermaßen in Beziehung gesetzt wissen wollte, sondern die größtmögliche Wärmebildung. „Gewiß ist in gleichem Volumen sowohl verschiedener Tiere als auch desselben Tieres zu verschiedener Zeit die Wärmebildung sehr verschieden. Aber man wird es nicht gewagt finden, wenn wir annehmen, daß es für die Wärmebildung ein Maximum gebe, in der Art, daß ein gewisses Quantum animalischer Substanz im lebenden Körper nicht imstande

---

[1]) In gleichem Sinne als Überwärmungsschutzorgane wird von Rubner der Schwanz bei Mäusen und Ratten angesprochen. Hier ist aber eine entsprechende Korrektur der Originalzahl nicht erfolgt. Sie würde den für die Maus angegebenen Wert noch stärker aus der Reihe rücken.

[2]) Die nächstliegende Erwägung betr. die Unstimmigkeit beim Kaninchen, daß nämlich der Rubnersche Oberflächenwert vom Jahre 1883 (2662 qcm) und damit der durch die ganze Literatur sich ziehende (allerdings für jene Oberfläche zu niedrige) m-Wert von 12,88 zu hochgegriffen ist, wurde merkwürdigerweise nicht gemacht. Eine Revision des Vierordt - Meehschen Koeffizienten für das Kaninchen wäre sehr erwünscht.

ist, mehr als ein gewisses Quantum Wärme in einer gegebenen Zeit zu liefern." Den Umsatz im Versuch auf solches Maximum einzustellen, wäre wohl kaum durchführbar. Eher mag hierbei eine Nivellierung auf einen anderen Grenzwert, nämlich auf das Stoffwechselminimum gelingen, das bei Hunger und Körperruhe erreicht wird. Auf solche Bedingungen gründet sich die Fassung des Oberflächengesetzes bei Rubner, dessen (ursprüngliche) Theorie nach v. Hoesslin dahin geht, „daß durch die Einheit Oberfläche bei gegebener Differenz zwischen Innen- und Außentemperatur in der Zeiteinheit ein gewisses immer gleiches Maß von Wärme unabweisbar notwendig verlorengehe. Das Tier müsse also, wenn es am Leben bleiben soll, diese in der Zeiteinheit abgegebene Wärmemenge in der Zeiteinheit auch wieder ersetzen; dieser physikalisch notwendige Wärmeverlust bedinge so die Höhe des ‚minimalsten Stoffwechsels‘. Bei Hunger und Körperruhe stelle sich der Körper auf diesen Stoffwechsel ein, d. h. er bilde alsdann lediglich soviel Wärme, als er physikalisch notwendig an der Oberfläche verliere".

Auch die Fassung des Oberflächengesetzes durch Rubner vom Jahre 1902 lautet — etwas abweichend von der nach Langstein-Meyer oben zitierten — dahin, „daß beim hungernden und ruhenden Warmblüter bei ungleicher Größe der Energieverbrauch proportional der Oberfläche des Tieres geordnet ist". Die bei Tieren verschiedener Spezies, namentlich bei Fleischfressern und Pflanzenfressern abweichende Qualität einer wenn auch „gemischten" Kost läßt nach Rubners Lehre von der ungleichwertigen spezifisch dynamischen Wirkung der einzelnen Nährstoffe bei Vollkost im Wachstum Abweichungen vom Oberflächengesetze erwarten. Die experimentell gestützten Daten der eingangs gebrachten Zahlenreihe (S. 87) beziehen sich in der Tat entgegen der versehentlichen Angabe Rubners nicht auf Erhaltungskost, sondern auf Hunger.

Die erforderliche Einstellung der Versuchstiere auf Hunger läßt eine Schwierigkeit erwachsen, nämlich die, daß durch die Nahrungskarenz der Ernährungszustand beeinträchtigt wird, und zwar bei verschiedenen Spezies in verschiedenem Maße, was sich schon durch die nach Spezies starken Abweichungen des Hungertodtermines kundgibt[1]).

---

[1]) Über die Ungleichwertigkeit von Hungerperioden, die von der letzten Fütterung gleich weit abstehen, bei verschiedenen Tieren äußert sich insbesondere auch May.

Nach den Darlegungen von E. Voit und von Rubner ist aber „normaler Ernährungszustand" eine weitere wichtige Bedingung für die Gültigkeit des Oberflächengesetzes. In Versuchen Rubners am Kaninchen sank der Energieumsatz pro Quadratmeter Oberfläche schon im ersten Viertel der Zeitstrecke bis zum Hungertode beispielsweise von 730 auf 556 (um etwa 24%) und gleich darauf auf 499 (um etwa 32%). Die Einbeziehung dieser und der noch später erhobenen Daten müßte den niedrigen Wert für das Kaninchen mithin noch sehr viel weiter reduzieren; eine solche Einbeziehung der Werte bis zum Hungertode hat aber bei der zu Vergleichszwecken für die Maus oben angegebenen Zahl tatsächlich stattgefunden; denn hier wurde der Energieumsatz berechnet aus der Körperbestandverminderung am Kadaver von 6 an Hunger eingegangenen Tieren gegenüber den frisch geschlachteten Kontrolltieren[1]). Trotzdem liegt der Wert für die Maus weit über jenem für das Kaninchen.

Beim Kaninchen scheint übrigens auch das absolute Körpergewicht, das nach Rasse und dem (fast nirgends angegebenen) Alter variiert — unabhängig vom Ernährungszustand — von Einfluß zu sein auf die Umsatzgröße pro Oberflächeneinheit. Diese steigt — soviel ich sehe — mit jenem im ganzen nicht unerheblich. Vielleicht ist hier auch eine Alters-Veränderlichkeit des Vierordt - Meehschen Koeffizienten im Spiele.

Der Einfluß der willkürlichen und unwillkürlichen Arbeitsleistung auf den Energieumsatz ist ein mächtiger. Der Umsatz steigt nicht allein bei angestrengter äußerer Arbeitsleistung auf ein Mehrfaches, sondern er erhöht sich beispielsweise durch langsames Heben und Senken des unbelasteten Armes (2—3 mal pro Minute) oder durch regelmässige Fingerbewegungen um 10—20% (Speck, Leber und Stüve, zitiert nach Magnus-Levy), durch bloßen Übergang vom Liegen zum Stehen um ca. 40% (Winternitz und Pospischil, zitiert nach Vierordts „Daten und Tabellen"), vom ruhigen Stehen zum horizontalen Gehen um fast 190%. Es ergibt sich daraus, daß geringe Unterschiede im Verhalten der Tiere während des Versuches noch erhebliche Abweichungen zur Folge haben müssen. Man begreift, daß Rubner „absolute Ruhe" des Versuchsobjektes forderte. Wie aber konnte diese Forderung realisiert werden? Wir werden gewiß der Angabe des Autors, daß die erwachsenen menschlichen Individuen und allenfalls auch noch dressierte Hunde, auf deren Stoffwechseluntersuchung sich der von ihm über-

---

[1]) Der Berechnung dieses Versuches durch den Autor vermochte Verf. nicht zu folgen; vielleicht wurden nicht alle mitverwerteten Daten auch mitgeteilt oder haben sich Druck- oder Rechenfehler eingeschlichen; er selbst würde auf einen Wert von 510 (?) statt 1188 gelangen, kann aber kein sicheres Urteil gewinnen.

nommene E. Voitsche Mittelwert stützt, im Versuche die möglichste Körperruhe bewahrt haben, vertrauen, können uns aber nicht gut vorstellen, daß auch die anderen Versuchstiere (ohne Curare, ohne Narkose, ohne Hypnose!) ihren Experimentatoren in annähernd gleichem Maße entgegengekommen und viele Stunden, ja Tage lang (ohne Nahrung) in „absoluter Körperruhe" verharrt wären[1]). Nach Johannsons Versuchen (zitiert nach Magnus-Levy) entspricht nun ceteris paribus einem Kohlensäurewerte von 20,7 g bei „vorsätzlicher Muskelruhe" (des erwachsenen Menschen), bei „Bettruhe" ein solcher von 24,8 g, bei „Zimmerruhe" ein solcher von 33,1 g. Unter „Zimmerruhe" ist verstanden der Wechsel zwischen ruhigem Sitzen, Lesen, Schreiben, An- und Ausziehen usw. ohne eigentliche Arbeitsleistung. Es ist nun gewiß nicht anzunehmen, daß Versuchstiere, wie etwa Meerschweinchen, Kaninchen, Mäuse usw., in den ersten Hungertagen ihre Körperbewegung mutatis mutandis über das Maß solcher „Zimmerruhe" des Menschen hinaus beschränkt hätten. Hiernach müßte ihr Energieumsatz erwartungsgemäß um mindestens 60 % höher befunden worden sein, als beim vorsätzlich oder (nach Rubner) „absolut" ruhenden bzw. schlafenden Menschen (und Hunde); annähernde Übereinstimmung der so erheblicher Korrektur bedürftigen Originalzahlen des Versuches wäre also mit der zu erweisenden These nicht wohl vereinbar.

Die Vertreter des energetischen Oberflächengesetzes haben weiter stets eine gleichartige Beschaffenheit der Körperoberfläche hinsichtlich ihres natürlichen Kälteschutzes gefordert (bzw. wechselnde Beschaffenheit in dieser Richtung als Ausgleichsmechanismus für verschiedene Oberflächengewichtsverhältnisse angesprochen — Bergmann). Rubner wählte für seinen ersten Hundeversuch (1883) durchweg kurzhaarige (und mäßig fette) Tiere. In den späteren Rubnerschen wie in den E. Voitschen Reihen aber sind nicht allein Hunde verschiedener Rasse, sondern neben dem bekleideten Menschen auch fast nackte, dann pelztragende und gefiederte Tiere vertreten. Es wird dabei nicht ersichtlich, daß etwa die besser geschützten Tiere (Meerschweinchen,- Katze, Gans usw.) durchweg niedrigere respiratorische Werte pro Oberflächeneinheit aufweisen würden als die schlechter geschützten. Der Pelz des Kaninchens ist jenem des Meerschweinchens wohl annähernd gleichwertig. Daher wird es kaum angehen, den sehr niedrigen Energie-

---

[1]) Vgl. auch Rubners Bericht, Gesetze des Energieverbrauches, S. 288 f., wo selbst von „energischeren Lebensäußerungen" der Tiere in der hier maßgeblichen ersten Zeit des Hungers die Rede ist.

umsatz des ersteren Tieres durch seinen natürlichen Kälteschutz zu erklären. Rubner hält die Bedeutung dieses Momentes nach Hundeversuchen auch nicht für sehr ausschlaggebend.

Auch der Forderung Rubners, von Hoesslins u. a., betreffend gleichartige atmosphärische Bedingungen in den Versuchen, ist in jenen Reihen nicht durchweg entsprochen. Nach den bezüglichen Originalmitteilungen schwankten die Temperaturen zwischen 12,1 und 23,8° C, wobei noch von den Zuntz-Hagemannschen Pferdeversuchen mit einer Temperaturschwankung von 2,5 bis 20,8° C ganz abgesehen ist. Auch hier erkennt man übrigens nicht durchaus das erwartete Verhalten des Temperaturgefälles zum Energieumsatz; vielmehr findet sich bei höherer Außentemperatur gelegentlich ein höherer Umsatz; auf gesetzmäßig gegenteiliges Verhalten gründet sich die Umrechnung des Wärmeverlustes im Mäuseversuche Rubners (von 15° auf 23—24° C). Sonst ist von solcher Korrektur (außer bei Nebelthau) meist abgesehen.

Über den nach Rubner sehr bedeutsamen Wasserdampfgehalt der Luft fehlt in der Mehrzahl der Experimente, auf die sich die oben zitierte Zahlenreihe stützt, überhaupt jede Angabe. Nach Nebelthau ist auch die Ventilation, die Bewegung der Luft ein Faktor, „der in ungeahnter Größe den Wärmehaushalt beeinflußt". Äußerst geringe Luftstromgeschwindigkeiten, die für unsere Empfindungsapparate gar nicht wahrnehmbar sind, sollen die Wärmeabgabe (auf „chemischem" Wege) um $1/_3$ ihres Wertes erhöhen!

Daß das Oberflächengesetz in jedem Falle nur unter gewissen Beschränkungen Gültigkeit haben kann, wird häufig außer acht gelassen; die bezüglich zu fordernden Zusätze („in den ersten Phasen des Hungers, bei völliger Körperruhe, normalem Ernährungszustand bzw. Eiweißbestand, gleichartiger Beschaffenheit der Körperdecken oder Bekleidung, gleicher Füllung des Verdauungstraktes, gleicher Außentemperatur und Ventilation, konstantem Wassergehalte der Luft usw.") fehlen oft von vorneherein oder schleifen sich bei der Weitergabe der ursprünglichen Fassung völlig ab, was zu bedenklichen Irrtümern Anlaß geben kann.

Man wird sich hier weiter der im vorigen Kapitel besprochenen Schwierigkeiten bei der Körperoberflächenbestimmung erinnern. Sowohl die direkte Auswertung an dem jeweiligen Versuchsobjekt — am lebenden wie am toten — als die Berechnung unter Zugrundelegung der verschiedenen Koeffizientenwerte unterliegt weit größeren Fehlern als gemeinhin angenommen wird (20—30%), wenn man auch die bisher angewandten Verfahren noch so sorgfältig handhabt.

Man wird endlich nicht übersehen dürfen, daß sogar bei einwandfreiem Koeffizientenwerte („m") in der vielverwandten Formel $O = m \cdot P^{2/3}$

ein Fehler steckt. Während Bergmann noch ganz korrekt von dem Körpervolumen spricht, dessen $^2/_3$-Potenz bei ähnlicher Körperform der Oberfläche proportional sei, hat man hier die Körpermasse (praktisch gleich Körpergewicht) eingesetzt, weil diese bequemer zu ermitteln ist; d. h. man hat die Annahme gemacht, daß die Körperdichte konstant oder nur innerhalb der sonstigen Fehlergrenzen des Experimentes abweichend sei. Es wurde oben S. 72f. an dem Beispiele des Säuglingsorganismus gezeigt, daß die wechselseitige Vertretung der beiden Werte Körpergewicht und Körpervolumen recht merkliche Fehler mit sich bringen kann.

Eine der wichtigsten Zahlenstützen für das Oberflächengesetz stellen nach Rubner Erhebungen am Säugling dar. Die Originalwerte der verschiedenen Beobachter sind hier aber auch untereinander nicht gut vergleichbar, weil die wichtigsten Bedingungen der Versuche, besonders das Verhalten der Kinder, die Ernährungsweise und die verwendeten m-Werte erhebliche Ungleichmäßigkeiten aufweisen — letztere allein Differenzen im Betrage von drei Einheiten, d. i. etwa 30%. Nur dieses eine störende Moment läßt sich durch Umrechnung ausschalten. Die dann nach Bahrdt und Edelsteins jüngster Zusammenstellung noch übrigbleibenden Differenzen betragen in den sehr spärlichen halbwegs vergleichbaren Versuchen, nämlich bei „ruhigem" Verhalten und bei Flaschenkindern noch etwa 38%. Der Forderung, den Grundumsatz im Hungerversuch beim Säugling zu ermitteln, haben nur Schlossmann und Murschhauser entsprochen, gegen die Niemann den Einwand macht, man könne wegen des auch im Hunger fortdauernden raschen Wachstums der Säuglinge von einem eigentlichen Grundumsatze in diesem Lebensalter gar nicht sprechen.

Die sorgfältigsten und eingehendsten Untersuchungen, die nebst den erwähnten aus Düsseldorf[1]) in neuerer Zeit am Säugling vorgenommen wurden, stammen von Benedict und Talbot. Diese haben an 37 Säuglingen etwa 800 respiratorische Stoffwechselversuche durchgeführt und dabei auch Pulsfrequenz und Körperbewegungen automatisch registrieren lassen. Die Versuche mit „Grundumsatz", d. h. nach den Verff. bei vollkommener Muskelruhe, ergaben keinerlei Proportionalität zwischen den Umsatzwerten und den Körpermaßen einschließlich der nach verschiedensten Methoden berechneten Körperoberfläche. Der Umsatz in Calorien pro

---

[1]) Auf diese kommt Verf. unten zurück.

24 Stunden und Quadratmeter Körperoberfläche zeigte (nicht auf die Nahrungsaufnahme zurückzuführende) Schwankungen im Betrage von rund 100% (z. B. 656—1239). Bei so starken individuellen Abweichungen (ähnlichen begegnet man auch in vielen Tierversuchen) kann aber ein arithmetisches Mittel wohl nicht als legitimer Vertreter der Einzelwerte oder gar als Standardzahl gelten.

Soweit die starke Streuung der Benedict - Talbotschen Zahlen ein Urteil gestattet, steigt der Umsatz pro Oberflächeneinheit während der Säuglingsperiode im ganzen nicht unerheblich an. Auch nach den Berechnungen von Magnus-Levy und Falk (l. c. S. 360) steht der Ruhe-Nüchternwert beim jungen Säugling gegen später, besonders gegen die folgenden ersten paar Kinderjahre zurück; jenseits dieser fällt er bis ins Greisenalter sehr deutlich ab.

Letzteres Ergebnis von Untersuchungen, die die Autoren als „möglichst objektive und vollständig unkorrigierte und ungesiebte" bezeichnen (Magnus- Levy und Falk, S. 317), ist als mit dem Oberflächengesetz unvereinbar wohl allgemein bekannt. Es stützt die methodisch nicht ganz einwandfreien aber gleichsinnigen Resultate von Sondén-Tigerstedt[1]).

An jenem Ergebnis von Magnus-Levy und Falk ändert sich auch nichts Wesentliches, wenn man die vorsätzliche absolute Muskelruhe des $2^1/_2$ jährigen Probanden in Frage zieht.

Die meisten bisher erwähnten und manche andere Schwierigkeiten, denen man beim Versuch, die Gültigkeit des energetischen Oberflächengesetzes ziffernmäßig darzutun, begegnet, waren bereits da und dort Gegenstand der Diskussion — namentlich in den umfassenden Studien Rubners, der allerdings Bedenken gegen die Grundlagen der gewonnenen Daten, wie uns dünkt, vorwiegend da zum Ausdruck brachte, wo diese Ergebnisse mit dem Oberflächengesetz schlecht vereinbar schienen. Es darf hinzugefügt werden, daß unter gleichen Unebenmäßigkeiten resultierende „gut stimmende" Werte in gleichem Maße gegen das Gesetz zeugen.

Eine weitere Schwierigkeit, die bei Erwägungen über die Körperoberfläche als wärmeabführendes (oder Kältereize vermittelndes) Organ aufstoßen muß, scheint dem Verf. gleich ausdrückliche Behandlung bisher nicht gefunden zu haben.

An den sogenannten Körper-„Öffnungen" geht die äußere Körperoberfläche in die innere Körperoberfläche über. Diese Grenzen werden

---

[2]) Vgl. hierzu neuerdings auch Franz Müller, l. c. S. 286.

vielleicht bei der Messung der ersteren nicht von allen Beobachtern einheitlich angesetzt. Das kann kleine und wohl bedeutungslose Differenzen bedingen; aber es entsteht bei dieser Gelegenheit die andere und bedeutsame Frage, ob und inwieweit etwa die innere Körperoberfläche hier überhaupt mit gewertet werden muß. Nach dem Sinn der ursprünglichen Lehre Bergmanns muß jede Körperoberfläche in Rechnung kommen, die sich am Wärmeverluste direkt beteiligt. Allenthalben war dort die Rede von der Körperoberfläche, „welche die Abkühlung bringt". Dies trifft aber für die innere Körperoberfläche ohne Zweifel zum großen Teile zu. Jedermann kennt das sogenannte Jappen starkfelliger Hunde an heißen Sommertagen oder nach starken Mahlzeiten als die höchst sinnfällige Methode, deren sich die Tiere zur Entwärmung bedienen. An der Respirationsfläche, die der inneren Körperoberfläche zugehört, wird aber auch beim Menschen und unter anderen Verhältnissen fortwährend viel Wasser verdampft, also Wärme gebunden (verbraucht); es wird ebenda und im ganzen Luftbaum die eingeatmete Luft erwärmt und gegen kühlere Luft eingetauscht. Die Wasserverdampfung an der Respirationsfläche des Erwachsenen beträgt binnen 24 Stunden in der Ruhe schon etwa 300—500 g; da ein Gramm Wasser bei der Verdampfung 0,6 Calorien bindet, macht der Wärmeverbrauch aus diesem Titel etwa 240 Calorien aus. Einen weiteren Posten bildet die Erwärmung von etwa 15 000 Liter eingeatmeter Luft von Zimmertemperatur auf Körpertemperatur. Tigerstedt gibt den 24stündigen Gesamtverlust an Wärme durch die Lungen, also durch einen Teil der inneren Körperoberfläche auf 428,85 Calorien an, den Verlust durch die inneren Oberflächen des Verdauungs- und uropoetischen Traktes auf 48,75 Calorien. Man sieht aus solchen Daten, daß der Anteil der inneren Körperoberfläche an dem Wärmeverluste nicht vernachlässigt werden darf. Um dem Oberflächengesetze nach Bergmann-Vierordt in vollem Maße gerecht zu werden, müßte also die innere Körperoberfläche — wenigstens zum Teile — mitberücksichtigt werden. Wir versuchen dies zu tun und fragen uns: Wie groß ist die innere Körperoberfläche? Zunächst die Respirationsfläche. Wir erfahren, daß die Oberfläche eines Alveolus von Zuntz (zitiert nach Vierordts „Daten und Tabellen") auf 0,126 qmm berechnet wird, daß die Zahl der Alveolen nach Angaben verschiedener Autoren beim erwachsenen Menschen zwischen 300 und 1800 Millionen schwankt, also das Areal der atmenden Lunge zwischen rund 40 und 230 qm (nach Abderhalden 80—90 qm). Die äußere Körperoberfläche des erwachsenen Menschen aber beträgt vielleicht 2 qm. Hiernach würde diese gegenüber der Respirationsfläche allein vollständig verschwinden; man könnte von der Hautoberfläche bei der Gesamtoberflächenangabe füglich ganz absehen, da ihr Wert die Fehlergrenzen der Bestimmung der inneren Körperoberfläche auch nicht annähernd erreicht; die Ermittlung der letzteren (die für manche Altersstufen übrigens noch gar nicht versucht wurde) ist aber viel zu ungenau, um der Fundierung eines Oberflächengesetzes dienen zu können!

Der hier versuchte Vergleich der Größe von äußerer und innerer Körperoberfläche ist ein recht instruktiver Beleg für dasjenige, was oben (S. 79f) über Oberflächenmaße im allgemeinen gesagt wurde. Bei realen Gebilden gibt es eben kein objektives absolutes Oberflächenmaß; dieses ist vielmehr vollkommen von der Methode abhängig. Bei der Messung der Respirationsfläche wird stets viel weiter auf deren Strukturdetails eingegangen, als dies bei der Messung der Hautoberfläche gebräuchlich ist, bei der man Gebilde von der Größenordnung der Alveolen und feineren Bronchen überbrückt. Sollte also etwa auch die innere Oberfläche mit Papierschnitzeln oder Pflaster ausgewertet werden und in welchem Umfange? Die Respirationsfläche in welcher Atmungsphase? Welche sonst noch mit der Außenwelt kommunizierenden Hohlorgane sollten Berücksichtigung finden?

Die Beteiligung der inneren Körperoberfläche an der Wärmeabfuhr ist ohne Zweifel an Intensität eine sehr wechselnde, z. B. jene der Atmungsfläche eine weit stärkere als jene der Verdauungsoberfläche, der uropoetischen Oberfläche, die nur körperwarme Exkrete zur Ausscheidung bringen. Dies entspricht einer Beteiligung an der Gesamtwärmeabgabe im Betrage von 1,8%, während die respiratorische Entwärmung etwa 10,7% ausmacht. Sollen die verschiedenen inneren Körperoberflächen also in verschiedenem Maße, und wenn ja, in welchen Verhältnissen Wertung finden?

Man erkennt sogleich, daß hier unlösbare Aufgaben vorliegen.

Die bei den Komponenten der inneren Körperoberfläche so offenkundig verschiedene örtliche (und auch zeitliche) Intensität der Wärmeabfuhr gibt Anlaß wiederholt festzustellen, daß Analoges auch von den äußeren Körperoberflächen gelten muß — je nachdem die Haut (ganz abgesehen von ihrer Haar- oder Federbedeckung) derber und schwielig oder zarter, mehr oder weniger durchblutet, glatt oder fein oder grob gekörnt, gefaltet, mit mehr oder weniger Schweißdrüsen versehen ist, je nachdem es sich um Konkavitäten oder Konvexitäten handelt. Wer wird die Oberfläche der oberen und der unteren Extremität eines Vogels[1]) beispielsweise — ganz abgesehen von der Befiederung — hinsichtlich ihrer Wärmeabfuhr gleichmäßig werten wollen, oder die Oberfläche eines Gürteltieres, eines Igels, eines Pachydermen, eines neugeborenen Menschen usw. Wo hört — so wird man überdies fragen müssen — die „Oberfläche" auf bei Nägeln, Schuppen, Stacheln, Hufen, bei Federschäften und Haaren?

Daß aber selbst dem Augenschein nach gleichartige und unbedeckte Hautbezirke an verschiedenen Körperstellen (des Menschen) in verschiedenem Maße am Wärmeverluste beteiligt sind, ist nach ihrer wechselnden Temperatur von vornherein zu erwarten und durch Arnheim erwiesen. Für die Hauttemperatur maßgeblich sind nach Kunkel insbesonders die Regsamkeit des Stoffwechsels der unter dem betreffenden Hautbezirke gelegenen Organe (z. B. Muskel, Knochen, Gehirn), der Abstand vom Körperzentrum und die Form der Oberfläche. Konkavitäten erhöhen die Hauttemperatur — manchenortes bekanntlich so stark, daß man an gewissen Stellen der Haut sogar die um 2—3° C höher liegende „Körpertemperatur" messen kann (Achselhöhle, Schenkelfalte) — und die Ursache dieser Erhöhung ist die behinderte Wärmeabgabe, mit der eine geminderte Kältereizwirkung Hand in Hand geht. Bei Kindern schwankt die Wärmeabgabe durch die Haut an verschiedenen Körperstellen — wenn man Arnheims Versuchen vertrauen will — bis zum Verhältnis von etwa 3 : 5.

Dazu kommt, daß verschiedene Tiere in verschiedenem Maße die Fähigkeit und die Gepflogenheit haben, ihre äußere Körperoberfläche durch Haltungsveränderung erheblich zu mindern oder zu mehren, wobei unübersehbare Einflüsse von Gewohnheit, Empfindlichkeit, Temperament, Dressur usw. mitspielen und wodurch in raschem Wechsel ganz verschiedene Entwärmungsarten (Strahlung — Leitung!) von wechselnder Leistungsfähigkeit in Funktion treten. Man weiß, daß Rubners Hund in der Hängematte ausgestreckt liegend um $1/3$ mehr Energie umsetzte als teilweise eingerollt am Kastenboden.

Man wird sich solchen Bedenken gegenüber zunächst klarzumachen haben, daß das Oberflächengesetz — zum mindesten in seiner Begründung — seit Bergmann erhebliche Wandlungen erfahren hat.

---

[1]) Auch Rubner will die Beine mancher Stelzvögel, die Schnäbel usw. nicht als „wahre Entwärmungsflächen" angesprochen wissen.

Seine Fassung ist bei Bergmann eine physikalische, bei Rubner eine physiologische; jenem „bestimmt" die Oberfläche den Gesamtwärmeverlust einfach dadurch, daß von jeder Oberflächeneinheit in der Zeiteinheit direkt eine gewisse Wärmemenge abgegeben wird. Dieser aber fügt der Feststellung, „daß für[1]) je eine bestimmte Zahl von Quadratzentimetern Oberfläche auch die gleiche Anzahl von Wärmeeinheiten abgegeben wird, also der Gesamtstoffwechsel (hungernder Hunde) direkt proportional ihrer Oberflächenentwicklung ist", die Erklärung bei: „weil die von der Haut ausgehenden, durch Abkühlung bedingten Impulse die Zelltätigkeit anregen." Solcher Fassung gegenüber hätte man sich nicht zu fragen, ob die innere Körperoberfläche an der Wärmeabgabe beteiligt ist, sondern, ob von ihr (besonders von den Schleimhäuten) etwa auch „durch Abkühlung bedingte Impulse" ausgehen und den Körperzellen zugeleitet werden? Denn hinsichtlich der Wirkung solcher Impulse auf die Energie umsetzenden Zellen wird es doch wohl gleichgültig sein, ob sie von der äußeren oder der auch genetisch so nahe verwandten inneren Körperbedeckung kommen.

Rubner sprach sich seinerzeit über das Wesen der Fernleitung zwischen dem Kältereiz empfangenden Hautapparat und den am Stoffwechsel beteiligten Körperzellen nicht näher aus. Er nimmt aber offenbar jenen Hautapparat als identisch mit dem Träger des cutanen Temperatursinnes an; dadurch ist obige Frage bejaht; denn es steht fest, daß die meisten Schleimhäute einen deutlichen Kältesinn haben, wenn auch weniger ausgebildeten als die Haut.

Entgegengesetzten Falles müßten ja auch stärkere „endogene" Entwärmungen, etwa durch Einatmung kalter Luft, durch Aufnahme größerer Mengen kalter Flüssigkeit den Stand der Körpertemperatur von Homöothermen bedrohen, da eine Regulierung, zum mindesten eine „chemische Regulierung" durch stärkere Wärmeproduktion ausgeschlossen wäre.

Es ist ferner zu prüfen, ob das Bedenken hinsichtlich der Ungleichmäßigkeit der Körperoberflächeneinheiten nicht allein Bergmanns, sondern auch Rubners Lehre trifft. Man gelangt zu dem Ergebnis, daß die unzweifelhafte Verschiedenheit der einzelnen Körperoberflächeneinheiten, die sich nicht allein auf die Befähigung zur direkten Wärmeabfuhr, sondern auch auf jene zur Kältereizvermittlung bezieht, nur unter einer Voraussetzung mit Rubners Lehre (von 1883) vereinbar

---

[1]) Man beachte: nicht „von", sondern „für".

wäre. Es müßte nämlich ceteris paribus in der ganzen Reihe der Lebewesen, auf die sich das Oberflächengesetz bezieht, jede Verschiedenheit oder Änderung der Qualität einer Oberflächeneinheit als Kältereiz vermittelnden Bezirkes Ausgleich finden durch eine ihr entgegenwirkende Verschiedenheit (Änderung) in der Aufteilung der Gesamtkörperoberfläche auf die verschiedenen Oberflächenqualitäten. Dabei würde es sich aber nicht allein um habituelle, anatomische, sondern auch rein funktionelle und temporäre Verschiedenheiten (Änderungen) handeln können. Das Verhalten in solcher Richtung ist einer genauen Prüfung nicht zugänglich.

Unzweifelhaft kann aber das Oberflächengesetz in seiner geläufigsten Fassung nicht ohne weiteres auf die Einbeziehung der inneren Körperoberfläche erweitert werden. Wenn der Energieumsatz ceteris paribus tatsächlich der äußeren Körperoberfläche verschiedener Homöothermer proportional wäre, dann könnte er der entwärmenden und Kältereize vermittelnden Gesamtkörperoberfläche (das ist der äußeren + inneren) nur dann gleichfalls proportional sein, wenn zwischen äußerer und innerer Oberfläche Proportionalität bestünde[1]). Dies ist aber offenbar nicht der Fall — selbst nicht innerhalb der Spezies bei verschiedenem Lebensalter. Es verschieben sich die Größenverhältnisse homologer äußerer und innerer Flächenbezirke z. B. im Laufe der menschlichen Entwicklung sehr erheblich. So entfallen (berechnet nach Daten von Meeh, Sappey, Valentin, Beneke, Wesener, zitiert nach Vierordts „Daten und Tabellen") auf die äußere Körperoberflächeneinheit beim neugeborenen Menschen etwa 0,21, beim Erwachsenen aber 0,9 Darmoberflächeneinheiten (Dick- und Dünndarm); es steigt der Wert $\dfrac{\text{Körperlänge}^3}{\text{Lungenvolumen}}$ von 1308 mit 1 Jahr auf 2215 mit 6 Jahren und 3969 mit 15 Jahren; auch die einzelnen Abschnitte der äußeren Körperoberfläche vergrößern sich recht ungleichmäßig usw.

---

[1]) Wenn $E = a \cdot O$, dann setzt $E = a' (O + J)$ natürlich voraus, daß $O = \dfrac{a'}{a-a'} \cdot J$, mit anderen Worten O und J proportional sind. Trotz der Einfachheit solcher Proportionsexempel stößt man hier oft auf die sinnfälligsten Irrtümer, z. B.: „Wenn $U + W =$ konstant ist, muß auch $\dfrac{W}{U + W} \times 100 =$ konstant sein." („Probleme der Lebensdauer", S. 163.)

Vielleicht wäre, wenn das Oberflächengesetz zu Recht bestünde, weiter zu erwarten, daß die ökonomische Forderung möglichst kleiner Oberfläche als ein körperformbestimmendes Moment in der Tierreihe hervortritt. Man trifft aber bei manchen Tieren Einrichtungen, die vom Standpunkte des Oberflächengesetzes aus recht luxuriös erscheinen müssen. Als Beispiele folgende: Ein großer in Amerika lebender Nager hat bei einem Körpergewicht von ca. 20 kg einen Schwanz von ca. 1,40 m Länge und 6 cm mittlerem Umfang. Dieser Schwanz vergrößert das Körpergewicht um ca. 400 g, die Körperoberfläche aber (den Vierordt-Meehschen Koeffizienten mit rund 11 angesetzt) von 8100 auf fast 9000 qcm. Nach dem Oberflächengesetz müßte dieses Tier, ceteris paribus, wegen seines Schwanzes (der anscheinend nur beim Weibchen als Halter für die Jungen am Rücken des Muttertieres dient) nicht etwa gemäß der Massenvermehrung des Körpers um 2% mehr Nahrung nehmen, sondern gemäß der Oberflächenvermehrung um 10% mehr Nahrung. Oder: Das Kaninchen hat so große Ohren, daß ihre Reduktion auf eine jener anderer Tiere proportionale Größe durch Stutzen die Körperoberfläche nach Rubner im Verhältnis von 100 : 88,6 verkleinern würde. Nach dem Oberflächengesetze müßte also der Nahrungsbedarf des erwachsenen Tieres durch solches Kupieren um ca. 11,4% vermindert werden, und ein Züchter, der eine jährliche Futterauslage von 10 000 M. hat, könnte leicht 1140 M. sparen.

Hinfällig würden natürlich alle derartigen Argumente, wenn sich in Bestätigung von Rubners Vermutung herausstellen würde, daß sich solche Organe (Kaninchenohren, Nagerschwänze) in der Kälte nicht „erheblich an dem Wärmeverluste beteiligen" (vielmehr nur den Zweck erfüllen, der Überwärmung bei hohen Temperaturen entgegenzuarbeiten). Verf. vermag sich aber nicht vorzustellen, wieso die (auch in der Kälte stark durchbluteten und wenig geschützten) Kaninchenohren und Nagerschwänze den Gesetzen der Wärmeleitung und -strahlung usw. entzogen sein sollten und ist der Meinung, daß die Annahme solcher Ausnahmsoberflächenbezirke, von „nicht wahren" neben „wahren Entwärmungsflächen" einer gewissen Willkür Lauf lassen und so den vielgerühmten Versuch einer zahlenmäßigen Begründung des Bergmann-Vierordtschen Gesetzes illusorisch machen würde.

Teleologische Erwägungen wollen viele nicht gegen Experimentalforschung ins Feld geführt wissen. Es soll damit auch nicht so sehr ein Argument gegen das Oberflächengesetz vorgebracht sein, als vielmehr ein Hinweis auf experimentelle Prüfungsmethoden (s. unten S. 121).

Nach R u b n e r s Lehre vom Jahre 1883 sind von der Haut ausgehende Abkühlungsimpulse das Bestimmende für den Energieumsatz, indem sie reflektorisch zu Mehrung oder Minderung des Stoffverbrauches in den Muskeln führen. Die logische Folge davon wäre, daß mit ansteigender Außentemperatur infolge fortschreitender Aufhebung der vermeinten Impulse der Energieumsatz gesetzmäßig sinkt und endlich den Nullwert erreicht. Dies trifft nicht zu. Das Absinken des Umsatzes währt nur bis zu einer bestimmten, je nach Spezies verschieden weit unter der Körpertemperatur gelegenen, aber innerhalb der Arten von wechselnden Körpermaßen und Oberflächenwerten unabhängigen Temperaturgrenze. Auch diese Erkenntnis stammt von R u b n e r (1887) und hat ihn — nebst anderen Erwägungen — dazu geführt, die Lehre von dazumal als unzureichend zu erkennen, gleichwie die erste Begründung des B e r g m a n n schen Gesetzes als irrig erkannt worden war. R u b n e r führt seinen vormaligen Irrtum darauf zurück, daß er die oben besagte, die sogenannte „chemische Temperaturregulierung“ wesentlich überschätzt habe, weil die a n d e r e Art von Temperaturregulierung, die er die „physikalische“ nennt, seinerzeit noch nicht näher studiert war. In dem vormals zur Begründung des Oberflächengesetzes angeführten Einfluß der Kälteimpulse auf die Zelltätigkeit kommt lediglich die chemische Temperaturregulierung zum Ausdruck. Heute weiß man, d a ß d i e c h e m i s c h e R e g u l i e r u n g u n t e r g e w ö h n l i c h e n V e r h ä l t n i s s e n b e i m M e n s c h e n h ö c h s t e n s e i n e g a n z u n t e r g e o r d n e t e R o l l e s p i e l t , ja es wird d i s k u t i e r t , o b s i e (zumal bei Ausschluß sinnfälliger willkürlicher oder unwillkürlicher Kälteabwehrbewegungen) ü b e r h a u p t i n W i r k s a m k e i t t r i t t . Jedenfalls fehlt sie bei Kaltblütern völlig, von denen die angenäherte Gültigkeit des Oberflächengesetzes als höchst wirkungsvoller Einwand gegen R u b n e r s erste Lehre dargetan worden ist (vergl. v. H o e s s l i n , K r e h l und S o e t b e e r , E. V o i t). H i e r n a c h g a l t e s , e i n e h e i k l e O p e r a t i o n a u s z u f ü h r e n , nämlich das energetische Oberf l ä c h e n g e s e t z a u f e i n n e u e s F u n d a m e n t z u ü b e r t r a g e n ; es m u ß t e d i e p h y s i k a l i s c h e T e m p e r a t u r r e g u l i e r u n g i n s e i n e B e g r ü n d u n g m i t e i n b e z o g e n , d. h. gleichfalls a l s e i n e O b e rf l ä c h e n f u n k t i o n a u f g e w i e s e n w e r d e n — „Funktion“ nicht allein im physiologischen, sondern auch im arithmetischen Sinn. Auch die Leistung der physikalischen Temperaturregulierung muß der „Haut“ oder äußeren Körperoberfläche ceteris paribus proportional sein.

Zu einer solchen n e u e n Lehre bekennt sich R u b n e r in der Tat und er stützt sie auf neue Experimente: „Die physikalische Regulation ist gleichfalls, wenn es sich bei ihr auch nicht mehr um Abkühlung handelt, trotzdem in ihren Leistungen von der relativen Oberfläche abhängig[1]) (1902, S. 177). Man sieht demnach, daß auch die Verhältnisse der physikalischen Regulation und nicht allein der Wärmeverlust dem Organisationsgesetze zusteuert, daß die Wärmeproduktion in Beziehung[1]) zur Oberflächenentwicklung stehen muß." Auch der Kampf gegen die Überwärmung (nicht allein jener gegen die Entwärmung) des Körpers wird als „Organisationsprinzip" erkannt.

Dieser tief eingreifende Wandel in der Lehre vom Oberflächengesetz hat sich dermaßen schonend vollzogen, daß er sogar engsten Fachmännern wie E. Voit unbemerkt blieb und daß noch heute wohl den meisten Medizinern nur die Bergmannsche oder die alte Rubnersche Begründung geläufig ist.

Das Bestechende an diesen beiden ursprünglichen Lehren ist der Gedanke einer höchst plausiblen, verständlichen Steuerung des Stoffwechsels: die äußere Körperoberfläche wird deshalb bestimmend für den Energieumsatz, weil die an ihr stattfindende Abkühlung bzw. die von ihr ausgehenden Kältereize im Sinne der chemischen Temperaturregulierung das Protoplasma zur Verbrennungsarbeit anregen, wodurch den abkühlenden Einflüssen in ihrer Wirkung auf die Körpertemperatur direkt entgegengearbeitet wird. Als sich herausstellte, daß sich an den wirklichen oder scheinbaren Beziehungen zwischen äußerer Körperoberfläche und Energieumsatz nichts Wesentliches ändert, wenn man Bedingungen herstellt, unter denen eine solche chemische Temperaturregulierung im vermeinten Sinne gar nicht in Frage kommen kann, mußte zur Aufrechterhaltung des Oberflächengesetzes dazu geschritten werden, die andere, nämlich die physikalische Temperaturregulierung zu seiner Erklärung mitheranzuziehen, was an Stelle des Bergmannschen Gedankens einen anderen, freilich weit weniger bestechenden zu setzen zwang. Die physikalische Regulierung, die mit vermehrter Wasserverdampfung, Leitung, Strahlung usw. an der äußeren und inneren Körperoberfläche arbeitet, mag wohl eng geknüpfte, ohne weiteres einleuchtende Beziehungen zur Körperoberfläche — aber NB nicht allein zur äußeren und nicht bloß zu ihrem geometrischen Flächenausmaße! — haben, nicht aber bestehen ebensolche zur oxydativen Energie des Protoplasmas, wie sie bei der chemischen Regulierung so verständlich

---

[1]) Der Ausdruck „proportional" bzw. „Proportionalität" ist hier auffallenderweise vermieden.

schienen[1]). Wenn man sich damit schon auf ein weit minder übersichtliches Gebiet begeben und von den ursprünglich für allein maßgeblich gehaltenen Kältereizen nun zu thermischen Reizen überhaupt als den bestimmenden überzugehen veranlaßt gesehen hat, dann ist m. E. eigentlich nicht einzusehen, warum man nicht auch anderen als thermischen Reizen, nämlich mechanischen, chemischen, aktinischen usw. eine im Prinzip gleichartige Wirkung zuschreiben sollte. Tut man solches, dann wird auch besonders deutlich, daß es einseitig wäre, lediglich die äußere Körperoberfläche für maßgeblich zu halten; es empfängt doch auch die innere Oberfläche allenthalben solche Reize und schließlich kann wohl jede Stelle des Körperinnern ihr Ausgangspunkt werden; damit würde die Beziehung auf „Oberfläche" höchstens in dem allerweitesten Sinne aufrecht bleiben können, nämlich allenfalls unter Berücksichtigung der Oberflächen kleinerer, den Körper zusammensetzender reizempfänglicher Einheiten (deren Summe freilich weder der äußeren Körperoberfläche noch der Gesamtkörpermasse proportional wäre).

[1]) Über die vermeinten Beziehungen des Energieumsatzes zur Körperoberfläche bei rein physikalischer Temperaturregulierung sprach sich Rubner aus, als er diesen Zusammenhang zum ersten Male feststellte (1887). Einer Zahlentabelle über den Umsatz von verschieden schweren Meerschweinchen bei einer Lufttemperatur von 30° C folgt die Textstelle: „Auch bei Ausschaltung der Wärmeregulierung (gemeint ist wohl Temperaturregulierung, und zwar nur die „chemische" Verf.) — wie ich diesen Zustand nennen möchte — sind die verschiedenen Tiere höchst ungleich in ihrem Stoffverbrauch; ganz analog den bei niedrigen Temperaturen gefundenen Verhältnissen. Die Unterschiede sind bedeutend, von 1,1 g—1,96 g (scil. CO_2 pro Stunde und Kilogramm). Auch jene Zellen, welche nicht in unmittelbarem Zusammenhange mit der Wärmeregulation stehen, zeigen also bei großen und kleinen Tieren eine verschiedene Intensität der Zersetzung, und diese wird gewiß in einer Beziehung zum Wärmeverluste stehen. Offenbar trägt nicht der Muskelapparat allein die Mehrzersetzung, wie sie durch letztere hervorgerufen werden, sondern wir haben es mit einer allgemeinen Akkommodationserscheinung der Zellen zu tun. Eine solche Anschauung würde unzweifelhaft noch berechtigter erscheinen müssen, wenn sich etwa ein besonderer gesetzmäßiger Zusammenhang der Zahlen auffinden ließe. Und es ist so. Eine Berechnung der ausgeschiedenen CO_2 auf die Oberflächeneinheit zeigt fast vollkommen übereinstimmende Werte, woraus also mit Bestimmtheit folgt, daß diese nicht unter direktem Nerveneinfluß der Haut (Oberfläche) stehenden Prozesse, doch von letzterer wieder abhängen.

Nicht unwahrscheinlich ist, daß die Nahrungsaufnahme die Vermittlung bildet, durch welche dieser Effekt erzielt wird."

Hier tritt das Rubners Forschungen sonst auszeichnende Bestreben, die kausale Abhängigkeit erhobener Befunde klar und restlos zu ergründen — wie dem Verf. scheint — wenig zutage. Jene freilich die gleich Kassowitz jedes „weil" in solchen Dingen perhorreszieren, werden dies vielleicht als Fortschritt begrüßen.

Verf. leugnet durchaus nicht, daß in der Gleichung $E = a \cdot O$[1]) der Wert a unter den Homöothermen nach bisherigen Erhebungen und von gewissen, weiteren experimentellen Studiums dringend bedürftigen Ausnahmen abgesehen, eine angesichts der großen Verschiedenheit der untersuchten Einzelfälle nach Art, Größe, Alter, Lebensweise bemerkenswerte relative Konstanz aufweist, was den Gedanken nahelegt, es könnte ein biologisches „Gesetz" dahinter stecken. Wenn das der Fall wäre, dann muß es sich dabei aber noch nicht um das energetische Oberflächengesetz in seiner ersten, zweiten oder dritten Fassung handeln.

Um die Bedeutung der Formel $E = a \cdot O$, also des Satzes von der Proportionalität zwischen Energieumsatz und äußerer Körperoberfläche richtig zu erkennen, muß man sich eine Tatsache vor Augen halten, nämlich die so bemerkenswerte, angesichts der Fehlergrenzen der Bestimmungen (entgegen Rubner) einstweilen feststellbare relative Konstanz des Vierordt-Meehschen Koeffizienten unter den bisher in Betracht gezogenen Versuchstieren. Denn diese gestattet jenen Satz auf einen viel allgemeineren und anderen Deutungen zugänglichen zurückzuführen, der lautet: Der Energieumsatz ist mit gewisser Annäherung proportional dem Werte $P^{2/3}$ oder: $E = \alpha \cdot P^{2/3}$.

Was bedeutet der Ausdruck $P^{2/3}$[2])? Zunächst nichts anderes als die arithmetische Reduktion eines dreidimensionalen Körpermaßes in ein zweidimensionales, ein Flächenmaß. Zu der Größe $P^{2/3}$ haben also prinzipiell die sämtlichen Flächendimensionen des Körpers genau dieselbe Beziehung wie die äußere Körperoberfläche. Jeder homologe Querschnitt des Gesamtkörpers oder irgendeines Körperteiles, jedes Lumen von Gefäß, Herz, Darmkanal, jede innere Oberfläche, jede Respirations-, Resorptions-, Sekretionsfläche usw., die Oberfläche jeder Darmzotte, jeder Zelle und damit alle von Flächengrößen abhängigen Funktionswerte sind ceteris paribus bei ähnlichem Körperbau in gleichem Maße dem Werte $P^{2/3}$ proportional wie die Hautoberfläche. Der Vergleich von Energieumsatz und Körpermaßen führt sonach **vielleicht** zum Schlusse, **daß der Energieumsatz allgemein eine Flächenfunktion ist.** Ob es sich dabei aber überhaupt nur um eine bestimmte Fläche und insbesonders, ob es sich um die äußere und innere Oberfläche des Körpers handelt, wäre noch zu erweisen.

---

[1]) E Energieumsatz in der Zeiteinheit, O äußere Körperoberfläche.
[2]) Richtiger, wie mehrfach erwähnt, $V^{2/3}$ (V = Körpervolumen, brutto).

Teilweise Einschlägiges findet man schon bei Bergmann in einem Anhang zum zitierten Werke „Über ein anderes Verhältnis der Größe zur Organisation" erörtert; ferner bei Vierordt.

Weitaus am tiefsten in das Problem eingedrungen ist aber H. v. Hösslin (1888, 1891). Er zeigte in geistvoller Weise, daß die Hautoberfläche selbst als Maß des Energieumsatzes nicht in Betracht kommen könne und erwog andere Möglichkeiten, z. B. versuchte er nachzuweisen, daß der Sauerstoffverbrauch bei großen und kleinen Tieren proportional geht der durch den Körper zirkulierenden Sauerstoffmenge. Die letztere hat bei annähernd konstanter Strömungsgeschwindigkeit des Blutes (Volkmann entgegen Vierordt) Beziehungen zum Gesamtlumen der Blutgefäße eines Körperquerschnittes und dieser ist bei homologem Bau des Gefäßbaumes ceteris paribus proportional $P^{2/3}$. Er meint weiter, daß die Höhe der Nahrungszufuhr der ideellen Darmoberfläche, diese aber wieder dem Körperquerschnitt, also $P^{2/3}$ proportional gehe. Wenn der Darm (und damit alle vegetativen Organe) proportional $P^{3/3}$ wachsen würden, könnte das relative Verhältnis der einzelnen Körperteile zueinander nicht erhalten bleiben; nur eine Umsatzänderung im Verhältnis von $P^{2/3}$ wäre vereinbar mit optimaler Ökonomie verschieden großer ähnlich gebauter Tiere. Aber nicht allein solche morphologische, sondern auch teleologische Erwägungen im Darwinschen Sinne ergeben nach von Hösslin, daß die äußere Arbeitsleistung verschieden großer Tiere nicht zu $P^{3/3}$, sondern zu $P^{2/3}$ konstante Beziehungen haben müsse, wenn eine wechselseitige Konkurrenzfähigkeit bestehen soll. Beispielsweise könne die Schnelligkeit verschieden großer Tiere nur dann annähernd dieselbe bleiben, wenn die Arbeit in der Zeiteinheit proportional $P^{2/3}$ geht. Auch aus hydrodynamischen und physiomechanischen Sätzen leitet von Hösslin ab, daß der Umsatz des ganzen Körpers, wenn er dem Bedürfnisse möglichst angepaßt sein soll, gleich $\alpha \cdot P^{2/3}$ sein müsse.

Von Hösslins so hochbedeutsame Publikationen werden zwar hin und wieder respektvoll zitiert, aber nur selten wirklich berücksichtigt; dieses Mißgeschick teilen sie mit anderen medizinischen Arbeiten, deren Thema die Aufnahme einiger arithmetischer Formeln in den Text gleicherweise unvermeidlich machte.

In mancher Hinsicht einschlägig ist hier auch die „Reflexkettentheorie" von Kassowitz; dieser Autor wendet sich gleichfalls gegen das Oberflächengesetz, besonders gegen seine kausale Fassung.

Folgende Tabelle (berechnet nach E. Voits Daten) gibt eine Reihe von a- und eine solche von α-Werten (wobei wieder $E = a \cdot O = a \cdot m \cdot P^{2/3}$ und $E = \alpha \cdot P^{2/3}$, also $\alpha = a \cdot m$).

Da der Wert a für das Quadratmeter als Oberflächeneinheit angegeben zu werden pflegt, mußte zur Berechnung des α hier von der Tonne als Gewichtseinheit ausgegangen werden.

	P	E	α	a
Pferd	441	4983	8601	948
Schwein	128	2445	9625	1078
Mensch	64,28	2063,6	12863	1042
Hund	15,2	782,8	12767	1039
Gans	3,54	248,2	10684	967
Kaninchen	2,27	170,5	9870	776
Huhn	2,04	144,8	9004	943
Mittel[1])			10798	974,2
Größte Abweichung vom Mittel . . .			19,0%	20,3%

Man erkennt, daß die α-Werte annähernd in gleichem Maße um ihr Mittel schwanken, wie die a-Werte, daß m. a. W. der Satz von der $P^{2/3}$-Proportionalität des Energieumsatzes vorläufig keine wesentlich mindere Berechtigung hat wie das energetische Oberflächengesetz. Eine irgend erhebliche „Verbesserung" im Sinne dieser Gesetzmäßigkeit erfährt der α-Wert durch Artbesonderheiten des Vierordt-Meehschen Koeffizienten nicht. In dem vielbesprochenen Falle des Kaninchens trifft das Gegenteil zu. Hier stimmt die Relation $E = \alpha \cdot P^{2/3}$ ganz leidlich und nur der hohe m-Wert drückt jenen für das a aus der Reihe. (Vgl. hierzu Fußnote 2 zu S. 90.)

Bei konstantem Vierordt-Meehschen Koeffizienten laufen die Beziehungen des Energieumsatzes zum Werte O einerseits und zum Werte $P^{2/3}$ andererseits infolge wechselseitiger Bindung beider nebeneinander her und es kann nicht ohne weiteres entschieden werden, welche von beiden Beziehungen die eigentlich kausal geknüpfte und welche die rein formale ist. Um dies zu entscheiden, müßten Fälle herangezogen werden, in denen eine Disjunktion, eine Unebenmäßigkeit zwischen Oberfläche und Körpergewicht besteht, in denen m. a. W. der Vierordt-Meehsche Koeffizient von seiner normalen Mittellage erheblich abweicht.

Als notorisch gilt die Disjunktion zwischen Oberfläche und Körpermasse beim Hunger und bei krankhaften, atrophierenden Prozessen. Über den Kraftwechsel unter solchen Umständen ist früher und namentlich in neuester Zeit einiges am Menschen eruiert worden. Rubner und Heubner fanden die respiratorischen Werte

---

[1]) Ohne den nach E. Voit fraglichen Wert für das Pferd.

pro Oberflächeneinheit fast genau gleich bei zwei Flaschenkindern, die sich im Versuch annähernd gleich ruhig verhielten, wovon aber das eine gesund, das andere atrophisch war. Die Autoren schließen, daß eine abnorme Art der Zersetzung und des Kraftwechsels beim Atrophiker nicht vorliege. Die Oberfläche wurde hierbei aber nicht bestimmt, sondern berechnet, und zwar nach Meehs Formel unter der Annahme eines für beide Teile gleich hoch angesetzten Koeffizienten ($m = 11,9$). Da das Istgewicht des Atrophikers nicht viel über 50% von seinem Sollgewicht betrug, muß seine Haut wohl recht stark faltig gewesen sein, es wäre also für diesen Fall wohl ein höherer Koeffizient anzusetzen gewesen (vgl. Rubners Daten über die Hungermäuse und anderes), und es muß die Oberfläche des Atrophikers erheblich kleiner gefunden worden sein, als sie tatsächlich war. Hier würde sonach der Energieumsatz wohl dem Werte $P^{2/3}$ nicht aber der tatsächlichen Hautoberfläche proportional gewesen sein. Dasselbe ergeben die Versuche Niemanns, der auch die Oberfläche von Atrophikern trotz erheblicher Proportionsstörung mit dem für normale Säuglinge angegebenen Koeffizienten berechnete.

Hier wäre freilich noch folgendes zu erwägen: Zwischen den Erhebungen über die Oberflächenwerte an Hungermäusen nach Rubner und an atrophischen Säuglingen nach verschiedenen klinischen Beobachtern scheint gemäß dem Berichte hierüber (Kap. IV, S. 67 ff.) ein Widerspruch zu bestehen. Rubner fand — entsprechend der Voraussicht — die Oberfläche gegenüber dem Gewichte wesentlich vermehrt, den m-Wert erhöht; bei den klinischen Ermittlungen tritt eine solche Vermehrung aber zum mindesten nicht gesetzmäßig in Erscheinung. Der Widerspruch kann vielleicht eine ungezwungene Erklärung darin finden, daß Rubner die Bestimmung der Oberfläche an dem abgezogenen Fell vornahm, dessen Falten wohl durch das Ausbreiten zum Verstreichen gebracht wurden, während bei den Bestimmungen am lebenden Säugling oder an Säuglingskadavern ein solcher Faltenausgleich gar nicht oder mindestens nicht in gleichem Ausmaße stattfinden konnte. Es fragt sich aber, welcher von beiden Oberflächenwerten größere Berechtigung hat. Verf. meint in anatomischer Hinsicht unzweifelhaft der erstere; anders aber in physiologisch-funktioneller Hinsicht. Denn nicht allein dort, wo etwa durch förmliche Überdeckung von Hautteilen, sondern auch dort, wo durch Faltenbildung Konkavitäten entstehen, muß die Haut als direkt entwärmendes (Strahlung, Leitung, Wasserverdampfung), sowie auch als Kälte- und Wärmereize empfangendes Organ in ihrer Leistung herabgesetzt sein. Sonach wäre für die Frage des Energieumsatzes — wenngleich anatomisch inkorrekt — die Erhebung ohne Rücksicht auf die Falten, die Überbrückung dieser vielleicht eher maßgeblich[1]). Auch bei abnormer Fettsucht entstehen bekanntlich Hautfalten (sog. Staufalten), in deren Tiefe Macerationen der oberflächlichen Schichten die Funktionsstörung deutlich bekunden.

[1]) Ähnlich Rubner, Ernährung im Knabenalter, S. 40.

Die Entspannung und Runzelbildung an der Haut abgemagerter Tiere bringt eine Verstärkung des Pelzes, also Vermehrung des Wärmeschutzes für die (physiologische) Oberflächeneinheit mit sich. Diese soll aber nach Rubner durch den Fettverlust der Haut Ausgleich finden. Sie kommt überdies für den menschlichen Säugling natürlich nicht in Frage.

Schon nach Rubners Annahme und besonders nach einer oben geäußerten Vermutung (s. S. 105) kommen verschiedene Reizqualitäten als Urheber der Wirkung auf die Lebensenergie der aktiven Körperzellen in Frage. Es ist nun durchaus nicht a priori anzunehmen, daß Veränderungen der Hautoberfläche im allgemeinen — hier Faltenbildung — die Empfänglichkeit und Exposition der Haut für diese qualitativ verschiedenen Reize in durchaus gleichem Maße herabsetzen. Hiernach wären die Verhältnisse bei Zuständen von Abmagerung als recht unübersichtliche und einer Aufklärung durch Rechnung oder Messung kaum zugängliche zu erachten.

Die Nahrung mancher der atrophischen Probanden, auf die sich das Gesagte bezieht, war im Versuch hinsichtlich der „spezifisch dynamischen Stoffe" anders zusammengesetzt als die der Vergleichskinder. Der Forderung, zu Vergleichszwecken Ruhe - Nüchtern - Versuche anzustellen, hat m. W. an Säuglingen bisher nur Schlossmann entsprochen. In seinen wertvollen Versuchen zeigte sich die Kohlensäureproduktion pro Einheit der mit konstantem Faktor (11,97) berechneten Oberfläche bei den Atrophikern Höpfner und Mommertz zunächst sogar erheblich erniedrigt[1]). Wenn sie der effektiven Oberfläche entsprochen hätte, dann müßte der Wert im Gegenteil bei Schlossmanns Berechnungsweise erhöht gefunden worden sein. Solches war erst in späteren Stadien mehr oder minder weit vorgeschrittener Reparation der Fall, wo aber rasches Nachwachstum als ein das Ergebnis sehr beeinträchtigendes Moment mitgespielt haben dürfte.

In diesen letzteren Erhebungen sieht Schlossmann gleichwohl eine bedeutsame Stütze des Oberflächengesetzes, dessen Geltungsbereich sonach auch die Ernährungspathologie einschließen würde. Eine nähere Analyse der Daten ergibt folgendes: Am ruhenden, nüchternen Kind wurde der Grundumsatz an Kohlensäure und Sauerstoff ermittelt, aus dem Körpergewichte nach der Vierordt- Meehschen Formel ($m = 11{,}97$) die Oberfläche und daraus weiter die stündliche Produktion von CO_2 sowie der Verbrauch an O_2 pro Quadratmeter Oberfläche berechnet. Diese Werte betrugen bei den obenbesagten kranken Kindern zumeist etwa 12,66 bis 16,61 bzw. etwa 11,38—16,38 g. „Da wir wissen, daß im Grundumsatz das gesunde Kind ca. 12 g CO_2 produziert und ca. 11 g O_2 pro

---

[1]) Schlossmann meint wegen Einstellung der Lebensfunktionen auf ein Minimum.

Quadratmeter Oberfläche konsumiert, so ergibt sich, daß der Stoffumsatz unseres Atrophikers durchgehend höher als die Norm war.“ Ähnliches — doch weniger ausgesprochen — zeigten einige weitere Fälle. Die „Erhöhung“ des Stoffumsatzes ist aber nach Schlossmanns Meinung nur eine scheinbare, nämlich dadurch vorgetäuscht, daß eben die Oberflächenberechnung aus dem Gewichte bei Atrophikern zu niedrige Werte ergibt. Eine richtige Oberflächenwertung, die bei solchen Individuen nicht möglich sei, würde nach Ansicht des Autors auch bei solchen Kindern den normalen Grundumsatz pro Oberflächeneinheit ergeben.

Es läßt sich nun unschwer ermitteln, welches das Oberflächen-Gewichtsverhältnis bei den untersuchten Kindern gewesen sein müßte, wenn diese Voraussetzung zutreffend wäre, die Schlossmann im Vertrauen auf die von ihm angenommene Gültigkeit des Oberflächengesetzes gemacht hat. Das Kind Ingeborg Höpfner [1]) konsumierte beispielsweise am 28. Juli 1911 (Alter $1^1/_2$ Jahre) stündlich 7,5076 g O_2. Dieser Wert entspricht nach Schlossmann einer Körperoberfläche von

$$O = \frac{7,5076}{11} = 0,6825 \text{ qm} = 6825 \text{ qcm}.$$

Das Körpergewicht war an jenem Tage 7500 g. Aus diesen beiden Zahlen berechnet sich das $m = O \cdot P^{-2/3} = 17,81$. Der höchste m-Wert, den Lissauer bei Atrophikern erhoben hat, beträgt 12,40, der höchste (und fragliche) von Kastner bei ebensolchen Kindern angetroffene 13,78; unter allen Werten, die bei Säugetieren beliebigen Ernährungszustandes jemals angetroffen wurden (auch mit Einschluß der Versuche, in denen das Fell abgezogen und ausgebreitet worden war, und mit Einschluß der Versuche an Tieren, die an Hunger eingegangen waren) ist der höchste m-Wert 13,36. Der Wert 17,81 muß sonach besonders angesichts der hochgradigen Unempfindlichkeit dieses „Staturindex“ (vergl. S. 66) als ein ganz exorbitanter angesehen werden und läßt, wenn man ihn überhaupt für möglich halten wollte, eine groteske Proportionsstörung erwarten. Besonders müßte das Aussehen der Haut ein sehr merkwürdiges gewesen sein. Das Kind hatte in Wirklichkeit — wenn Schlossmanns Annahme zutrifft — eine Körperoberfläche von 6825 qcm; davon müssen aber 2242 qcm, also fast genau ein Drittel durch

---

[1]) Die in diesem Falle vorliegende Atrophie (sensu latiore) scheint im wesentlichen durch eine frühinfantile „Nutritionspsychose“ (im Sinne Moros) entstanden zu sein und würde in diesem Falle der rein inanitiellen naherücken.

Falten-und Runzelbildung an der Haut der Messung nach allen klinischen
Verfahren entzogen gewesen sein; denn die auf Grund solcher Bestimmungen berechnete Oberfläche setzt Schlossmann nach Meeh-Camerer
mit 4583 qcm an. Wir sind nun in der Lage, uns von dem Aussehen des
Kindes um diese Zeit durch Augenschein zu überzeugen, denn Schlossmann bringt ein sehr gelungenes Lichtbild seiner Patientin vom 29. Juni
1911, dem Tage nach besagter Gaswechseluntersuchung (Fig. 2 seiner
Abhandlung). Wir sehen aber nicht das erwartete Monstrum, sondern
ein ganz gut proportioniertes (wenn auch natürlich für sein Alter kleines)
Kind von mittlerer oder mäßiger Körperfülle, dessen Haut im Gegensatze zu ihrem früheren Verhalten (Fig. 1 zeigt die Pat. am 22. Mai)
krankhafte Faltenbildungen überhaupt nicht mehr erkennen läßt. Das Bild veranlaßt uns einerseits wohl dem therapeutischen
Erfolg alle Reverenz zu bezeugen, anderseits aber in der Deutung der
so wertvollen respiratorischen Befunde von ihrem Urheber — sofern
wir ihn richtig verstanden haben — etwas abzuweichen. Wir sind
der Ansicht, daß die Steigerung des Gaswechsels bei dem Kind
Höpfner wenigstens zum Teil andere Ursachen hatte als die relative
Vermehrung der Oberfläche. Solches wird übrigens nicht allein von
Kassowitz und von Niemann, sondern auch von Schlossmann
selbst angenommen. Dann hat aber die Beobachtung u. E. wohl keine
richtige Beweiskraft hinsichtlich des Oberflächengesetzes.

Durch Hautfaltung bei extremen Graden von Gewichtsverlust werden Verhältnisse gesetzt, die die Übersicht erschweren. Einfacher gestaltet sich die Sachlage bei mäßigen oder geringen Schwankungen des
Ernährungszustandes, weil hierbei infolge der besonders im jugendlichen
Alter bestehenden elastischen Spannung der Haut Faltenbildungen nicht
zustande kommen, die Berechnung der äußeren Oberfläche aus dem
erhobenen Körpergewicht unter Anwendung des art- und altersgemäßen
Koeffizientenwertes somit annähernd richtige Daten ergeben muß. Den
Energieumsatz solcher Fälle haben namentlich E. Voit und Rubner
geprüft. Beide kommen zum Ergebnis, daß hier Abweichungen vom
Oberflächengesetz zutage treten; nach Rubner geht der Energieumsatz
hier überhaupt mit dem Körpergewichte, nicht mit der Körperoberfläche; er wäre also gar nicht $m \cdot P^{2/3}$, sondern P^{1} proportional:

„Im Laufe des akuten Hungers (und beim protrahierten gilt nach aus-
drücklicher Feststellung dasselbe Verf.) kommt es im allgemeinen nicht
zu einer aus dem Gesetz der Oberflächenentwicklung abzuleitenden Steigerung der Wärmebildung pro 1 kg Masse; vielmehr werden durch kom-

pensierende Einflüsse ... die Verluste so gemindert, daß dadurch mit großer Annäherung ein für gleiche Gewichtseinheit gleichbleibender Energieumsatz entsteht.‘‘

Eine der Beobachtungen, die Rubner zu diesem Schlusse führen, ist in den Originalzahlen folgende: Das Körpergewicht eines Hundes betrug in einer Periode guten Ernährungszustandes 6,940 kg, die tägliche Wärmeproduktion 432,1 Calorien, in einer späteren Periode schlechten Ernährungszustandes sind die entsprechenden Zahlen 6,090 kg und 332,0 Calorien. Setzt man mit Rubner den Vierordt-Meeh-Koeffizienten des Hundes für ersteren Zustand mit 10,3, für letzteren mit 11,2 an, so errechnet sich, daß die Wärmeproduktion pro Kilogramm Körpergewicht von 62,26 auf 54,52 Calorien, das ist um nur 12,4% gefallen ist; jene pro Quadratmeter Oberfläche von 1153 auf 888,9 Calorien, das ist um 22,9%. Aber auch wenn man an Stelle des dem abgezehrten Zustand angepaßten hohen Koeffizientenwertes den normalen Koeffizientenwert für die Oberflächenberechnung im schlechten Ernährungszustande verwendet, findet man den Energieumsatz pro Quadratmeter Körperoberfläche jenes Hundes noch auf 989 Calorien, das ist um 14,2%, vermindert — entgegen der starken Vermehrung der respiratorischen Werte in Schlossmanns Falle.

Wenn es sich in solchen Fällen also um Ausnahmen vom Oberflächengesetze handelt, dann wird man wohl vergeblich bemüht sein, dessen Gültigkeit bei der Säuglingsatrophie nachzuweisen; auch läuft man Gefahr einer Täuschung, wenn man auf die Annahme solcher Gültigkeit Schlüsse, betreffend das Wesen der bei Säuglingsatrophie vorliegenden Störung, gründet[1]). Vielmehr wird man Niemann recht geben müssen, wenn er auf Grund eingehender Kritik des Gesamtmateriales zum Schlusse kommt, daß bei der Fülle von möglichen konträren Einflüssen eine einigermaßen klare Erkenntnis der Besonderheiten des Gaswechsels bei Atrophie trotz (oder wegen) des starken Zahlenzuwachses seit Rubner-Heubner noch nicht ermöglicht ist.

Hiernach wird man sich zur Entscheidung der S. 108 aufgeworfenen Frage nach Fällen umzusehen haben, in denen bei gesunden Individuen die vermeinte Disjunktion zwischen Oberfläche und Körpergewicht besteht.

Ein für die Säuglingsatrophie hierzulande gebrauchter Krankheitsname heißt bezeichnenderweise „Das Alter‘‘ und die Beschaffenheit der Körperdecke im Gesichtsbereiche, ihre Falten- und Runzelbildung beim Atrophiker verglich man jederzeit mit jener beim Greis. In der Tat

---

[1]) Was Bahrdt und Edelstein jüngst über die Eigenart des Stoffwechsels bei Säuglingsatrophie schließen, weicht (gelinde ausgedrückt) stark ab von den Folgerungen Rubners und Heubners — vielleicht wegen Verschiedenheit des „Zustandes‘‘ beider Probanden.

muß angenommen werden, daß bei solcher Veränderung der Hautdecken im hohen Alter der Vierordt-Meehsche Koeffizient, also auch die Wärmeproduktion auf die Körpergewichtseinheit berechnet ansteigt[1]). Kassowitz führt Daten an, nach denen hinsichtlich der letzteren genau das Gegenteil zutrifft (Jahrbuch für Kinderheilkunde 1908, Band 67, S. 587); auch noch in vorgeschrittenem Alter mindert sich nach Camerer der Umsatz pro Kilogramm Körpergewicht. Gleiches erweisen auch bezüglich des Umsatzes pro Oberflächeneinheit die Versuche von Sondén und Tigerstedt, Magnus-Levy, Fenger, Du Bois und F. Benedict[2]). Solches wäre, wie Fr. v. Müller jüngst betont, auch gerade nach der Lehre Rubners vom Wesen des Alterns und der Begrenzung der Lebensdauer durchaus zu erwarten, derzufolge diese ihre ursächliche Erklärung in dem Zusammenbruch der Zerlegungsfähigkeit des Protoplasmas finde; die lebende Substanz könne nur eine begrenzte Zahl von Lebensaktionen der Zerstörung von Nahrungsstoffen ausführen[3]), erschöpfe sich darin also schließlich. Im vorgeschrittenen, aber noch physiologischen Greisenalter muß solcher allmählich fortschreitende Erschöpfungszustand doch wohl zum Ausdruck kommen.

Die auch jenseits der Wachstumsperiode im Mannes- und speziell im Greisenalter noch stetig fortschreitende Minderung des Energieumsatzes pro Körpergewichtseinheit, die Kassowitz anders, aber auch sehr plausibel[4]) durch Zunahme der reizfesten Körperbestandteile erklärt (Vermehrung des „Metaplasmas" gegenüber dem Protoplasma) kann in der Tat nicht für das Oberflächengesetz einnehmen. Ohne Zweifel geht hier der Energieumsatz weit eher dem $P^{2/3}$- als dem relativ zunehmenden wahren Oberflächenwerte proportional.

Auch eine tierexperimentelle Entscheidung der oben aufgeworfenen Frage wäre m. E. möglich. Man müßte respiratorische Versuche anstellen an homöothermen Tieren, die zufolge Besonderheiten ihrer Körperform schon unter physiologischen Verhältnissen in den Be-

---

[1]) Zur ziffernmäßigen Begründung reichen die ganz vereinzelten Daten über die Körperoberfläche bei Greisen nicht aus.

[2]) Zitiert nach Friedr. v. Müller.

[3]) Früher sagte man: Die Befruchtung der Eizelle vermag nur eine begrenzte Zahl von Zellteilungen auszulösen.

[4]) Magnus-Levy und Falk nehmen allerdings an, daß (bei ihren Probanden) die Zunahme an bindegewebigem Anteil des Metaplasmas im Alter durch Abnahme an gleichfalls inaktivem Fett Ausgleich fand. Vielleicht bezieht sich die vermeinte Fettabnahme aber auf den tastbaren Panniculus und steht ihr wieder eine Mehrung des Interstitialfettes der Organe entgegen.

ziehungen von Oberfläche zu Körpermasse, in der Relation $O : P^{2/3}$ von den bisher untersuchten Tieren erheblich verschieden sind, m. a. W. artgemäß einen stark abweichenden Vierordt-Meehschen Koeffizienten aufweisen.

Ein solches Tier muß nach Erhebungen Rubners die weiße Maus sein; denn Rubner hat die Oberfläche von sechs weißen Mäusen, die zusammen 121,3 g, einzeln also durchschnittlich 20,21 g wogen, planimetrisch ermittelt und für alle zusammen 278,5 qcm, also für das Einzeltier im Durchschnitt 46,41 qcm groß befunden. Daraus berechnet Verf. den Vierordt-Meehschen Koeffizienten für die weiße Maus $m = O \cdot P^{-2/3} = 46{,}41 \times 20{,}21^{-2/3} = 6{,}255^1)$. Dieser Wert für ein Säugetier fällt, wie die Zusammenstellung der Tabelle VIII zeigt, gänzlich aus der Reihe; er beträgt rund die Hälfte des Wertes beim Menschen, Kaninchen, Schaf usw. Es wird also zu prüfen sein, ob das Verhältnis des Energieumsatzes der weißen Maus zur Oberfläche oder ob jenes des Umsatzes zum Werte $P^{2/3}$ dem bei anderen Tieren gefundenen analogen Verhältnis entspricht. Bei diesen anderen Tieren ist $\dfrac{E}{O}$ sowie $\dfrac{E}{P^{2/3}}$ ziemlich konstant; bei der Maus aber, bei der der Vierordt-Meehsche Koeffizient nur den halben Wert erreicht, kann höchstens eine der beiden Relationen mit jener der übrigen Tiere übereinstimmen, die andere muß um rund 100% abweichen.

Eine experimentelle Ermittlung des Energieumsatzes bei der hungernden weißen Maus liegt von Rubner selbst vor. Rubner gibt (1902, S. 281) an, daß die weiße Maus im Hunger pro Kilogramm Körpergewicht in 24 Stunden 212,0 Calorien umsetzt. Die Versuchstiere waren hierbei eben jene, von denen obige Körpermaße stammen. Die Lufttemperatur in den Versuchen betrug 23—24° C; um den Vergleich mit anderen Tieren zu ermöglichen, die bei etwa 15° C untersucht sind, hat Rubner eine Umrechnung vorgenommen. Einer analogen Korrektur zufolge ist für die Lufttemperatur von 15° C ein Umsatz von 259,6 Calorien pro Kilogramm hier anzunehmen; dieses wäre der Wert des sogenannten Energiequotienten für die hungernde Maus. Das mittlere Körpergewicht der einzelnen Maus beziffert Rubner auf der Tabelle Seite 282 mit 18 g (wohl als Mittelwert zwischen dem Ernährungszustand im Beginn und am Ende des Versuches gedacht; näher käme vielleicht 17 g). Hiernach

---

$^1)$ Für die verhungerten Tiere jenes Versuches von Rubner ergeben sich folgende Daten: Mittleres Einzelgewicht 13,96; mittlere Einzeloberfläche 40,13; $m = 6{,}922$.

berechnet sich der Umsatz für ein Tier auf 4,674 Calorien pro Tag. Die Oberfläche der Tiere betrug nach obigem im Mittel 46,41 vor und 40,13 qcm nach dem Versuch; es werden also etwa 43,27 qcm für den Durchschnitt einzusetzen sein. Dann betrug der Tagesumsatz auf 1 qm Körperoberfläche 1080 Calorien. Dieser Wert kommt jenem bei anderen Tieren sehr nahe; es zeigt sich also Übereinstimmung im Sinne des Oberflächengesetzes.

Das Gewicht der einzelnen Maus wieder mit 18 g angesetzt, beträgt der Wert $P^{2/3} = 0{,}06868$. Wenn hierauf 4,674 Calorien Tagesumsatz entfallen, so wäre das Verhältnis von Umsatz zu $P^{2/3} = 68{,}05 : 1$. Die entsprechende Zahl aus der Voitschen Reihe für den Menschen berechnet (mittleres $P = 64{,}28$ kg, $E = 2063{,}6$ Calorien) ergibt 128,6. Hier besteht also eine große Differenz und man müßte die obengestellte Frage dahin beantworten, daß bei Einbeziehung der weißen Maus die Proportionalität nicht mit bezug auf den Wert $P^{2/3}$, sondern mit Bezug auf die Oberfläche vorliegt, daß also tatsächlich letztere für den Umsatz maßgeblich zu sein scheint.

Zu dieser Folgerung konnte sich Verf. bisher aber trotzdem nicht bekennen, und zwar aus folgenden Gründen. Fürs erste ist ihm — wie schon erwähnt — die Berechnung Rubners aus dem Mäuseversuche am angegebenen Orte nicht ganz klar geworden und er hält einen Irrtum für möglich.

Fürs zweite sah Verf. zu seiner Überraschung in Rubners Reihen den m-Wert für Mäuse nicht mit obigem Werte von rund 6,2, sondern mit 11,4, also ungefähr gleich jenem des Hundes angegeben, und zwar wurde dieser Wert von Rubner gerade aus den oben zitierten Daten berechnet; denn dort ist im unmittelbaren Anschluß an die Mitteilung der Zahlen gesagt: „Die Konstante ihrer Körperform (nämlich der sechs weißen normalen Kontrollmäuse) ist 11,36.“ Diese merkwürdige Unstimmigkeit zwischen der Rechnung des Verf. und jener Rubners findet eine sehr einfache Erklärung. Rubner hat den m-Wert jener sechs Mäuse direkt aus der Summe ihrer Körpergewichte und der Summe ihrer Körperoberflächen berechnet als $m' = 278{,}5 \times 121{,}3^{-2/3} = 11{,}36^{1})$. Überlegung und Rechnung ergeben gleicherweise, daß solches Vorgehen verfehlt ist und zu gröblichen Irrtümern Anlaß geben muß.

---

[1]) Für die Hungermäuse ergibt sich nach solchem Vorgehen: $m' = 12{,}58$. Die Angabe Rubners 12,3 beruht auf einem Rechenfehler in seiner prinzipiell irrtümlichen Rechnung.

Wenn n gleichartige Tiere zusammen ein Gewicht von ΣP und zusammen eine Oberfläche von ΣO haben, während das mittlere Einzelgewicht und die mittlere Einzeloberfläche P bzw. O betragen und wenn man den Vierordt-Meehschen Koeffizienten aus den Kollektivdaten berechnet als $m' = \Sigma O \cdot \overline{\Sigma P}^{-2/3} = n O \cdot (n P)^{-2/3}$, dann erhält man an Stelle des richtigen Wertes von $m = O \cdot P^{-2/3}$ selbstverständlich einen falschen Wert. Da $\dfrac{m'}{m} = \dfrac{n O \cdot n^{-2/3} \cdot P^{-2/3}}{O \cdot P^{-2/3}} = n \cdot n^{-2/3} = \sqrt[3]{n}$, muß man so das $\sqrt[3]{n}$-fache von dem, was man erfahren möchte, errechnen. Wären es z. B. 8 Tiere, dann erhielte man den $\sqrt[3]{8}$ fachen Wert, also genau das Doppelte von dem richtigen. Rubner hatte 6 Tiere und erhielt daher das $\sqrt[3]{6}$ fache m; in der Tat ist seine Zahl 11,36 genau das 1,817 fache von dem richtigen Wert 6,255. Aus den Kollektivzahlen direkt muß man naturgemäß die Körperformkonstante für ein hypothetisches Tier erhalten, das so schwer ist wie n Mäuse zusammen und eine so große Oberfläche wie eben diese alle zusammen genommen; ein solches Tier müßte aber eine Körperform und damit eine Körperformkonstante haben, die von jener der einzelnen Maus sehr erheblich abweicht, nämlich etwa die Körperform und -konstante eines echten „Rattenkönigs".

Diese Vorstellung weckt die Frage, wie sich etwa der Kraftwechsel bei natürlicher oder künstlicher Parabiose gestaltet. Werden zwei Individuen derselben Art vereint, ohne merklich an Oberfläche einzubüßen, also etwa zu einem Sterno-, Xipho-, Pygo- oder Ischiopagus, so müßte nach dem Oberflächengesetz und obiger Erwägung der Energieumsatz durch die Vereinigung den $\sqrt[3]{2}$ fachen Wert des Energieumsatzes beider Individuen von ihrer Vereinigung erlangen, m. a. W. um 26% ansteigen, denn in gleichem Maße steigt der Wert des Vierordt-Meehschen Koeffizienten.

Wenn es sich z. B. um zwei Neugeborene von je 3000 g Gewicht und 2500 qcm Oberfläche handeln würde, wäre das Verhältnis etwa 12,02 zu 15,14. Natürlich kann dies aber nur bei solchen Doppelmißbildungen in Betracht kommen, bei denen die beiden Individualteile in ihren körperlichen Funktionen weitgehende wechselseitige Abhängigkeit zeigen, was bekanntermaßen bei den lebensfähigen symmetrischen Formen im Gegensatze zu den Verhalten der asymmetrischen nicht zutrifft.

Wenn man dem Rubnerschen Irrtum bei der Berechnung des Vierordt-Meehschen Koeffizienten für die weiße Maus ausweicht und auf Grund seiner Originaldaten richtig vorgeht, dann gelangt man — wie S. 115 dargelegt — zum Werte von 6,255 für normale, zu dem Werte von 6,922 für verhungerte Mäuse. Diese niedrigen Werte müssen aber Bedenken erwecken; eine annähernd solche „Körperformkonstante" hat ein einfaches geometrisches Gebilde von sehr gedrungener Gestalt, nämlich der Würfel. Die Körperform der Maus aber bietet doch keine so mächtige Abweichung von jener verwandter Tiere, daß man ihr einen extremen und ganz aus der Reihe fallenden m-Wert ohne weiteres zumuten könnte; berechnet sich doch der m-Wert für die Ratte nach Rubners Körpermaßerhebungen auf 9,74 (Rubner selbst gibt irrtümlich 9,13 an), jener für das Meerschweinchen, der wegen der Schwanzlosigkeit des Tieres niedrig zu taxieren wäre, auf 8,5 nach Rubner (8,35 bis 10,81 nach Verf.). Wegen solcher Bedenken nahm Verf. an mehreren weißen Mäusen verschiedener Zucht Gewichts- und Oberflächenmessungen vor.

Das Verfahren war analog wie beim Meerschweinchen (s. S. 48). Für den Schwanz und für die Tatzen jenseits des Fußgelenke wurde nach sorgfältigen linearen Messungen und nach Silhouettezeichnungen eine Korrektur von insgesamt 11—13 qcm pro Tier beigefügt.

Die gewonnenen Daten sind folgende:

Maus Nr.	Körpergewicht in g	Oberfläche in qcm	Vierordt-Meehs Koeffizient
XII	18,1	67	9,72
VIII	13,0	55	9,95
IX	20,4	76	10,18
[IV a]	[18,3]	[77]	[11,09][1]
XI	17,0	74	11,19
X	11,1	56	11,26
V	18,2	$78^1/_2$	11,35
VII	17,5	78	11,57
II	22,0	91	11,59
III	19,1	83	11,62
IV	18,3	86	12,38
I	10,4	61	12,80
VI	16,8	87	13,26
I—XII (ohne IV a)	201,9	892,5	
Mittel	16,82	74,37	11,41

Sonach beträgt bei des Verfassers Mäusen der mittlere m-Wert 11,41. Dieser Wert sinkt selbst dann, wenn man den Schwanz unberücksichtigt läßt und wenn man, was sicher verfehlt ist (s. S. 49), jede Spannung des abgezogenen Felles unterläßt, nur auf etwa 10 ab. Hiernach ist die Körperformkonstante bei den vom Verf. untersuchten weißen Mäusen keine erheblich niedrigere als bei anderen Versuchstieren und weicht von jener, die sich nach Rubners Angaben richtig berechnet, um etwa 82% nach oben ab. Hingegen deckt sie sich ganz genau mit jener,

---

[1] Dasselbe Tier wie IV, doch das Fell ohne alle Dehnung ausgebreitet.

die Rubner auf Grund seiner direkten Verwertung der Kollektivmaße
gewann. Dieser Autor gelangte also — ausgehend von Daten, die nach
Erhebungen an den Tieren des Verf. nicht entfernt stimmen können —
auf Grund einer sicher irrtümlichen Berechnung zu dem nach der relativen Konstanz des Vierordt-Meehschen Koeffizienten von vornherein zu erwartenden und für die Münchner Mäuse auch völlig zutref-
fenden Werte.

Benützt man nun aber diesen letzteren Wert, um das Verhältnis des
Energieumsatzes weißer Mäuse zur Oberfläche der weißen Maus zu berechnen, so kommt man zu einem dem Oberflächengesetze ungünstigen
Resultat. Eine einfache Erwägung ergibt, daß nach dem Oberflächengesetz zwischen dem Energiequotienten e (24stündiger Umsatz in Calorien, berechnet auf 1 kg Körpergewicht) eines Tieres (Körpergewicht P,
Vierordt-Meehscher Koeffizient m) und dem Energiequotienten e'
eines anderen Tieres (Körpergewicht P', Vierordt-Meehscher Koeffizient m') folgende Beziehung bestehen muß:

$$\frac{e}{e'} = \frac{m}{m'} \cdot \sqrt[3]{\frac{P'}{P}} \text{ }^{1)}$$

Setzt man nun nach den von Rubner benützten Mittelzahlen E. Voits
für den Menschen

$$P = 64\,280 \text{ g}, \quad e = 32{,}08 \text{ bei ca. } 15^\circ \text{ C}, \quad m = 12{,}3$$

und nach Rubner für die Maus

$$P' = \quad 18 \text{ g}, \quad e' = 259{,}6 \text{ bei ca. } 15^\circ \text{ C}, \quad m' = 11{,}36,$$

so berechnet sich nach jener Formel—die jeweils übrigen Daten als richtig
angenommen — der Energiequotient der Maus auf 452,9 Calorien (statt
gefunden: 259,6) oder der Vierordt-Meehsche Koeffizient der Maus
auf 6,512 (statt gefunden: 11,36), mit anderen Worten: Entweder hatten
die weißen Mäuse Rubners tatsächlich einen von den Ermittlungen
des Verf. an eigenen Tieren, von der direkten Angabe Rubners selbst
und von dem Verhalten aller anderen, auch ähnlichen Tiere in be-
fremdlicher Weise sehr stark abweichenden m-Wert (um 6) oder
das Oberflächengesetz stimmt bei der weißen Maus nicht entfernt.

---

[1]) Bei gleicher Körperstatur erhält man hieraus, da $m = m'$ und
$\dfrac{\sqrt[3]{P}}{L} = \dfrac{\sqrt[3]{P'}}{L'}$ werden, die einfache Beziehung: Die Energiequotienten verschiedener Spezies oder verschieden alter Individuen gleicher Spezies sind verkehrt
proportional homologen linearen Dimensionen, z. B. der Körperlänge (L). Solches
leitet sich auch aus der S. 85 angegebenen Beziehung ab.

Der mit dem Oberflächengesetz leidlich stimmende Wert von $a = 1188$ (Rubner) für die weiße Maus beruht auf den höchst wahrscheinlich irrigen Original-Oberflächendaten dieses Autors und überdies auf einer Rechnung, der Verf. nicht zu folgen vermochte. Wenn diese Rechnung aber richtig ist, d. h. wenn tatsächlich (gemäß Rubners Angabe) auf 121,3 g Mauskörper bei 23—24° C täglich 25,715 Calorien Umsatz entfallen — das wären auf 15° C umgerechnet 31,495 — und wenn gemäß den Erhebungen des Verf. auf 121,3 g Mäusegewicht 536,2 qcm Mäuseoberfläche treffen (nicht aber gemäß Rubners unmöglich scheinender Angabe nur 265 oder 278,5 qcm), dann ist der in die Vergleichstabellen einzutragende Umsatzwert pro Quadratmeter Oberfläche für die weiße Maus $a = 587{,}4$, also ein gänzlich aus der Reihe fallender.

Die Möglichkeit, daß Rubner weiße Mäuse von besonderer körperlicher Eigenart zur Verfügung standen, kann erwogen werden.

Man wird es dem Verf. nicht zum Vorwurf machen können, daß er sich mit einer dem großzügigen Gedanken des energetischen Oberflächengesetzes gegenüber kleinlich scheinenden Prüfung und Sichtung der Zahlen im einzelnen befaßt hat, die ihm übrigens — wie man glauben wird — gewiß auch nichts weniger als unterhaltend war; Rubner selbst hat solche genaue Sichtung gefordert und das mit Recht, denn der Grundgedanke Bergmanns hat sich als unzweifelhaft verfehlt und unhaltbar erwiesen und an seine Stelle ist nichts getreten, was etwa abstrakt die Richtigkeit des Oberflächengesetzes irgend fördern oder stützen würde. Dieses Gesetz ist seines ursprünglichen Gedankengerüstes verlustig geworden und wird heute rein empirisch gestützt; es steht und fällt allein mit dem ziffernmäßigen Nachweis: a konstant und selbst, wenn unerklärte erhebliche Abweichungen nur auf einzelne Fälle, bzw. Arten beschränkt blieben, muß dies gegenüber einem durchgreifendsten Organisationsprinzip in der Tierreihe sehr zu denken geben.

Auch wenn sich Rubners Originaldaten über die Kollektivkörpermaße der sechs Mäuse tatsächlich als irrtümlich herausstellen sollten, wird es möglich bleiben, Fälle von starker Relationsabweichung zwischen Körpergewicht und Körperoberfläche zu untersuchen. Geeignete Objekte müssen m. E. beispielsweise in der Reihe der Chiropteren zu finden sein. Nach einer vorläufigen, approximativen Ermittlung an einer Fledermaus beträgt deren m-Wert mindestens 18; das wäre jedenfalls ausreichend, um im Versuch einen deutlichen Ausschlag zu erzielen.

Die Abweichung des m-Wertes bei Chiropteren ergibt sich natürlich aus der Mitberücksichtigung der Flügeloberfläche. Wenn die Flügel im Versuche — wie bei den ruhenden Tieren die Regel — nicht gespannt gehalten werden[1]), könnte allenfalls der Einwand gemacht werden, daß sie in gefaltetem Zustande keine Oberflächenwirkung erzielen. Ähnliches hat ja Rubner mehrfach erwogen, z. B. hinsichtlich der kauernden Haltung von Versuchshunden usw. Derselbe Autor stellt anderseits aber als Tatsache fest, daß „auch dem Nerveneinfluß im Sinne der Wärmeregulation entzogenes Protoplasma der Oberflächenwirkung entsprechend abgestimmt ist in seiner Lebensenergie". Hiernach möchte man meinen, daß der Spannungszustand der Flügel im Versuche nicht so ausschlaggebend wäre; da das Triebleben des Tieres, die ganze aktive Existenz und der Körperbau auf den Flug eingestellt sind, ist wohl eine „Abstimmung des Protoplasmas" auf die Körperoberfläche einschließlich der Flügel zu erwarten.

Vgl. hierzu auch Rubner: Die Wärmebildung großer und kleiner Tiere „ist auch dort, wo die Kühle nicht mehr wirken kann, noch ein Produkt der Wirkung abkühlender Verhältnisse, die zu anderen Zeiten gewirkt haben".

Auch künstlich herbeigeführte Disjunktion zwischen Oberfläche und Körpergewicht wäre vielleicht zur Entscheidung der Frage verwertbar. Eine Versuchsanordnung, bei der die Hautoberfläche eines Tieres funktionell variiert, etwa durch periphere Anästhesierung als Reizempfangsapparat oder durch spinale Läsion der Temperatursinnleitungen teilweise ausgeschaltet wird, während die Körpermasse konstant bleibt, ist nicht undenkbar. Jedenfalls lassen sich lebensunwichtige Körperteile operativ ausschalten, deren Oberfläche gegenüber der Gesamtoberfläche weit größer ist als ihre Masse gegenüber der Gesamtmasse des Tieres. Solche Körperteile wären nach dem oben Gesagten die Schwänze und Ohren verschiedener Tiere (Affen, Nagetiere). Festzustellen wäre dann, ob der Energieumsatz solcher Tiere nach der Operation ceteris paribus so erheblich gesunken ist, wie es die Oberflächenreduktion erwarten ließe oder nur so wenig, wie es der Minderung von $P^{2/3}$ entsprechen würde.

Im letzteren Falle würde ein Einwand, das Protoplasma der Zellen könne — obgleich den von den amputierten Oberflächen ausgehenden temperaturregulierenden Reizen nunmehr entzogen — dennoch in seiner Lebensenergie dauernd auf sie „abgestimmt" bleiben, nicht besonders wirksam sein, weil besagte Energie eine in relativ kurzer Zeit variable ist, wie nach Rubner schon das Verhalten wachsender Tiere zeigt.

---

[1]) Fixation in gespanntem Zustande wäre natürlich untunlich, weil sie Abwehr des Tieres zur Folge hätte; hingegen könnte Beugenervenlähmung u. ä. in Betracht kommen.

Bezüglich der Schlüsse aus seinen und anderer Erwägungen verweist Verf. auf die Inhaltsübersicht zu diesem Kapitel (Seite 140); es steht ihm selbstverständlich vollkommen fern, in physiologischen Dingen Physiologen belehren zu wollen, gleicherweise fern, der Fülle von wahrhaft imposanter mühevollster experimenteller und von Gedankenarbeit, die auf dem Gebiete des energetischen Oberflächengesetzes seit Bergmann geleistet worden ist, seine Bewunderung zu versagen. Zweck dieser Darlegungen war es hauptsächlich, auf wiederholte Interpellation die Gründe darzutun, die es ihm bisher verwehrt haben, dem für die Pädiatrie, besonders für die Säuglingsernährungslehre so bedeutsam gewordenen energetischen Oberflächengesetze unbedingtes Vertrauen zu schenken.

Körpermaß-Studien an Kindern.

VI. Vom Körpervolumen und der Körperdichte.

Vor vier Jahren hat sich Verf. in Gemeinschaft mit Herrn Dr. O. Kastner ziemlich eingehend mit der Bestimmung von Körpervolumen und Körperdichte bei Säuglingen befaßt. Hierüber ist von Kastner und vom Verf. im 3. Band der Zeitschrift für Kinderheilkunde Bericht erstattet. Zu den Untersuchungen veranlaßte uns damals nicht allein das Interesse an der Erhebung physiologischer Standardzahlen, sondern insbesonders die Aussicht, gewissen Konstitutionsfragen auf solche Weise nähertreten zu können. Die einzelnen Komponenten des Säuglingskörpers (wie Skelett, Muskulatur, Fettgewebe usw.) haben sehr verschiedenes spezifisches Gewicht und es lag nahe anzunehmen, daß die summarische Körperdichte oder deren Veränderungen im Laufe physiologischer oder pathologischer Entwicklung Rückschlüsse auf das wechselseitige Mengenverhältnis, die „Korrelation" dieser Teile gestatten würden. Wie Verf. am angegebenen Orte zeigen konnte, erlaubt der Vergleich von Gewichts- und gleichzeitiger Volumenveränderung gewisse Schlüsse auf die Qualität des Ansatzes bzw. Verlustes.

Beim Versuch, die an ziemlich großem Material erhobenen Daten zu verwerten, stellte sich aber heraus, daß ein störender Faktor von bedeutendem Gewichte im Spiele sein müsse, der das spezifische Gewicht des Gesamtkörpers, die „Brutto-Dichte" ganz überwiegend beeinflußt und so die Erkenntnis konstitutioneller Besonderheiten oder Veränderungen fast völlig vereitelt. Dieser Faktor konnte auch ausfindig gemacht werden. Es handelt sich um den veränderlichen Gasbestand des Körpers. Das spezifische Gewicht der in den Körper aufgenommenen oder dort gebildeten Gase differiert so stark von dem spezifischen Gewichte aller Gewebe, daß der jeweilige Gasgehalt die Bruttodichte beherrscht und die feineren Ausschläge, die etwa durch Veränderungen im Gewebsbestande bedingt würden, völlig verdeckt. Der Gasbestand des Körpers selbst aber ist steilen Schwankungen unterworfen und bietet an sich kein so hohes theoretisches oder praktisches Interesse. An dem besagten Übelstande leiden alle Dichtebestimmungen, die bisher am menschlichen Körper gemacht wurden; es ist wohl nicht zu viel gesagt, wenn man behauptet, daß aus diesem früher anscheinend unerkannten Grunde diese Dichtebestimmungen insgesamt nahezu wertlos ist. Eine brauchbare Körperdichtebestimmung muß den störenden Faktor ausschalten. Es muß ermittelt werden, welches das spezifische Gewicht des Gesamtkörpers unter Ausschluß seines gasförmigen Inhaltes in den verschiedenen größeren Körperhöhlen ist; diesen „Netto-Dichten"-Wert zu ermitteln war sonach die Aufgabe. Dazu bedurfte es einer Methode zur Ermittlung des Netto-Körpervolumens (Gesamtkörpervolumen abzüglich des Volumens der gasgefüllten Hohlräume des Respirationsbaumes und Digestionsschlauches); denn dieser Wert nebst dem leicht zu erhebenden Gesamtkörpergewicht, in dem ja die Körpergase praktisch nicht zum Ausdruck kommen, läßt den fraglichen Index sehr leicht

$$\text{berechnen: Nettodichte} = \frac{\text{Körpergewicht}}{\text{Nettovolumen}}.$$

In der zitierten Publikation des Verf. ist bereits ein Weg gewiesen, der mit einiger Aussicht auf Erfolg beschritten werden konnte. Auf diesem Wege ist Verf. seither bis zur Erlangung einwandfreier exakter Nettovolumen- und Nettodichtewerte vorgeschritten. Allerdings liegen diese Erhebungen vorläufig nur von Säuglingsleichen vor; der Anwendung des Verfahrens auf den lebenden Säugling stehen noch gewisse, wohl nicht unüberwindliche Schwierigkeiten entgegen.

Das Prinzip der von mir auf Rat des Herrn Professor Dr. L. von Pfaundler angewandten Volumenometrie ist für jedermann sehr leicht zu verstehen. Man denke sich einen allseits abgeschlossenen starrwandigen Hohlraum, in dem durch Einschieben bzw. Herausziehen eines Pumpenstempels eine Drucksteigerung bzw. Drucksenkung hervorgerufen werden kann. Bringt man in diesen Hohlraum irgendwelche massive Gegenstände ein, so wird ein und dieselbe Pumpenstempelbewegung eine um so stärkere Druckveränderung gegenüber dem Leerversuch erzeugen, je größer das Volumen des eingebrachten Gegenstandes ist. Hat man an einem angeschlossenen Manometer die Druckveränderung bei Kompression bzw. Dekompression am leeren Apparat festgestellt und dann die Druckveränderung bei gleicher Kompression bzw. Dekompression nach Einbringung des fraglichen Gegenstandes, so ergibt die Differenz der beiden Manometerstände ceteris paribus ein Maß für das Volumen des Objektes. Handelt es sich bei diesem Objekt um einen Hohlkörper, dessen Binnenräume mit der Außenwelt kommunizieren, beispielsweise um eine unverschlossene Flasche, so wird natürlich nicht das Volumen der Flasche, samt ihrem Luftinhalt, sondern lediglich das Volumen des Glases indiziert. Analoges gilt, wenn es sich um einen von nachgiebigen Wandungen umgebenen lufthaltigen und luftdicht abgeschlossenen Hohlkörper handelt, beispielsweise um einen luftgefüllten Gummiballon oder dgl. Diese Eigenschaft des Volumenometers ist es, die das Prinzip für die angegebenen Zwecke so geeignet erscheinen läßt; denn der Luftbaum der Atmungswege, der aus der Volumenbestimmung ausgeschaltet werden sollte, kommuniziert beim Lebenden sowie an der Leiche mit der Außenwelt (oder läßt sich durch geeignete Verfahren leicht in solche Kommunikation setzen); dasselbe gilt von anderen Hohlräumen, wie etwa dem äußeren Gehörgang usw. Die Wandungen der gasgeblähten Darmschlingen aber sowie die Bauchdecken durften als ausreichend nachgiebige Wandungen angesprochen werden, um auch den von ihnen umschlossenen gasgefüllten Hohlraum, der mit der Außenwelt nicht frei kommuniziert, von der Mitbestimmung des Gesamtkörpervolumens auszuschalten. Diese Erwartung hat sich, wie vorweg bemerkt werden soll, in besonderen Versuchen (s. S. 132 ff.) tatsächlich erfüllt gezeigt. Nach solchen Erwägungen wurde zur Konstruktion des

Säuglings-Volumenometers

geschritten. Ich lasse eine kurze

Beschreibung des Apparates

in der nach einigen Veränderungen schließlich ziemlich bewährten Form folgen (vgl. Tafel VII u. VIII, Fig. 11 u. 12). Ein Zylinder, hergestellt aus starken Messingplatten, etwa 24 cm weit und 55 cm lang, ist auf einer Seite durch eine aus gleichem Material bestehende Rückwand abgeschlossen; seine Vorderwand hingegen ist beweglich; sie läßt sich unter Zwischenschaltung eines Dichtungsringes aus Gummi mit einigen Schrauben an die Fassung des vorderen Zylinderrandes fixieren. Mit ihr verbunden ist eine horizontale durchlöcherte Messingplatte, die den Binnenraum des Zylinders in eine kleinere untere und eine größere obere Hälfte teilt. Beim Einschieben dieser Lagerplatte und in der Ruhelage wird sie durch zwei beiderseits von der Zylinderwandung nach innen vorspringende Leisten geführt bzw. getragen. Sie dient als Lager für das zu volumenometrierende Objekt. Den Raum unter ihr nimmt im Lumen des Apparates zum Teil ein zweiter Messingzylinder von etwa 10 cm Weite und 53 cm Länge ein, der gleichfalls vorne mit der Verschlußplatte fest verbunden ist. In diesem kleinen Zylinder spielt ein Metallstempel mit Lederdichtung, der an einem starken Messingstabe aus- und eingeschoben werden kann, und zwar mittels eines Kurbeltriebes, dessen Zahnrad an der Außenseite der Verschlußplatte aufmontiert ist. Der kleine Zylinder ist hinten gleichfalls mit einer Rückwand versehen, die aber eine kleine Öffnung trägt; nur durch diese kommuniziert das Lumen des Stempelzylinders mit dem übrigen Innern[1]) des Apparates. Am oberen Teile des weiten Zylinders ist ein 8 cm breites und 15 cm langes Glasfenster zur Beobachtung des Objektes und eines dem Fenster innen anliegenden feinen Thermometers angebracht. Im übrigen ist der Apparat mit einem fingerdicken Filzmantel als schlechtem Wärmeleiter umhüllt und in ein stabiles Holzgestell gebettet. Die Rückwand ist am oberen Rande von einem etwa bleistiftdicken Messingrohr durchbohrt, das zum Anschluß des Manometers dient. Dieses und die verbindenden Saugschlauchleitungen sind so eingerichtet, daß einige Handgriffe an den eingeschalteten Zwei- und Dreiweghähnen je nach Bedarf eine Einstellung des Manometers auf die Bestimmung von positivem oder negativem Druck im Innern des Apparates oder aber eine Kommunikation mit der Außenwelt bewirken. Das Manometer ist etwa 1 m hoch und trägt eine Skala, an der mittels Nonius noch Zehntelmillimeter ablesbar sind. Als Füllflüssigkeit verwendete ich Schwefelsäure vom spezifischen Gewichte 1,833, weil diese Dichte die vorkommenden Niveaudifferenzen eben in das Bereich der Skala und der bequemen Ablesung rückte.

So einfach der Apparat scheint, so diffizil gestaltete sich seine Herstellung wegen der Forderung streng hermetischen Abschlusses des Binnenraumes und der Leitungen, insbesonders auch des Pumpenstempels. In dieser Richtung sind durch den Zweck des Instrumentes die höchsten Anforderungen gestellt. Bei den in Verwendung kommenden Manometerständen (Druck sowie Zug) darf ein einmal hergestelltes Niveau durch Undichtigkeit auch in Zeiträumen von Viertelstunden nicht um einen Millimeter absinken, sonst erreicht die Bestimmung nicht den erforderlichen Grad von Genauigkeit. Verf. beschäftigte durch $4\frac{1}{2}$ Jahre der Reihe nach vier feinmechanische Firmen mit Aufträgen zur Erreichung der nötigen Dichte des Apparates und wäre sicher überhaupt nie zum Ziele gelangt, wenn er nicht jedesmal von vornherein die oben besagten Leistungen hinsichtlich Dichte strikte zur Bedingung der Übernahme des Apparates gemacht hätte. Zur

Gewinnung des Volumenmaßes

könnte seine Berechnung aus der Größe des Gesamtbinnenraumes im

---

[1]) Ein entbehrlicher, bei den endgültigen Bestimmungen nicht benützter Bestandteil ist ein Ventil, das von der Außenwand der Verschlußplatte aus bedient werden kann und diese Öffnung verschließt oder freigibt.

Apparat und den Ablesungen an Manometer, Thermometer und Barometer dienen. Verf. zog einen anderen Weg vor, der ihm zuverlässiger schien. Wie man bei Gewichtsbestimmungen Gewichtssätze (bestehend aus Körpern von bestimmtem Gewichte) verwendet, benützte er zur Volumenbestimmung einen Volumensatz, bestehend aus Körpern von bestimmtem Volumen und er verglich die Manometerwerte, die er durch Kompression und Dekompression des mit der Kindesleiche beschickten Apparates gewann, mit jenen Manometerwerten, die sich ergaben, wenn er unmittelbar vorher oder nachher an Stelle der Leiche bestimmte Teile des Volumensatzes einbrachte. Der Volumensatz bestand aus sorgfältig gearbeiteten Würfeln, Parallelepipeden und Zylindern aus hartem Holz mit den aus den Seitenmaßen leicht abzuleitenden Volumenwerten von 1000, 500, 200, 100, 50, 20, 10, 5, 2 und 1 ccm (s. Abb. 11). Bei der Kalibrierung dieses Volumensatzes stieß Verf. zunächst auf grobe Unstimmigkeiten, die aber bald in der Porosität des (gefirnißten!) Holzes ihre Aufklärung fanden. Ein Buchenholzwürfel von 10 cm Seitenlänge ergab aus diesem Grunde nicht etwa einen Volumenwert von 1000, sondern nur von ca. 600 ccm. Nach solcher Erfahrung wurden die Stücke des Volumensatzes dreimal sorgfältig mit Emaillackfarbe gestrichen; so konnte ihr tatsächlicher Volumenwert im Apparat dem aus der Seitenlänge berechneten genau entsprechend gemacht werden. Zum Teile wurden auch Glasflaschen mit eingeriebenen Stopfen als Vergleichsobjekte verwendet, deren Volumen durch ein Wassertauchverfahren nach dem archimedischen Prinzip ermittelt worden war.

Wenn man das Volumenometer der Reihe nach bei konstanter Temperatur und konstantem Luftdruck mit Körpern von arithmetisch ansteigendem Volumenwert beschickt, nach jedesmal völlig gleichmäßiger Kompression sowie Dekompression die Manometerstände abliest und den Anstieg dieser Werte in beiden Reihen graphisch darstellt, so erhält man nicht etwa zwei Gerade, sondern zwei Kurven. Beim Apparat des Verf. war allerdings der Verlauf dieser Kurven etwa bis zu einem Volumen von 1500 bis 2000 ccm so gestreckt, daß man mit der Annahme eines der Volumenvermehrung proportionalen Anstieges der Manometerstände keinen großen Fehler gemacht hätte. Darüber hinaus aber wäre besagte Annahme unzulässig gewesen. Form und Lage der Kurven schwankten naturgemäß nach Temperatur- und Luftdruck; sie mußten zu jeder einzelnen Bestimmung besonders ermittelt werden, aber nicht etwa in ihrem ganzen Verlaufe, sondern nur in einem bestimmten Abschnitte, innerhalb dessen der Nettovolumenwert des fraglichen Objektes, also der Kinderleiche, gelegen war. Als Anhaltspunkt zur vorläufig angenäherten Ermittlung dieses Wertes konnte das Körpergewicht des Kindes und die Kenntnis einer mittleren Nettodichte dienen. Ein Körpergewicht von beispielsweise 3000 g läßt bei einer mittleren Nettodichte von rund 1,1 ein Nettovolumen von rund 2700 ccm erwarten. Um den Verlauf der besagten Kurve in dem für den Fall ausschlaggebenden Abschnitte festzulegen, genügt es, das Volumenometer zwei- bis viermal zu beschicken mit Stücken des Volumsatzes, deren Gesamtwert 2000, 2500 und 3000 ccm beträgt. Die Manometerablesungen nach jedesmaliger gleichmäßig dosierter Zug- bzw. Druckwirkung gestatten graphisch oder bei kleinen Kurvenabschnitten mit hinreichender Annäherung auch nach der Proportionsrechnung die Volumengröße zu ermitteln, die den Manometerständen nach Kompression bzw. Dekompression des den kindlichen Körper enthaltenden Apparates entspricht. Im einzelnen ist das

Vorgehen bei der Bestimmung

hiernach folgendes:

Der Körper des Kindes — gleich nach dem Tode in den zur Messung dienenden Raum gebracht — muß durch mehrstündiges Liegen die Temperatur des Zimmers angenommen haben. Es wird darauf geachtet, daß die oberen Luftwege nicht etwa verlegt sind, es wird allenfalls in Mund und Rachen oder Nasenhöhle ein Drain eingelegt und in die Stimmritze eine Tube. Dann wird der Kadaver auf die Lagerplatte des Apparates gebracht, diese eingeschoben und der hermetische Verschluß der Vorderwand bewerkstelligt. Ablesung von Thermometer und Barometer, Kontrolle, ob der Pumpenstempel ganz eingeschoben ist und das Manometer auf Null steht. Die Hähne der Luftleitung zum Druckmesser werden zunächst auf Zugwirkung eingestellt und der Pumpenstempel vorsichtig bis zum Anschlag herausgekurbelt[1]). Lupenbeobachtung des Manometerstandes: Es erfolgt ein anfangs rascher, dann langsamer Anstieg. Der in Zehntelmillimetern zu notierende maximale Stand muß mindestens mehrere Minuten lang innebehalten werden, sonst ist der Apparat undicht und die Bestimmung unbrauchbar. Nun wird durch entsprechende Hahnbewegung der Binnenraum des Apparates samt Manometer auf Atmosphärendruck gesetzt. Es ist nicht angängig, sogleich,

---

[1]) Bei hohen Manometerständen (größeren Kinderleichen) mußte für die Fixation der Kurbel nach Zug und Druck durch eine entsprechende Vorrichtung (Gummizug oder mit Gewicht beschwerter Faden) gesorgt werden. Auf stets gleichmäßigen Anschlag des Pumpenstempels ist zu achten; es wurde jedesmal die ganze Strecke vom inneren bis zum äußeren Anschlag verwendet.

wenn der Eintritt von Luft anscheinend beendet ist, mit der Bestimmung fortzufahren. Schließt man nämlich in diesem Momente nach außen ab, so kann man sich überzeugen, daß das Manometer alsbald wieder negativen Druck von einigen Millimetern anzuzeigen beginnt (elastische Nachwirkung und thermodynamisches Phänomen im Sinne von Clement und Desormes); die Kommunikation mit der Zimmerluft muß einige Minuten währen. Dann erfolgt Abschluß und Stellung der Weichen auf Druck. Der herausgezogene Pumpenstempel wird hineingekurbelt wieder bis zum Anschlag. Beobachtung des Flüssigkeitsspiegels im Manometer und Ablesung wie oben. Nach Öffnung der Hähne strömt Luft aus dem Apparat; dauernd isobar wird der Binnenraum der Zimmerluft aber auch auf Kompression erst nach Minuten. Die Kontrolle des Thermometers ergibt naturgemäß immer Schwankungen, die hauptsächlich durch die Kompression und Dekompression der Luft im Apparat bedingt werden; letztere z. B. erzeugte in des Verf. Instrument jedesmal Abkühlung von ca. 0,2° C, die aber in kurzer Zeit wieder rückgängig wird. Ferner ist es nicht ganz vermeidlich, daß durch die Körperwärme des Untersuchers und allenfalls durch Beleuchtungskörper während der Bestimmung allmählich ein geringer Anstieg des Thermometers um $^1/_2$ bis höchstens 1° C zustande kommt. Solche Schwankungen sind anscheinend ohne Belang. Hingegen macht ein erhebliches und fortdauerndes Ansteigen des Thermometers, wie es besonders eintritt, wenn die Leiche noch nicht ganz auf Umgebungstemperatur abgekühlt war, eine genaue Bestimmung unmöglich.

Das beschriebene Vorgehen zur Ermittlung der einer bestimmten Dekompression und einer bestimmten Kompression entsprechenden Manometerdifferenz wird nun so lange abwechselnd für Zug und Druck wiederholt, bis die Werte in jeder der beiden Reihen konstant geworden sind. Verf. gab sich mit einer Übereinstimmung der letztgewonnenen zwei bis drei Werte auf 0,1 cm zufrieden, erzielte aber oft Identität noch in der zweiten Dezimale. Dem Vorgehen mit dem Kindeskörper folgt ein ganz gleichartiges mit den an seiner Stelle eingebrachten Stücken des Volumsatzes, die wie angegeben zu bemessen sind.

Zweierlei Bedenken erwiesen sich in darauf gerichteten Versuchen als hinfällig: Differenzen im Wassergehalte der Haut bzw. Befeuchtung ihrer Oberfläche sind ohne Belang für die Bestimmung (auch ein eingehängter feuchter Mullschleier macht wenig aus). Ungleichmäßiges Anziehen der Verschlußschrauben an der Vorderwand des Apparates ändert den Manometerstand nur um Zehntelmillimeter.

Als Beispiel ist das

Protokoll einer Bestimmung

ausführlich mitgeteilt:

Zunächst a) wird der **Apparat leer** (Volumenwert gleich Null) geprüft. Das Manometer zeigt bei einer Temperatur von 19,2—19,8° C und einem (reduzierten) Barometerstande von 713,4 mm

im ersten Zugversuch   53,55 cm H_2SO_4[1]), im ersten Druckversuch 59,58 cm H_2SO_4[2])

,, zweiten   ,,   53,62 ,,   ,,   ,, zweiten   ,,   59,67 ,, ,,

,, dritten   ,,   **53,60** ,,   ,,   ,, dritten   ,,   **59,60** ,, ,,

Nun wird b) die **Leiche** eingebracht und in gleicher Weise vorgegangen; es ergibt sich:

im ersten Zugversuch 58,52 cm H_2SO_4[1]), im ersten Druckversuch 65,82 cm H_2SO_4[2])

,, zweiten   ,,   58,49 ,,   ,, ,, zweiten   ,,   65,80 ,,   ,,

,, dritten   ,,   **58,54** ,,   ,, ,, dritten   ,,   **65,80** ,,   ,,

An Stelle der Leiche werden nun c) **Teile des Volumensatzes** eingebracht. Das Gewicht der Leiche beträgt $P = 2300$ g. Hiernach ist bei einer mittleren

Nettodichte von D_n rund 1,1 zu erwarten ein Nettovolumen von $V_n = \dfrac{P}{D_n} = \dfrac{2300}{1,1}$

oder rund 2100 ccm. Die Druckbestimmung wird daher vorgenommen nach Einbringung eines Volumens von 2000 ccm und von 2500 ccm. Überdies wurden in diesem Falle, um den weiteren Kurvenverlauf überblicken zu können, noch Bestimmungen mit dem Volumen von 3240, 4240 und 5240 ccm vorgenommen. Die Manometerablesungen bei einem Thermometerstande von 19,4 bis 20,0° C waren folgende:

Eingebrachtes Volumen aus dem Volumensatz	Zugversuch cm H_2SO_4	Druckversuch cm H_2SO_4
2000 ccm	1. 58,28	1. 65,62
	2. 58,38	2. **65,60**
	3. **58,37**	
2500 ccm	1. 59,72	1. 67,41
	2. 59,70	2. 67,29
	3. **59,68**	3. **67,30**
3240 ccm	1. 61,80	1. 69,92
	2. **61,77**	2. **69,86**
4240 ccm	1. 65,00	1. 73,88
	2. **64,92**	2. **73,92**
5240 ccm	1. 68,38	1. 78,73
	2. **68,40**	2. **78,68**

Die fett gedruckten Werte sind die für die Bestimmung verwendeten. Nach diesen Werten ergibt sich das Bild der beiden Kurven von Fig. 13. Das Volumen der Kinderleiche berechnet sich folgendermaßen: Aus den Manometerständen ist ersichtlich, daß von allen Vergleichsbestimmungen der Ermittlung am Kadaver jene mit dem Volumenwerte von 2000 ccm am nächsten kommt. Sie ist also mit

---

[1]) Negativen Druckes.

[2]) Positiven Druckes.

dem kleinsten Kurvenfehler behaftet und zur Berechnung zu verwenden. Das Volumen von 2000 ccm verursachte eine Manometerdifferenz

im Zugversuch von $\quad$ 58,37—53,60 = 4,77 cm,
im Druckversuch von $\quad$ 65,60—59,60 = 6,00 cm.

Der Körper des Kindes verursachte eine Manometerdifferenz von

im Zugversuch von $\quad$ 58,54—53,60 = 4,94 cm,
im Druckversuch von $\quad$ 65,80—59,60 = 6,20 cm.

Hiernach berechnet sich das Nettovolumen des Kindes x, da auf dieser kurzen Kurvenstrecke geradliniger Verlauf, d. h. Proportionalität angenommen werden kann:

aus dem Zugversuch $\quad$ 2000 : 4,77 $= x'_Z : 4,94 \quad x'_Z = 2071$ ccm,
aus dem Druckversuch $\quad$ 2000 : 6,00 $= x'_D : 6,20 \quad x'_D = 2076$ ccm.

Diese Werte erfahren eine graphisch kleine Korrektur, wenn man die Kurven im großen Maßstabe konstruiert. Die Ausbiegung der Kurven nach unten gegenüber der Geraden ergibt so die richtigeren Werte:

aus dem Zugversuche $\quad x_Z = 2067$ ccm,
aus dem Druckversuche $x_D = 2063$ ccm,

woraus sich ein Mittel berechnet von $x = 2065$ ccm für das Nettovolumen des Kindeskörpers (Fall XII).

Wie ersichtlich ergeben Zug und Druck (Herausziehen bzw. Einschieben des Pumpenstempels) in gleichem Ausmaße keine gleichen Manometerdifferenzen. Die Bestimmung des Volumens nach den zwei getrennten Methoden (mit negativem und positivem Drucke) bietet eine sehr willkommene Gewähr für die Richtigkeit des Ergebnisses und eine Kontrolle der Genauigkeit. Die Übereinstimmung der beiden auf verschiedenen Wegen erhobenen Daten war in den hier aufgenommenen Fällen durchweg eine gute, wenn auch nicht immer so gute wie in dem gewählten Beispiele. Sie stieg auf höchstens 48 ccm an, hielt sich meist zwischen 10 und 20 ccm. Einer einfachen Überlegung zufolge bewirkt eine Temperatursteigerung im Zugversuch niedrigeren Stand, im Druckversuch höheren Stand des Manometers. Durch Verwendung des Mittelwertes aus den Zug- und Druckversuchen werden somit Temperaturdifferenzen zum Teil ausgeglichen.

Die Nettovolumenbestimmung mit dem Volumenometer ist nicht mühelos, kann immerhin bei erlangter Übung und tadellosem Funktionieren des Apparates, besonders seiner Dichtung, in $1^1/_2$ Stunden mit aller Sorgfalt vollzogen werden. Die durch Abwarten des Druckausgleiches erzwungenen Pausen konnten zweckmäßig durch Vornahme anderer Messungen am kindlichen Körper, wie Bruttovolumen und Oberfläche, ausgefüllt werden.

Wesentlich einfacher und in einem Bruchteil der Zeit durchführbar wäre die Volumenbestimmung gewesen, wenn der Nullwert (bei leerem Apparat) und die an-

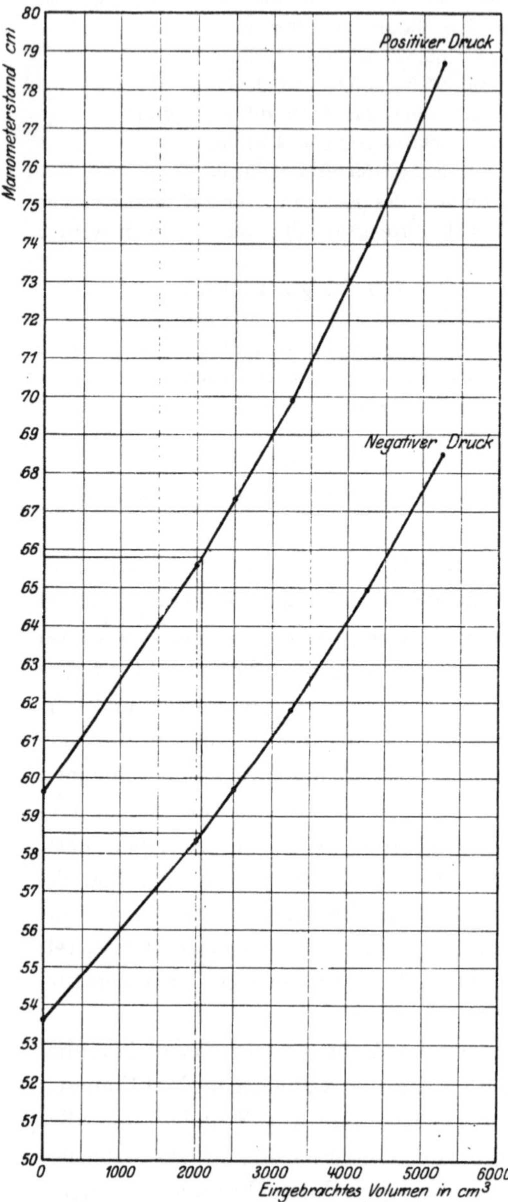

Fig. 13. Diagramm zur Erläuterung der Netto-Volumbestimmung an dem Beispiel von Fall XII.

Die Punkte in beiden Kurven bedeuten: Druckwerte erhalten bei Beschickung des Volumenometers mit Teilen des Volumsatzes von bekanntem Volumwerte.

steigenden Manometerstände nach Einbringung von bestimmten Teilen des Volumensatzes als konstant hätten angenommen werden dürfen. Dies erwies sich jedoch als nicht zulässig, weil die wechselnden atmosphärischen Bedingungen zu große Fehler bedingt hätten. Der besagte Nullwert schwankte im Zugversuch zwischen 52,59 und 54,50 cm, im Druckversuch zwischen 58,29 und 60,12 cm, die dem eingebrachten Volumen von 1000 ccm entsprechende Manometerdifferenz[1]) zwischen 2,3 und 2,7 cm im Zugversuch, zwischen 3,0 und 3,3 cm im Druckversuch. Einer Manometerdifferenz von 10 cm im Zugversuch entsprach eine solche von rund 12—13 cm im Druckversuch. Der Einfluß der Temperatur war sinnfälliger als der des Barometerstandes.

Von dem Volumenometer wurde oben verlangt und vorausgesetzt, daß es das Volumen eines eingebrachten Hohlkörpers mit nachgiebigen Wandungen nicht anzeige. In dieser Richtung wurde folgende

Prüfung

vorgenommen. Es wurden in den Apparat nach Erhebung des Nullwertes (hier 53,87 cm im Zugversuch) vier Gummiballons eingebracht, die insgesamt ein Volumen von 2500 ccm

---

[1]) Berechnet aus dem 3000-Wert.

hatten (Wassertauchmethode) bei verschwindend kleiner Masse. Das Ausziehen des Pumpenstempels verursachte wieder eine Niveaudifferenz von 53,85 cm, also innerhalb der Fehlergrenzen der Bestimmung dieselbe wie im leeren Apparat. Ein Volumen dieser Ballone wurde also gar nicht angezeigt. Es blieb zu prüfen, ob sich die gasgefüllten Hohlräume im Innern von Säuglingsleichen analog verhalten. Bei zwei Fällen (Tabelle IX, Fall I und III) wurden je zwei Bestimmungen ausgeführt, und zwar a) an der Leiche in ihrem natürlichen Zustande, und b) an der Leiche nach Vornahme ziemlich starker Blähung des Unterleibes durch Eintreibung von Luft in die Därme mittels Pravaz-Punktion. Diese Lufteintreibung verursachte natürlich eine recht erhebliche Zunahme des durch die Wasser-

Tabelle IX. Ergebnis der Volumen- und Dichtebestimmungen.

1. Fall Nr.	2. Alter in Monaten	3. Körpergewicht P in g	4. Bruttovolumen V_b bestimmt mittels Wassertauchmethode in ccm	5. Nettovolumen V_n, bestimmt im Volumenometer in ccm	6. Bruttodichte $P/V_b = D_b$	7. Nettodichte $P/V_n = D_n$	8. Gasgehalt der Körperhöhlen in ccm $V_b - V_d = G$	9. Derselbe in Prozenten des Bruttovolumens $g = \dfrac{100 \cdot G}{V_b}$	Anmerkung[1]
I a.	$^1/_2$	2740	2675	2315	1,0090	1,166	360	13,5	—
I b.	$^1/_2$	2740	2840	2318	0,9507	1,165	522 = 360 + 162	(18,4)	Nach künstlicher Blähung
II.	$^1/_4$	2550	2452	2030	1,0400	1,256	432	17,6	Starke Blähung
III a.	$2^1/_4$	2000	2030	1770	0,9852	1,130	260	12,8	—
III b.	$2^1/_4$	2000	2175	1758	0,9195	1,138	417 = 260 + 157	(19,2)	Nach künstlicher Blähung
IV.	0	870	832	685	1,0460	1,270	146	17,7	Därme stark gebläht
V.	$18^1/_2$	5040	5282	4650	0,9540	1,084	632	12,0	—
VI.	6	5800	6005	5464	0,9659	1,062	541	9,0	—
VII.	1	2400	2360	2033	1,0170	1,181	327	13,9	—
VIII.	8	4760	4905	4380	0,9704	1,087	525	10,7	—
IX.	$^1/_4$	2380	2300	2180	1,0350	1,092	120	5,3	Därme leer
X.	6	4640	4790	4075	0,9687	1,139	715	14,9	Unterleib aufgetrieben
XI.	$1^1/_4$	2040	2050	1820	0,9951	1,121	230	11,2	—
XII.	$2^1/_4$	2300	2365	2065	0,9725	1,117	305	12,9	—
XIII.	$4^1/_2$	3670	3720	3350	0,9866	1,096	370	9,9	—
XIV.	$7^1/_2$	3810	3870	3175	0,9845	1,200	695	18,0	Unterleib aufgetrieben
Mittelwert	—	—	—	—	0,9875	1,143	—	12,8	

[1]) Anatomisch-klinische Notizen über die Fälle im Anhang Seite 143 ff.

tauchmethode ermittelten Bruttovolumens, die Bestimmung des Nettovolumens im Apparate aber ergab keinerlei Vermehrung; Gas in den
Därmen wird also durch letztere Methode nicht angezeigt.
Damit war erwiesen, daß das Verfahren leistet, was von
ihm verlangt wurde. Es gibt tatsächlich das Nettovolumen
wieder, d. h. das Volumen des Körpers ohne das Volumen der Gase,
die in den frei mit der Außenwelt kommunizierenden oder von nachgiebigen Wandungen bedeckten Körperhöhlen eingeschlossen sind.

In der angegebenen Weise wurde die Bestimmung durchgeführt an
14 Kinderleichen. Die

Ergebnisse

sind in der obigen Tabelle IX enthalten, die nebst den Nettovolumen-
werten (Stab 5) auch die Resultate der an denselben Säuglingsleichen
ausgeführten Bruttovolumenbestimmungen mittels der Tauchmethode
(Technik nach Kastner) angibt (Stab 4).

Ferner ist für jeden einzelnen Fall aus dem Körpergewicht und dem
Nettovolumen die

Nettodichte des Körpers

berechnet und in Stab 7 angegeben. Diese letztere Zahlenreihe stellt das
wesentliche Ergebnis dar und ist im folgenden noch zu interpretieren.

Die Gewebe des menschlichen Körpers haben fast ausnahmslos ein
spezifisches Gewicht zwischen 1,0 und 2,0. Nur das Fettgewebe ist spezifisch leichter als Wasser. Wenn sich ergeben hatte — s. hierüber
Kastner 1912 —, daß die Gesamtdichte des Säuglingskörpers weit
häufiger unter als über 1,0 liegt, und zwar ganz unabhängig von dem
jeweiligen Fettbestande, so ersieht man daraus schon, daß die bisher
gebräuchliche Dichte- und Volumenbestimmung einen Faktor von sehr
geringem spezifischem Gewicht als Körperbestand mitrechnet, der nicht
zu den Geweben zählt. Dieser Faktor ist die Gesamtheit der in den
Körperhöhlen eingeschlossenen Gase. Auch bei unserer neuen Brutto-
dichtebestimmung trifft man die Werte zumeist kleiner als 1 und ihr
Mittel beträgt 0,9875 (Kastners Normalfälle im 2. bis 4. Lebensmonat,
Mittel 0,9870).

Anders die neuen Werte der Nettodichte. Sie liegen durchweg
über 1,0; ihr Mittel bei 1,143. Krause hat für den Körper Erwachsener
einen Nettodichtenwert berechnet, der diesem Mittel recht nahekommt,
nämlich 1,129. Dieser Größenordnung muß die Gesamtgewebsdichte
des Körpers in der Tat angehören nach den über die einzelnen Gewebe

vorliegenden Ermittlungen. Die jähen Schwankungen im Gasgehalte des Körpers, besonders der Därme, beeinflussen sichtlich die Werte im Stab 6 und die Abweichungen dieser Werte von dem wahren Dichtewert. Die größten dieser Abweichungen fallen durchwegs auf die Fälle, in denen der Unterleib aufgetrieben angetroffen oder künstlich gebläht worden war (Ib, II, IIIb, IV, XIV), die niedrigen Werte dieser Differenz auf die Fälle mit leeren Därmen (VI, IX). Von diesem Umstande ganz unabhängig sind die Nettodichten; selbst bei erheblicher vorbestandener oder künstlicher Blähung bleibt dieser Wert vielfach unter dem Mittel oder nahe dem Mittel (Ib, IIIb, V, X).

Die Bruttodichtewerte für die Fälle II und IX (beide eine Woche alt) liegen einander sehr nahe und man könnte daraus auf einigermaßen gleichartige Körperzusammensetzung schließen. Die Nettodichtebestimmung aber deckt ganz andere Verhältnisse auf. Während der Körper des Kindes VI tatsächlich Gewebe von durchschnittlich sehr hoher Dichte hat, ist die durchschnittliche Dichte der Körpergewebe von Fall IX keine hohe, sondern erheblich unter dem Mittel gelegen. Nur der Umstand, daß die Därme außergewöhnlich geringe Gasfüllung hatten, täuschte die hohe Dichte bei der üblichen Bestimmung vor. Die gewonnenen Zahlenreihen sind sonach geeignet zu bestätigen, was vor 4 Jahren im 3. Bande der Zeitschrift für Kinderheilkunde durch Kastners und des Verf. Untersuchungen sowie eingangs dieses Kapitels über den Unwert der Bruttodichtebestimmungen und seine Ursachen gesagt wurde. Die damals vorgenommene Prüfung von Bruttodichtewerten an großem Material ließ begreiflicherweise bedeutsame und durchgreifende Gesetzmäßigkeiten nicht erkennen. Solche sind zu gewärtigen, wenn einmal über die Nettodichte mehr Erfahrungen vorliegen. Die bisher gewonnenen 14 Daten können dazu noch nicht ausreichen — zumal sich keine von ihnen auf einen Organismus von physiologischer Körperbeschaffenheit bezieht.

Immerhin ist einiges vielleicht schon jetzt erkennbar. Viermal (jenseits des 4. Lebensmonats) wurde ein auffallend niedriges spezifisches Gewicht erhoben ($D_n < 1,1$), nämlich bei den Fällen V, VI, VIII und XIII; es sind jene Fälle, bei denen floride rachitische Erscheinungen im Leben oder bei der Obduktion erhoben worden waren. Daß Rachitis die wahre Durchschnittsdichte der Körpergewebe mindert, ist gewiß sehr plausibel. Feststellung der Bruttodichte gestattet dies aber nach Kastners Untersuchungen nicht; seine Rachitiker aus dem 5. bis 9. Lebensmonat hatten eine mittlere Bruttodichte von 0,9687, die nichtrachitischen Vergleichsobjekte eine solche von 0,9557; jene also schienen spezifisch im Durchschnitt sogar etwas schwerer; im einzelnen zeigten beide Reihen große Schwankungen.

Die Bruttodichte von Säuglingen liegt je nach der Gasblähung teils über, teils unter 1,0, im Durchschnitt diesem Werte recht nahe. Hiernach kann wechselnder Wassergehalt der Gewebe (Wasserdichte = 1) höchstens einen sehr geringen Ausschlag von wechselnder Richtung ergeben. Anders bei der Nettodichte, die stets erheblich über 1 liegt. Die Minderung der Nettodichte bei florider Rachitis kann also neben der Demineralisation auch die Wässerung zur Ursache haben. Ein Einfluß der Darmblähung im gleichen Sinne wie bei den Bruttowerten ist hier ausgeschlossen. Ähnliches wie von den Wasserschwankungen des Körpers gilt von den Schwankungen des Fettbestandes; denn die Dichte des Panniculus adiposus ist der durchschnittlichen Bruttodichte des Säuglingskörpers fast völlig gleich (0,971 gegen 0,978); auch Fettverarmung oder Fettanreicherung kann also nur in den Nettodichtezahlen Ausdruck finden. Wenn Kastner die Atrophiker (im einzelnen sehr schwankend) im Durchschnitt spezifisch leichter fand als die Vergleichsobjekte, so rührt dies einfach von der bei Atrophikern häufig vermehrten Darmblähung her. Bei Ermittlung der wahren Gewebsdichte muß Fettschwund ceteris paribus durch Erhöhung des Wertes zum Ausdruck kommen. Der Atrophiker des neuen Materiales (Fall XIV) zeigt in der Tat einen hohen Nettodichtewert. Wie anzunehmen war, überwiegt der Einfluß der Entfettung über jenen der Wässerung und Entsalzung der Gewebe (nach Tobler u. A.)

Fettarm waren allerdings auch die Fälle III und XII. Die hohe Dichte eines Falles von schwerster Unreife (IV) wird durch Fettlosigkeit wohl nur teilweise erklärt.

Die Ermittlung des Nettokörpervolumens neben dem Bruttovolumen gestattet einen Vergleich beider Werte; dieses übertrifft jenes naturgemäß in jedem Falle und die Differenz mißt den Gasgehalt der Körperhöhlen, deren Volumen wohl die Wassertauchmethode, nicht aber die Volumenometermethode anzeigt, also hauptsächlich die Kapazität der gasführenden Teile des Respirations- und des Digestionstraktes. Die betreffenden Daten sind m. W. gleich der wahren Körperdichte hier überhaupt zum ersten Male erhoben und in Stab 8 der Tabelle XIII mitgeteilt. Ihre relative Größe geben die Daten in Stab 9 wieder. Das im Körper eingeschlossene Gasvolumen schwankte hiernach bei Säuglingen zwischen 120 und 715 ccm und machte 5,3 bis

18,0% des Bruttovolumens aus. In den Fällen I und III konnte es durch künstliche Blähung um 162 bzw. 157 ccm vermehrt werden. Die Deckung hoher Daten in Stab 9 mit dem Befunde aufgetriebenen Unterleibs ist recht sinnfällig.

Verf. hat 1912 von einer für bestimmte klinische Zwecke, besonders Konstitutions- und Ernährungsfragen verwertbaren Volumen- und Dichtebestimmung gefordert, die Methode müsse das Körpervolumen des lebenden Säuglings auf etwa 10—20 ccm genau zu ermitteln vermögen; sie müsse handlich und schonend genug sein, um gleich der Wägung täglich angewandt werden zu können; sie müsse das Volumen des Körpers abzüglich der gasgefüllten Hohlräume ergeben. Diesen Forderungen ist durch das hier mitgeteilte Verfahren mit dem Säuglings-Volumenometer entsprochen bis auf eine Ausnahme: Es ist nicht ohne weiteres auch auf den lebenden Säugling anwendbar. Eine Gefährdung des Kindes durch das Einbringen in den Apparat, die Absperrung von der Außenluft und die Luftdruckschwankungen wären nicht zu befürchten; die verfügbare Sauerstoffmenge würde für die in Betracht kommende Zeit ausreichen und die Luftdruckschwankungen entsprächen äußersten Falles solchen von etwa 100 mm Quecksilber. Aber die durch Einbringung des lebenswarmen Körpers bedingte fortschreitende Temperaturerhöhung im Innern des Apparates bringt eine Störung des Versuches, der zu begegnen eine erst zu lösende technische Aufgabe darstellt.

Übersicht des wesentlichen Inhaltes.

I. Von der Variation der Körperlänge (Seite 1—18).

Die Untermaßigkeit von Kindern ist vielfach keine eigentliche krankhafte Erscheinung und läßt auch andere zutage liegende Ursachen oft vermissen. Es entsteht die Frage, ob die an einer großen Zahl von gesunden Schulkindern angetroffene Variation von Körperlänge (und Körpergewicht) eine reguläre Zufallsvariation ist. Es wird auseinandergesetzt, wie man eine Zufallsvariation als solche erkennt, und dargetan, daß nach den vom Verf. veranlaßten Erhebungen die genannten Körpermaße tatsächlich der Gaussischen Fehlerfunktion folgen. Das zu diesem Nachweis angewandte Verfahren gibt überdies ein exaktes Maß für die Streuung der Werte von Körperlänge und Körpergewicht an die Hand. Dieses Maß, für verschiedene Alters- und Berufsklassen gesondert erhoben, zeigt, daß die Streuung absolut mit dem Alter der Kinder bis zur Pubertät zunimmt. Ein Nachweis für die Wirksamkeit exogener Einflüsse auf das menschliche Wachstum ist damit aber nicht erbracht, weil der relative Wert des Streuungsmaßes nicht gleichen Schritt hält und weil der Entwicklungszustand gleichaltriger Individuen in verschiedener Entwicklungsperiode im wechselnden Maße interferiert. Bemerkenswert ist die Zunahme der Streuung unter gleichaltrigen Kindern höherer Standesklassen (buntere Rassemischung, vermehrte Domestikation?)

II. Von den Körpermaßen in verschiedenen Ständen (Seite 19—29).

Die Verschiedenheit der Körperlänge nach sozialer Schichtung kommt in dem Material des Verf. gleicherweise zum Ausdruck wie anderwärts. Diese Differenz ist immer nur vom Standpunkte einer artwidrigen Untermaßigkeit der Armenkinder aus betrachtet worden, für die sich aber — entgegen verbreiteter Annahme — stichhaltige Ursachen nicht ohne weiteres und durchaus zuverlässig finden lassen. Verf. prüft, ob vielleicht eher von einer durchschnittlichen Übermaßigkeit der Kinder der Reichen zu sprechen wäre, in dem Sinne, daß in dieser das Abweichende oder Artwidrige zu erkennen wäre. In der Tat lassen

sich dafür Anhaltspunkte gewinnen. Die länger gewachsenen Kinder
der Reichen sind nicht allein in gewissen Körperfunktionen den kleineren
Koëtanen aus der Armenbevölkerung vielfach unterlegen, sondern auch
in ihrer relativen Breitenentwicklung. Wenn bisher das Gegenteil angenommen wurde, dann liegt dies — wie dargetan wird — an der Verwendung fehlerhafter Proportionsindices. Verf. äußert die Ansicht, daß
in gewissen Kreisen der wohlhabenden Bevölkerung die Kinder einem
präzipitierten, einseitig beschleunigten Längenwachstum anheimfallen
(mit Wassertrieben von Treibhauspflanzen vergleichbar), welches Wachstum keine besonders günstig zu wertende Erscheinung ist. Die Ursachen, die für solche Proteroplasie, ein artwidriges Vorschieben und
künstliches vorzeitiges Reifen der Kinder vieler vermögender Städter
in Betracht kommen, werden erörtert.

III. Von Wachstumskurven und Wachstumsgesetzen
(Seite 30—47).

Von der physiologischen Längenwachstumskurve des Menschen
wurde nicht allein behauptet, daß sie einer Parabel gleiche, sondern man
hat auch angenommen, daß für die Ähnlichkeit ein dem Wachstum des
Menschen einerseits und den Bewegungsgesetzen im Universum anderseits gemeinsames übergeordnetes Moment maßgeblich sei. Es wird
zunächst gezeigt, daß diese Erwägungen an sich hinfällig sind, und
weiter, daß die Wachstumskurve nach der auf Veranlassung des Verf.
gepflogenen systematischen Analyse durchaus nicht als Parabel angesprochen werden kann. Hingegen ergab sich befriedigende Übereinstimmung zwischen der menschlichen Wachstumskurve in ihrem extrauterinen Verlauf bis zur Vollendung des Wachstums mit einem anderen
einfachen Kurventypus, der (im Gegensatz zum Parabeltyp) einer bio-
logischen Deutung zugänglich ist. Das Konzeptionsalter ist proportional
der Körperlänge in dritter Potenz. Daraus leitet sich bei gleichbleibender Statur und konstanter Körperdichte Proportionalität zwischen
dem Körpergewichte des Menschen in der Wachstumsperiode und seinem
Konzeptionsalter ab. Man gewinnt den Eindruck, als läge hier eine
denkbar einfache Regel für das Massenwachstum zutage: Konstanz der
Massenzunahme in der Zeiteinheit. Soferne die physiologische Körpergewichtskurve von der Geraden abweicht, sind nach dem Gesagten Veränderungen der Körperdichte oder der Körperproportionen zu erwarten.
Diese Beziehungen werden in den einzelnen Entwicklungsperioden geprüft
und im großen und ganzen der Erwartung entsprechend gefunden.

IV. Von der Körperoberfläche (Seite 48—81).

Die bisher geübten Methoden der Körperoberflächenbestimmung sind wenig befriedigend, nämlich äußerst mühevoll und ihren Ergebnissen unsicher. Verf. hat (in Gemeinschaft mit Herrn Dr. O. Kastner) ein erheblich modifiziertes Deckverfahren zur direkten Oberflächenbestimmung ausgearbeitet und am Säuglingskörper mit günstigem Ergebnis erprobt. Das Verfahren scheint den bisherigen an Präzision überlegen und weniger mühevoll. Gleicherweise erprobt wurde ein neues Verfahren zur Berechnung der Körperoberfläche aus linearen Körpermaßen, das im wesentlichen auf der Zerlegung der Gesamtoberfläche in Kegelstumpf- und Zylindermäntel beruht. Die bisher üblichen Berechnungsmethoden der Körperoberfläche aus verschiedenen Körpermassen werden eingehender Kritik und Nachprüfung unterzogen, insbesondere jenes nach Vierordt-Meeh. Die Bedeutung des Vierordt-Meehschen Koeffizienten als Staturindex und seine Abhängigkeit von verschiedenen Umständen (Alter, Art, Körperform, Ernährungszustand usw.) wird geprüft und mit Daten belegt. Das Kapitel beschließt eine Auseinandersetzung über den Begriff der Körperoberfläche. Diese ist im Gegensatz zur Körperlänge, zum Körpergewichte usw. und zur Oberfläche geometrischer Gebilde überhaupt keine objektive absolute Größe, sondern ein von der angewandten Methodik anhängiges, in gewissem Sinne rein konventionales Maß.

V. Vom energetischen Oberflächengesetz (S. 82—122).

Die Zahl der zur Fundierung des energetischen Oberflächengesetzes, als des „durchgreifendsten Organisationsprinzipes der Tiere" beigebrachten Vergleichsdaten ist trotz bewunderswerten Arbeitsaufwandes eine noch relativ geringe und die Deckung dieser Zahlen läßt zu wünschen übrig. Von den wenigen bisher untersuchten Tieren fallen zum mindesten das Kaninchen und (höchstwahrscheinlich) die Maus gänzlich aus der Reihe. Für diese, wie für andere Abweichungen, liegen stichhaltige Erklärungen nicht vor. In den meisten Versuchen wichen die Bedingungen von den mit Recht geforderten und als unerläßlich bezeichneten ab, dies aber nicht immer in einer Richtung, die auch der Abweichung des Ergebnisses entspricht, sondern in der entgegengesetzten.

Auch bei ferneren Ermittlungen auf diesem Gebiete wird es kaum möglich sein, allen Anforderungen im Experimente zu genügen; mit der einfachen Feststellung dessen wäre es dann aber auch noch nicht getan; man müßte vielmehr versuchen, die vorgekommenen Abweichungen zuverlässig ziffernmäßig zu werten und beim Ergebnis in Anrechnung zu bringen. Wäre auch dies unmöglich, dann müßte wenigstens die Fehlergrenze aus den wichtigsten Variablen des Experimentes ermittelt werden; ihre Summe ergäbe dann eine rationelle Grundlage für die bei der Abfassung des Oberflächengesetzes zulässige Präzision.

Die in den verschiedenen Fassungen des energetischen Oberflächengesetzes gemeinte Körperoberfläche ist die äußere. Dem Sinne des Gesetzes nach — gleichgültig, welche der drei bisher der Reihe nach vorgebrachten Begründungen man berücksichtige — müßte aber die innere Körperoberfläche wenigstens zum Teile mitgewertet werden. Da aber äußere und innere Körperoberfläche im Geltungsbereiche des Gesetzes sicher nicht immer proportional sind, müßte solche Mitwertung zu Unstimmigkeit führen. Es würden sich dabei überdies unüberwindliche Abmessungsschwierigkeiten ergeben, die auch hinsichtlich der bisherigen Ausdrucksform des Gesetzes mancherlei Bedenken erwecken können.

Die Einbeziehung der physikalischen Temperaturregulierung in die Begründung des Gesetzes (erzwungen durch das Ergebnis von Experimenten bei höherer Außentemperatur) legt es nahe, daß der Kreis von Reizen, die die vermeinte Fernwirkung auf die oxydative Energie aktiver Körperzellen vermitteln, über die Kälte- und Wärmereize hinaus zu erweitern ist, womit der Boden verlassen würde, auf dem das Gesetz in seiner letzten Fassung ruht.

Auch wenn man das Zahlenmaterial durchaus akzeptiert, das zur Stütze des Oberflächengesetzes bisher vorgebracht wurde, bleibt es zweifelhaft, ob sich die Proportionalität des Energieumsatzes tatsächlich auf die Körperoberfläche als solche bezieht oder aber auf die Größe $P^{2/3}$; in letzterem, schon von anderer Seite ins Auge gefaßtem Falle würden sich Deutungsmöglichkeiten jener Proportionalität ergeben, die zum Oberflächengesetz keinen Bezug mehr haben. Die Prüfung einiger besonders gelagerter Fälle spricht zum mindesten nicht für die Oberflächenbeziehung. Es eröffnen sich Möglichkeiten, die Frage experimentell zu entscheiden.

VI. Vom Körpervolumen und der Körperdichte
(Seite 123—137).

Die bisherigen Ermittlungen über die Dichte des menschlichen Körpers werden in weitgehendem Maße dadurch entwertet, daß für das Ergebnis ausschlaggebend nicht Verschiedenheiten im spezifischen Gewicht der einzelnen Körpergewebe oder wechselnde Zusammensetzung des Gesamtkörpers aus den verschiedenen Gewebsqualitäten ist, sondern der gewissen Zufälligkeiten ausgesetzte jeweilige Gasgehalt des Körpers, besonders der Lunge und des Darmkanals. Wenn die Gesamtdichte des Körpers Schlüsse hinsichtlich der Körperkonstitution gestatten soll — wie man es bei den Dichtebestimmungen im Auge hatte — so muß sie von diesem störenden Einfluß befreit werden; es galt daher — wie Verf. schon früher dargetan hat — die Nettodichte des Körpers, d. h. das spezifische Gewicht der Gesamtheit seiner festen und flüssigen, nicht aber gasförmigen Kontenta zu ermitteln. Hierzu kann nur die Bestimmung seines Nettovolumens (Körpervolumen unter Ausschluß der im Respirations- und Digestionstrakt eingeschlossenen Gase) dienen. Solche Nettovolum- und damit im besagten Sinne brauchbare Dichtebestimmungen führte Verf. zum ersten Male (an Kinderleichen) aus mittelst eines besonderen nach dem Prinzipe des Volumenometers konstruierten Apparates, dessen Einrichtung, Prüfung und Gebrauch auseinandergesetzt werden. Die auf zwei unabhängigen Wegen gewonnenen und derart kontrollierten Ergebnisse sind befriedigend. Man gelangt durch gleichzeitige Bruttovolumbestimmung nach den bisher gebräuchlichen Verfahren auch zur Ermittlung der im Körper eingeschlossenen Gesamtgasmenge. Die gewonnenen wahren oder Nettodichtenwerte werden mit den über die betreffenden Fälle vorliegenden klinischen und anatomischen Befunden in Beziehung gesetzt.

Klinische Notizen über die Fälle, deren Oberflächen- und Volumenwerte in den Tabellen VIa u. IX angegeben sind.

I. Anton Stöger, gest. 10. III. 1915, 13 Tage alt, an Sepsis, ausgehend von eitriger Omphalo-Arteriitis und Erysipel der Gesichtshaut nach Zangenverletzung.

II. Marianne Neumayer, gest. 13. III. 1915, 10 Tage alt, vermutlich an Sepsis. Proportioniertes Kind, angeblich bis zum 12. März völlig gesund; seither fiebernd und mit Sklerem. Kaiserschnittentbindung.

III. Julius Meier, gest. 15. III. 1915, 9 Wochen alt; Flaschenkind; stets schlecht gediehen, bald nach der Geburt mit Rhinitis und beiderseitiger Mittelohreiterung erkrankt, aufgenommen am 9. Februar, stark untermaßig, in ziemlich schlechtem Ernährungszustande mit eingesunkenem Nasenrücken und einem unspezifischen Hautausschlag. Teils mit Eiweißmilch, teils mit Frauenmilch und Malzsuppe ernährt, doch ohne Erfolg. In den letzten 10 Lebenstagen Gewichtsabnahme von 2300 auf 2000 g bei annähernd normalen Stühlen und häufigem Erbrechen. Heterodystrophie mit Luesverdacht. Obduktion: Universelle Atrophie und Anämie.

IV. Josef Stettmayer, gest. 26. III. 1915, 1 Tag alt, an höchstgradiger Unreife mit starker Hypothermie.

V. Georg Sontheimer, gest. 29. III. 1915 im Alter von $18^1/_2$ Monaten. Bei Brusternährung in den ersten 6 Lebenswochen schlecht gediehen; nach Abstillung Ernährungsstörung und mit etwa 5 Monaten rachitische Zeichen. Mit hochgradiger Anämie und Skelettveränderungen z. T. angeborener Art, namentlich einer Turmschädelbildung, überdies mit Zeichen von Rachitis aufgenommen. Körperlich und geistig zurückgeblieben, namentlich in den statischen Funktionen; weder Kopfhalten noch Sitzen. Systolisches Herzgeräusch, geringe Bronchitis, kleine Nabelhernie, Landkartenzunge, steiler Gaumen, vier Zähne. Blutbefund einer aplastischen Anämie. Auch in der Anstalt kein rechtes Gedeihen; häufig weiche Stühle, leichte Temperaturbewegung, fortschreitender Verfall. Obduktion: Höchstgradige Anämie mit parenchymatösen Degenerationen und bronchopneumonischen Herden.

VI. Maximilian Hartl, gest. 4. IV. 1915 im Alter von 6 Monaten. Bis zur gegenwärtigen Erkrankung gut gediehen, Obesitas, pastös. Erkrankt unter den Erscheinungen eines asthmatischen Katarrhes am 19. März. Bei der Aufnahme am 24. März Befund einer ausgedehnten Capillarbronchitis und erheblicher Herzschwäche. Mäßige Rachitis. In den folgenden Tagen entwickeln sich ausgedehnte bronchopneumonische Herde. Tod an Herzschwäche. Während der Erkrankung nur mäßige Reduktion des Körpergewichtes.

VII. Max Schwaiberger, gest. 26. IV. 1915 im Alter von 4 Wochen. Zwei Wochen Muttermilch, nach Abstillung bald an Durchfall erkrankt. Schwere Gewichtsstürze. Am Tage der Einlieferung gestorben. Keine Obduktion.

VIII. Eduard Mex, gest. 30. IV. 1915 im Alter von 8 Monaten nach langwieriger Ernährungsstörung. Tropholabil, doch zuletzt bei vorsichtiger Diät leidlich gut gediehen. Plötzlich am 28. IV. mit Fieber, Husten und Dyspnöe erkrankt, am 29. in schwerem Zustande eingeliefert. Pneumonische und laryngostenotische Erscheinungen bei Rachitis. Obduktion: Konfluierende Bronchopneumonien und parenchymatöse Degenerationen der Bauchdrüsen. Status thymolymphaticus. Rachitis.

IX. Magdalena Broich, gest. 30. IV. 1915 im Alter von 10 Tagen. Von einer syphilitischen Mutter um 4 Wochen zu früh geboren, am 8. Lebenstage mit Salvarsan behandelt. Seit dem 5. Lebenstage Atmungsstillstände und Nahrungsverweigerung. Moribund aufgenommen mit den Zeichen von Unreife, Abmagerung, Lebensschwäche und kongenitaler Lues an den Körperdecken.

X. August Mages, gest. 1. V. 1915 im Alter von 6 Monaten. Flaschenkind, kondensierte Milch und Malzsuppe, leidlich gediehen. Mit etwa 4 Monaten wegen Rachendiphtherie in Anstaltsbehandlung. Am 12. April plötzlich erkrankt mit Fieber und Husten. Eingeliefert am 23. April in mäßigem Ernährungszustand, gemindertem Turgor; blaß; keine Rachitis. Physikalische Erscheinungen von Laryngotracheitis und Bronchitis, Milztumor. Steile Intermittens. Am 30. April Lungen- und Pleurabefund; pertussoider Husten. Entleerung eines serös eitrigen Pleuraexsudates. Obduktion: Fibrinös eitrige Pleuritis, katarrhalische Bronchitis und Enteritis, beginnende basale Meningitis suppurativa. Organdegenerationen.

XI. Therese Bretzel, gest. 6. Mai 1915, 5 Wochen alt. Flaschenkind, mit Milch-Mehlmischungen ernährt, schlecht gediehen. Am 22. IV. mit Husten erkrankt. Am 26. aufgenommen in sehr schwerem Zustande mit Turgorverlust, Soor, Intertrigo, schwerer Dyspnöe und Hustenanfällen, mit atelektatischen und bronchitischen Befunden. Steiler Gewichtsverlust, in den letzten 10 Lebenstagen um 600 g.

XII. Johann Waassmeier, gest. 11. V. 1915 im Alter von $2^1/_4$ Monaten. Flaschenkind; mit 1 Monat mit Erbrechen und Durchfällen erkrankt und trotz diätetischer Behandlung fortschreitend heruntergekommen. Aufgenommen am 3. Mai in sehr stark reduziertem Ernährungszustand, klein, fettlos, Haut starr, faltig und intertriginös; Thorax schmal, Muskulatur etwas hypertonisch. Gesicht atrophisch. Unter fortdauernden Diarrhöen und Erbrechen bei Zwiemilchernährung und Eiweißmilch gestorben.

XIII. Johann Blaumoser, gest. am 22. V. 1915 im Alter von $4^1/_2$ Monaten. Drei Monate Brust, dann Milch-Schleim-Ernährung, gut gediehen. Am 21. Mai plötzlich mit eklamptischen und schweren laryngospastischen Anfällen erkrankt, in moribundem Zustand cyanotisch und pulslos aufgenommen mit bronchopneumonischem Befund. Beginnende Rachitis.

XIV. Karl Fischer, gest. am 30. V. 1915 im Alter von $7^1/_2$ Monaten. Schlecht gediehen bei künstlicher Ernährung, erkrankt am 23. Mai mit Fieber und Husten. Aufgenommen am 26. Mai in schwer kachektisch-anämischem Zustande, bewußtseinsgestört, mit Tremor. Bronchiales Rasseln und Nasenflügelatmen, Leberschwellung. Maculofibrinöse Stomatitis. Nephritischer Urinbefund. Hohe Temperatur. Klinische Diagnose: Atrophie, Sepsis? Keine Obduktion.

Nachtrag zu Seite 40.

Über die Beziehungen zwischen dem Primordial- und dem Pubertätswachstum würde man aus den Kurvendarstellungen von Langes — soferne man diese als richtig anerkennen will — eine recht bedeutsame Erkenntnis gewinnen. Diese Kurven zeigen nämlich, daß die beiden Impulse bei den einzelnen Individuen, beziehungsweise den einzelnen Wachstumstypen gleichsinnig variieren: wo das Primordialwachstum ein starkes ist, da macht sich auch ein intensives Präpubertätswachstum bemerkbar; bei träger Längenzunahme in der ersten Kindheit hingegen ist auch der Pubertätsimpuls schwächer wirksam; ja, bald unter der sogenannten „Dominante“, d. h. unter dem mittleren Anfangswachstum wird eine Wirkung des Pubertätsimpulses schon kaum mehr bemerkbar. Dieses Verhalten ließe vermuten, daß Primordial- und Pubertätsimpuls gleicher Quelle sind, vielleicht überhaupt nur dadurch verschieden, daß jener unmittelbar, dieser mittelbar (auf dem Umwege über die Keimdrüse) und verspätet zur Wirkung gelangt.

Literaturverzeichnis.

Arnheim, Über das Verhalten des Wärmeverlustes usw. bei fieberhaften Krankheiten. Zeitschr. f. klin. Medizin 5. 1882.

Aron, Untersuchungen über die Beeinflussung des Wachstums durch die Ernährung. Berliner klin. Wochenschr. 1914, Nr. 21.

Bahrdt u. Edelstein, Der Energie- und Stoffwechsel eines atrophischen Säuglings. Zeitschr. f. Kinderheilk. 12. 1915.

Benedict u. Talbot, The gaseous metabolism of infants. Published by the Carnegie-Institution of Washington, 1914.

Bergmann Carl, Über die Verhältnisse der Wärmeökonomie der Tiere zu ihrer Größe. Göttingen, bei Vandenhoeck u. Ruprecht 1848. Abgedruckt aus den „Göttinger Studien 1847“.

Birk, Unterernährung und Längenwachstum beim neugeborenen Kind. Berliner klin. Wochenschr. 48, 1227. 1911.

Camerer jun., Untersuchungen über das Längen- und Gewichtswachstum bei chronischer Unterernährung. Verhandl. d. Gesellsch. f. Kinderheilk. in Meran. 1905.

Camerer sen., Das Gewichts- und Längenwachstum des Menschen insbesondere im 1. Lebensjahr. Jahrb. f. Kinderheilk., neue Folge, 53, 1901.

Chose, Über den Einfluß durchgemachter Rachitis auf die Körpermaße von Schulkindern. Inaug.-Dissertation. München 1914. Verlag Rud. Müller & Steinicke.

Dikanski, Über den Einfluß der sozialen Lage auf die Körpermaße von Schulkindern. Inaug.-Dissertation. München 1914. Verlag Rud. Müller & Steinicke.

Escherich, Grundlagen und Ziele der modernen Pädiatrie. Berlin 1905. Verlag Karger.

Friedenthal, Über Wachstum. B. u. C. Ergebnisse der inneren Medizin und Kinderheilk. 9 u. 11. 1912 u. 1913.

Geißler und Uhlitzsch, Größenverhältnisse der Schulkinder im Schulinspektionsbezirk Freiberg. Zeitschr. d. k. sächs. statist. Büros, XXXIV. Jahrg. 1888.

Gerhartz, Experimentelle Wachstumsstudien. Archiv f. d. ges. Physiol. **135**. 1910.

Hoesch-Ernst, Das Schulkind in seiner körperlichen und geistigen Entwicklung. 1. Teil. Verlag O. Nemnich, Leipzig. 1906.

v. Hösslin, H., Über den Einfluß der Höhe der mittleren Arbeit auf die Höhe des Umsatzes bei voller Körperruhe. Sitzungsber. d. Gesellsch. f. Morphol. u. Physiol. in München **7**. 1891.

— Über die Ursache der scheinbaren Abhängigkeit des Umsatzes von der Größe der Körperoberfläche. Archiv f. Anat. u. Physiol., Physiol. Abteilg. 1888.

Howland and Dana, A formula for the determination of the surface area of infants. Americ. journal of dis. of children **6**, 33. 1913.

Jahnke und Pick, Über Säuglingssterblichkeit. Eine physikalische Studie. Klin.-therapeut. Wochenschr. **20**. 1913.

Kassowitz, M., Die Ursachen des größeren Stoffverbrauches im Kindesalter. Jahrb. f. Kinderheilk. **67** (17). 1908.

Kassowitz, M., Der größere Stoffverbrauch des Kindes. Zeitschr. f. Kinderheilk. **6**. 1913.

Kastner, Körpervolumen und spezifisches Gewicht von Säuglingen. Zeitschr. f. Kinderheilk. **3**. 1911/12.

Kettner, Die Beziehungen der Körperoberfläche zum respiratorischen Gaswechsel. Archiv f. Anat. u. Physiol., Physiol. Abteilg. 1909, S. 447.

Krehl und Soetbeer, Untersuchungen über die Wärmeökonomie der poikilothermen Wirbeltiere. Archiv f. d. ges. Physiol. **77**.

Kunkel, Über die Temperatur der menschlichen Haut. Zeitschr. f. Biologie **25**.

v. Lange, Die Gesetzmäßigkeit im Längenwachstum des Menschen. Jahrb. f. Kinderheilk. III. Folge. **7**. 1903.

Langstein und L. J. Meyer, Säuglingsernährung und Säuglingsstoffwechsel. Wiesbaden, J. F. Bergmann. 1914.

Lissauer, Über Oberflächenmessungen an Säuglingen usw. Jahrb. f. Kinderheilk. **58**. 1902.

Magnus-Levy in v. Noordens Handbuch der Pathologie des Stoffwechsels. 2. Aufl. Berlin, A. Hirschwald. 1906.

Magnus-Levy und Falk, Der Lungengaswechsel des Menschen in den verschiedenen Alterstufen. Engelmanns Archiv. 1899. Supplement.

Marlinger, Zur Frage der Hypotrophie. Inaug.-Dissertation. Straßburg. Du Mont Schauberg. 1912.

Matusiewicz, Der Körperlängen-Körpergewichts-Index von Münchner Schulkindern. Inaug.-Dissertation. München 1914. Verlag Rud. Müller & Steinicke.

May, Der Stoffwechsel im Fieber. Zeitschr. f. Biol. **30**.

Meeh, Oberflächenmessungen des menschlichen Körpers. Zeitschr. f. Biol. **15**. 1879.

Mitchell, Die Kindheit der Tiere. Stuttgart, Verlag J. Hoffmann 1913.

Müller Franz, Der Kraftwechsel des Schulkindes aus den arbeitenden Klassen Veröffentlichungen der Zentralstelle für Balneologie **2**, 11. Heft. 1915.

Müller Friedr. v., Über das Altern. Volkmanns Sammlung klinischer Vorträge Nr. 719 (Innere Medizin Nr. 247). 1915.

Nebelthau, Calorimetrische Untersuchungen am hungernden Kaninchen usw. Zeitschr. f. Biol. **31**.

Niemann, Der respiratorische Stoffwechsel des Säuglings. Verhandl. d. Gesellsch. f. Kinderheilk. Karlsruhe 1911.

— Über den Stoffwechsel atrophischer Säuglinge. Zeitschr. f. Kinderheilk. **6**. 1913.

Palin Elderton, Frequency-Curves and Correlation. Verlag Charles & Edwin Layton, London 1906.

Pfaundler, Körpervolumen- und Körperdichtebestimmung am lebenden Säugling. Zeitschr. f. Kinderheilk. **3**. 1911/12.

— Über Körpermaße von Schulkindern. Vortrag auf der Tagung von Südwestdeutschen und Münchner Kinderärzten zu Stuttgart, Juni 1914. (Hier wurde der wesentliche Inhalt der Kapitel I—III vorliegender Broschüre bekannt gegeben.)

Pfitzner, Der Einfluß der sozialen Schichtung auf die anthropologischen Charaktere. Zeitschr. f. Morphol. u. Anthropol. **4**.

v. Pirquet, Eine einfache Tafel zur Bestimmung von Wachstum und Ernährungszustand bei Kindern. Zeitschr. f. Kinderheilk. **6**. 1913.

Quételet, Sur l'homme et le développement de ses facultés. Bruxelles 1836.

Ranke, A. E., Anthropologische Betrachtungen aus Zentralbrasilien. Abhandlungen d. k. bayr. Akad. d. Wissensch. II. Kl. **24**., I. Abteilg. München 1906.

Ranke und Greiner, Das Fehlergesetz und seine Verallgemeinerung durch Fechner und Pearson in ihrer Tragweite für die Anthropologie. Archiv f. Anthropol. N. F. **2**. 1904.

Reinus, Über die Wachstumskurve. Inaug.-Dissertation. München. Im Druck.

Riedel, Die Körperlänge von Münchner Schulkindern. Inaug.-Dissertation. München 1913. Verlag Rud. Müller & Steinicke.

Rietz, Das Wachstum der Berliner Schulkinder während der Schuljahre. Archiv f. Anthropologie, N. F. Bd. 1. 1903.

Rubner, Das Problem der Lebensdauer usw. München und Berlin. R. Oldenbourg. 1908.

— Die Gesetze des Energieverbrauches bei der Ernährung. Leipzig und Wien. Fr. Deuticke. 1902.

— Über den Einfluß der Körpergröße auf Stoff- und Kraftwechsel. Zeitschr. f. Biol. **19**. 1883.

— Beiträge zur Ernährung im Knabenalter. Berlin, A. Hirschwald. 1902.

— Biologische Gesetze. Im Jahresbericht der Universität Marburg 1887. (Verlagsangabe fehlt auf des Verf. Exemplar. Der von anderer Seite angegebene Verlag Carl Kraatz besteht nicht mehr und es sind Werke aus diesem Verlag nach Schreiben des Nachfolgers W. Reese, Marburg a. L. nicht mehr erhältlich.)

Rubner und Heubner, Die künstliche Ernährung eines normalen und eines atrophischen Säuglings. Zeitschr. f. Biol. **38.** 1899.

Schlossmann, Beiträge zur Physiologie der Ernährung des Säuglings. Verhandl. d. 26. Versammlung d. Gesellsch. f. Kinderheilk. in Salzburg 1909.

— Über den respiratorischen Stoffwechsel des Säuglings. Deutsche med. Wochenschrift 1911, Nr. 36.

— 'Atrophie und respiratorischer Stoffwechsel. Zeitschr. f. Kinderheilk. **5.** 1912.

Skibinski, Das Körpergewicht von Münchner Schulkindern. Inaug.-Dissertation. München 1914. Verlag R. Müller & Steinicke.

Stoeltzner und Miwa, Bemerkungen über die Bestimmung der Körperoberfläche des Menschen. Zeitschr. f. Biol. **36.** 1898.

Stolte, Über Störungen des Längenwachstums der Säuglinge. Jahrb. f. Kinderheilk. **28.** 1913.

Stratz, Der Körper des Kindes. Stuttgart, Verlag F. Enke. 1903.

Sytscheff, zitiert nach Gundobin, Die Besonderheiten des Kindesalters, Berlin 1912. Allg. mediz. Verlagsanstalt.

Thomas, Über die Zusammensetzung von Hund und Katze während der ersten Verdoppelungsperiode des Geburtsgewichtes. Archiv f. Anat. u. Physiol., Physiol. Abteil. 1911, S. 9.

Variot et Fliniaux, Tables des croissances comparées des nourrissons élevés au sein et au biberon durant la première année de la vie. Clin. infant. **12**, 289. 1914.

Voit, E., Über die Größe des Energiebedarfes der Tiere im Hungerzustande. Zeitschr. f. Biol. **41.** 1901.

Weidenfeld, Über den Verbrennungstod. Archiv f. Dermatol. u. Syphilidologie **61.** 1902.

Wiener, Das Wachstum des menschlichen Körpers. Verhandl. d. naturwissenschaftl. Vereins zu Karlsruhe. 1890.

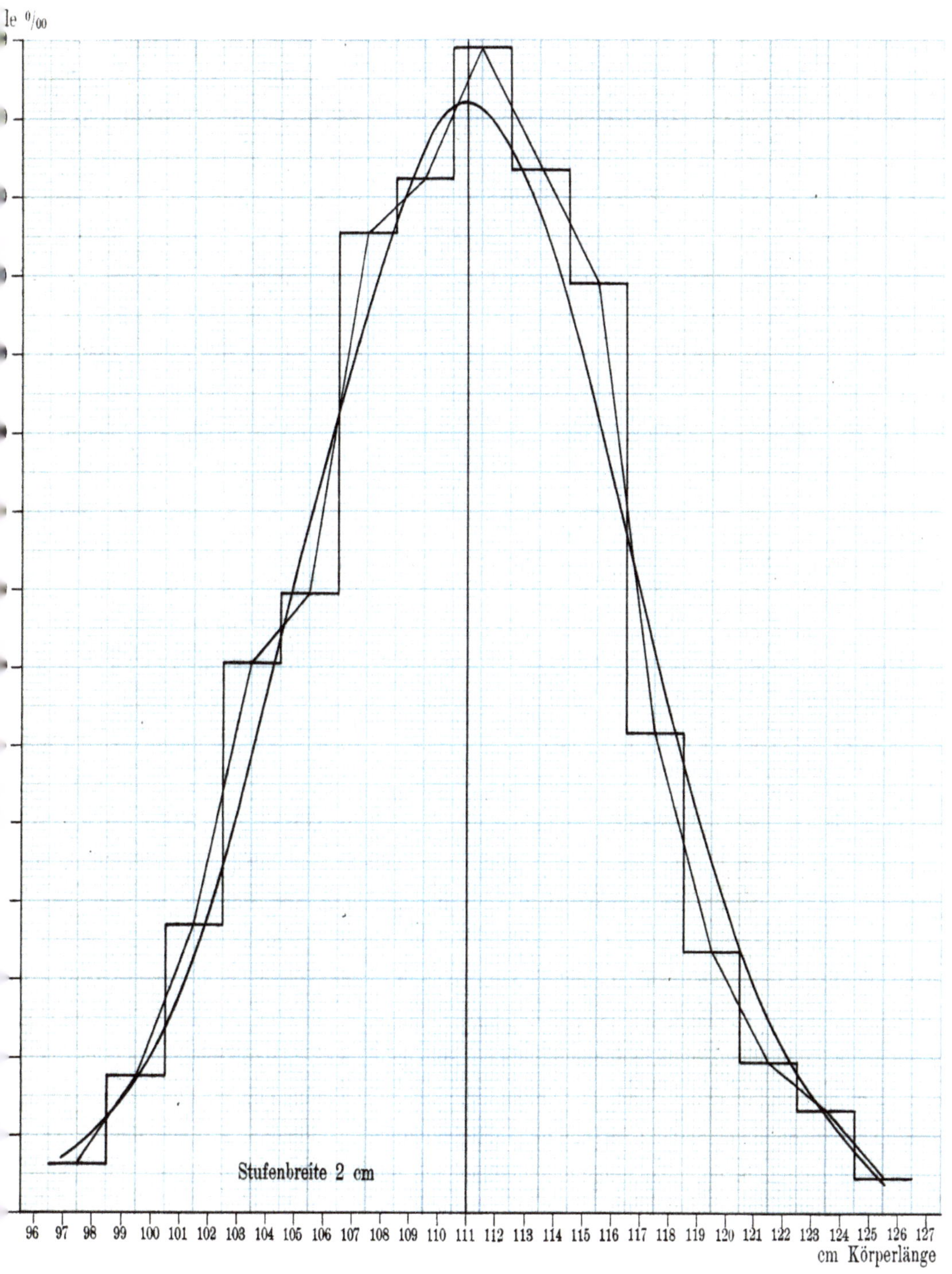

Fig. 1 (zu Tabelle I) Variation der Körperlänge 6-jähriger Münchner Knaben,
gefunden und berechnet.

Verlag von Julius Springer in Berlin.

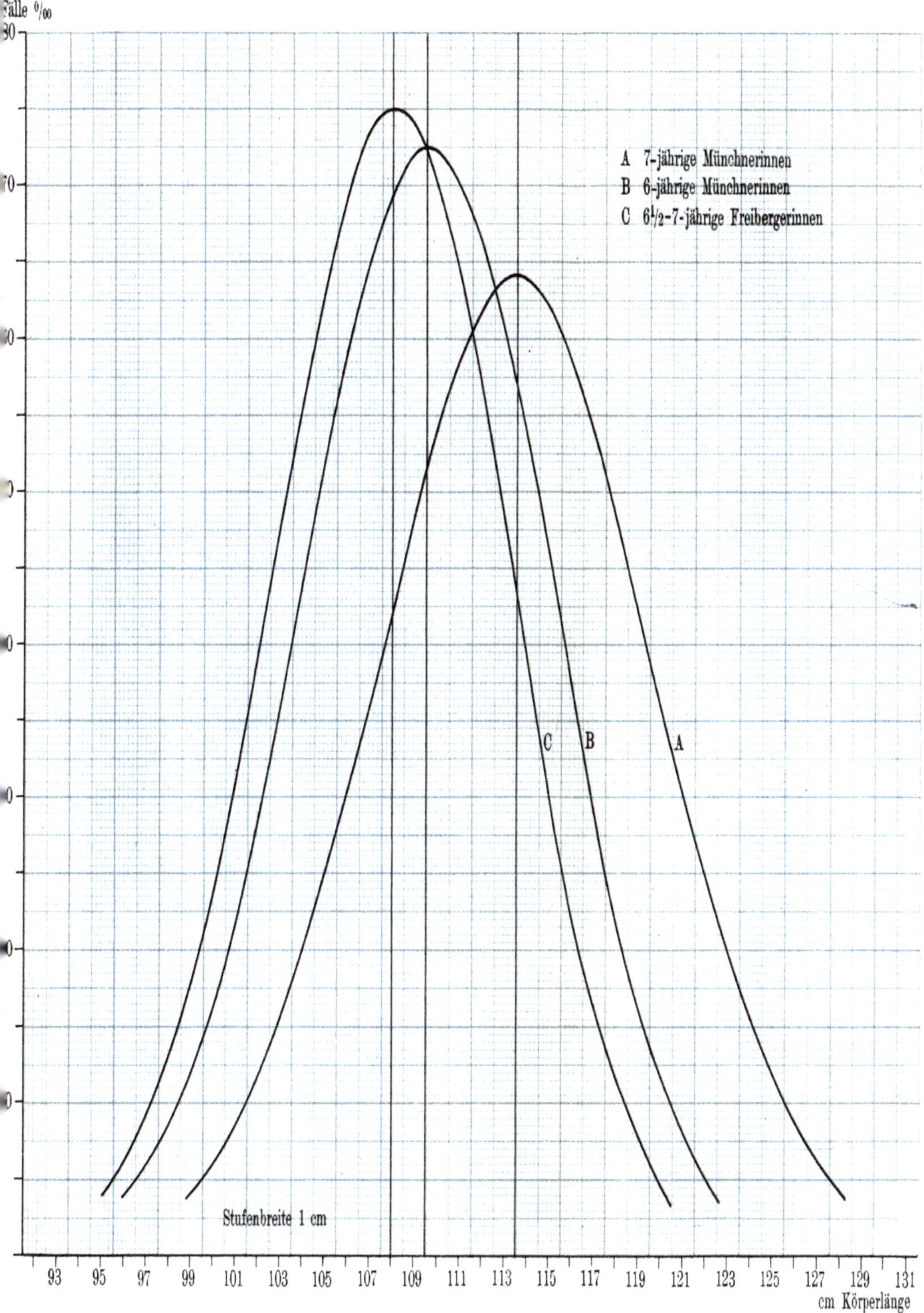

Fig. 3. Variationskurven der Körperlänge von Schulmädchen.

Verlag von Julius Springer in Berlin.

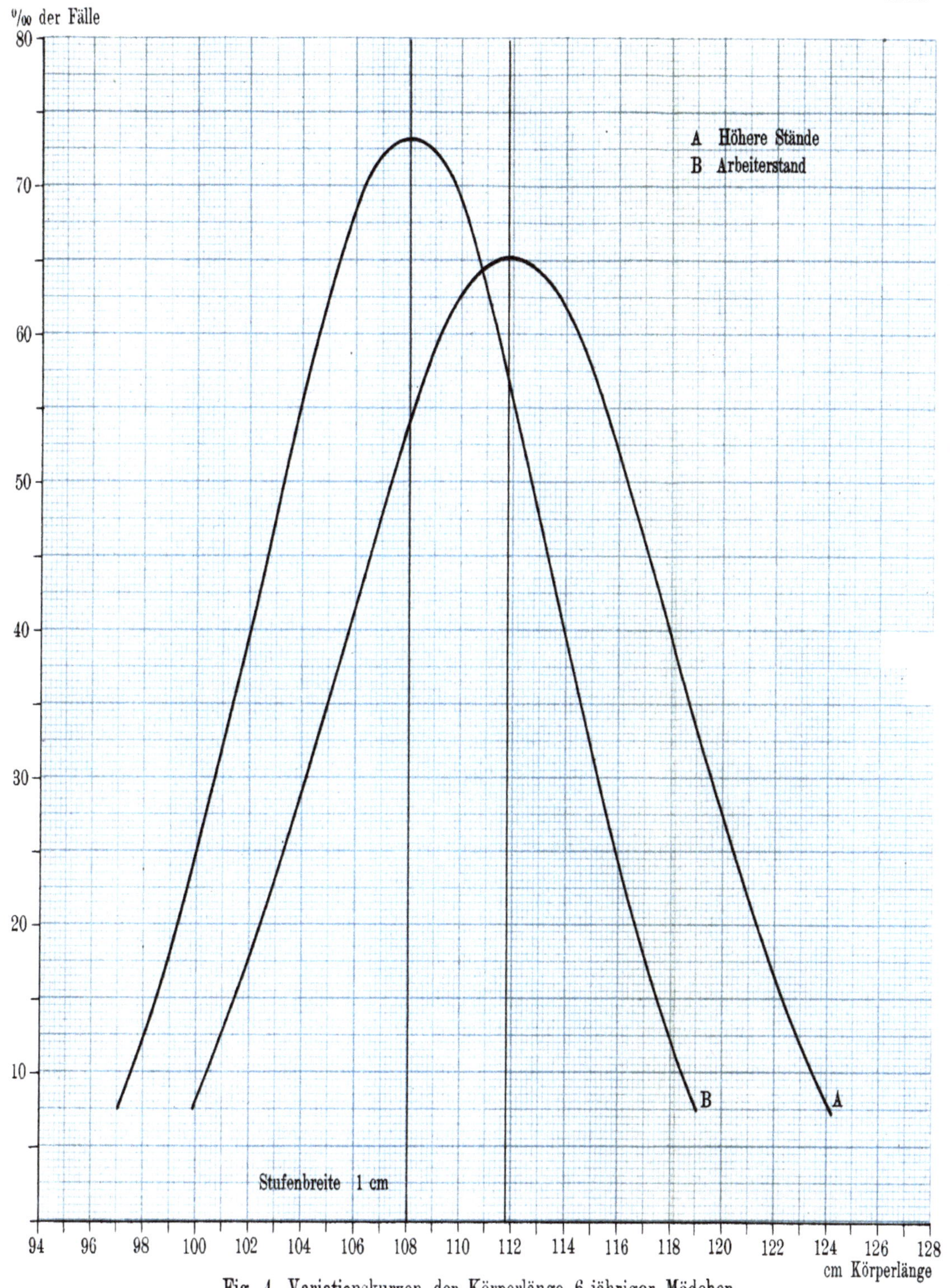

Fig. 4. Variationskurven der Körperlänge 6-jähriger Mädchen
aus zwei verschiedenen Standesklassen.

Verlag von Julius Springer in Berlin.

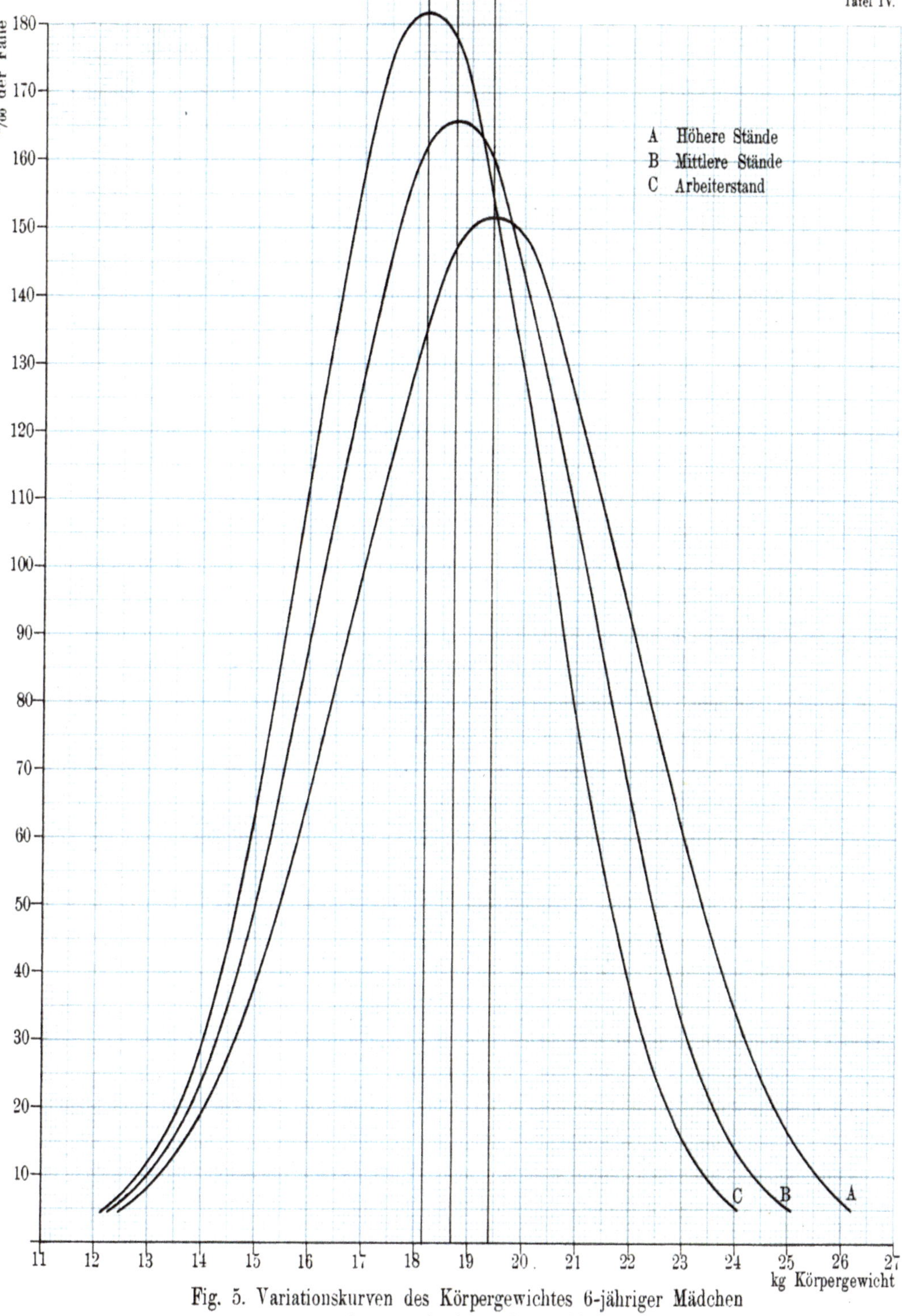

Fig. 5. Variationskurven des Körpergewichtes 6-jähriger Mädchen
aus drei verschiedenen Standesklassen.

Verlag von Julius Springer in Berlin.

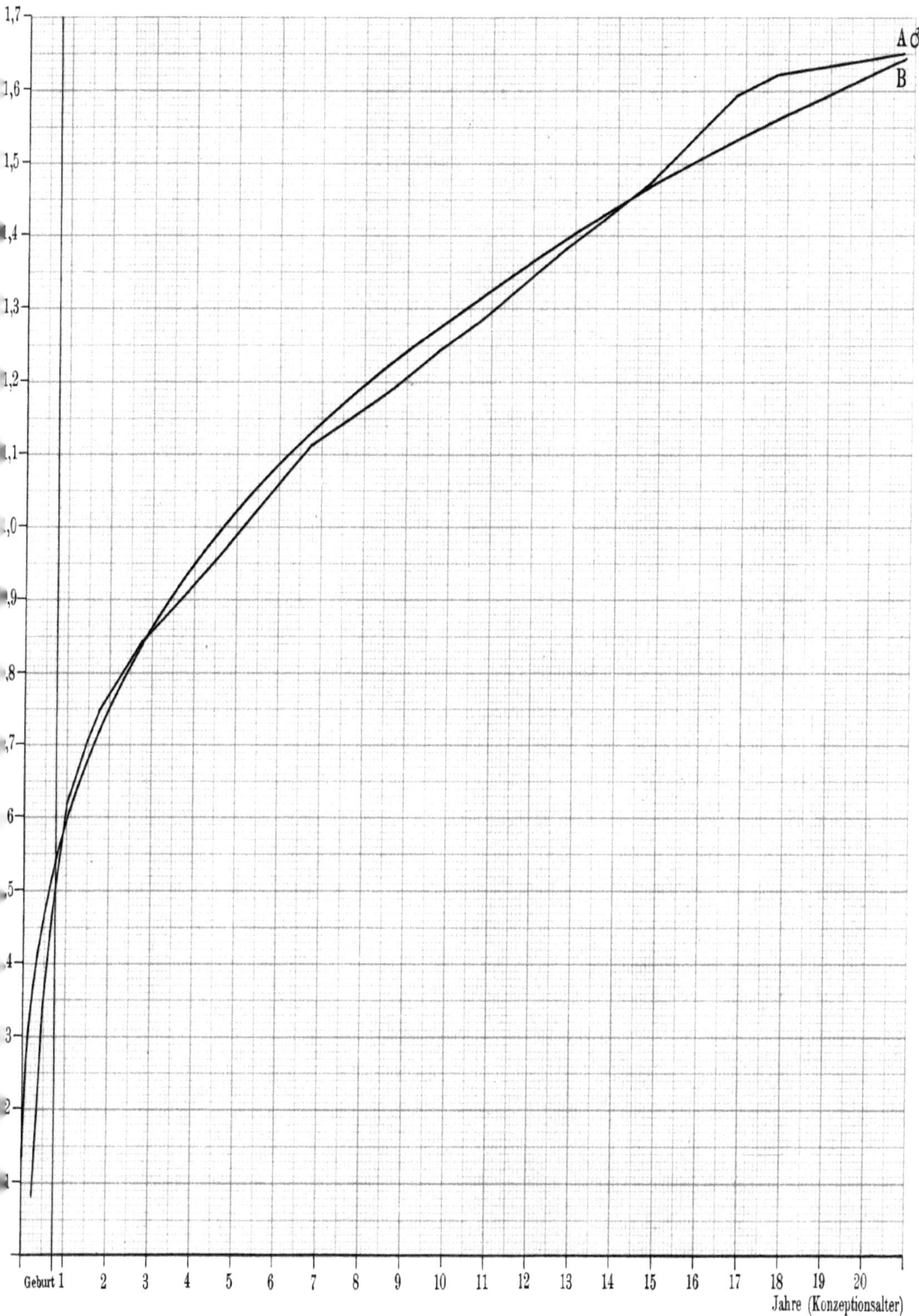

Fig. 6. Menschliche Längenwachstumskurve (A) verglichen mit der Kurve $x = n y^3$ (B, n = 4,75).

Verlag von Julius Springer in Berlin.

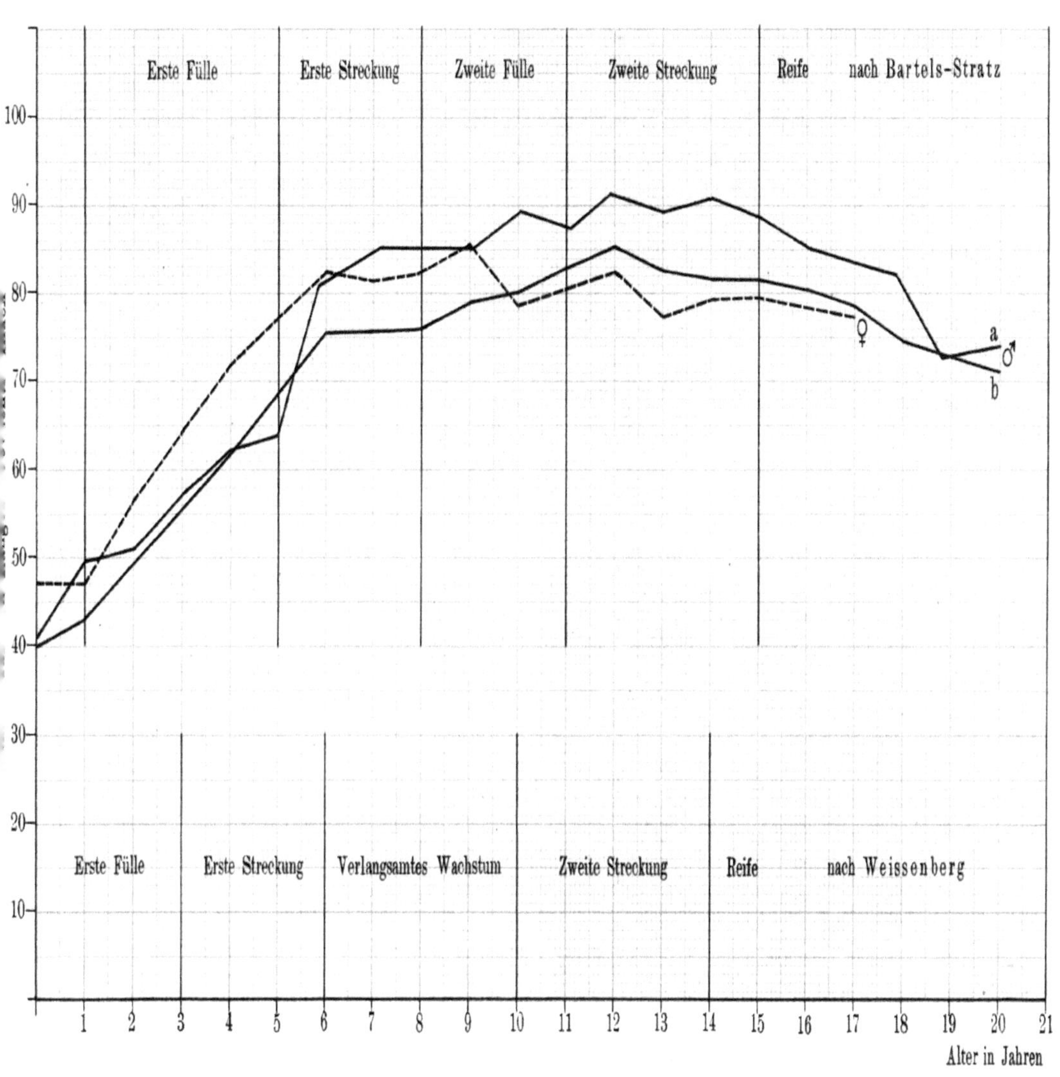

Fig. 7. Verhalten des Längen-Gewichts-Index im Laufe des Wachstums, berechnet vom Verf.
nach zwei Individualbeobachtungen von Seitz-Camerer sen. ♀ u. ♂ a,
und nach Kollektivdaten von Friedenthal ♂ b.

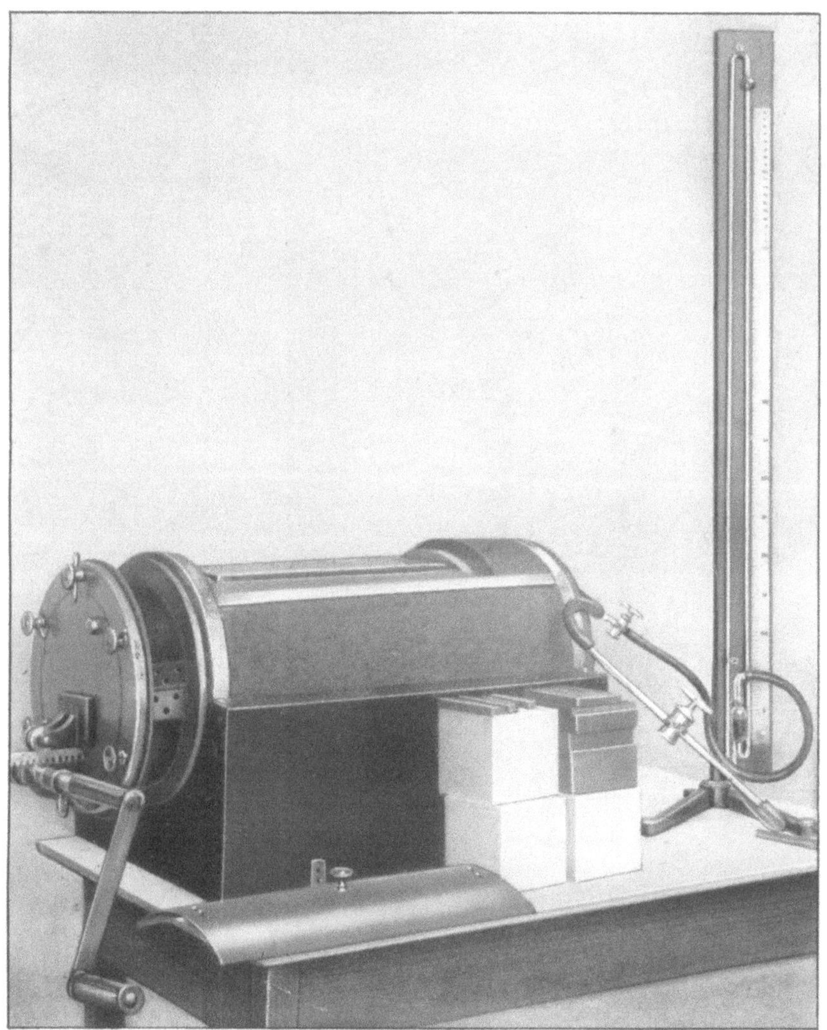

Fig. 11.

Pfaundler, Körpermaß-Studien.

Verlag von Julius Springer in Berlin.

Pfaundler, Körpermaß-Studien.

Fig. 12.

Verlag von Julius Springer in Berlin.